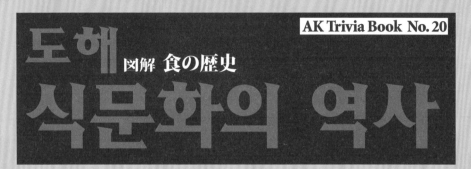

AK Trivia Book No. 20

도해
図解 食の歴史
식문화의 역사

다카히라 나루미 저

AK TRIVIA BOOK

●음식에 연관된 미신

『ㅇㅇ을 먹으면 XX가 된다』라는 미신은 세계 곳곳에 퍼져 있다.

특히 여성의 임신, 출산이나 수유에 관한 미신이 많다. 그 이유는 뱃속의 태아나 갓난아이가 음식의 영향을 받기 쉽다는 것을 경험적으로 알고 있기 때문일 것이다. 자극적인 음식이나 지방, 약한 독성이 있는 음식은 임신 중에 피해야 할 것으로, 그런 경각심을 담아서 여러 미신이 태어났던 것이라 추측된다.

우선은 일본에 전해져 내려오는 것을 중심으로 소개해보겠다. 예를 들어 『가을가지는 며느리에게 먹이지 마라』라는 유명한 속담에는 여러 가지 설이 있다. "가을가지는 씨가 적기 때문에 아이를 못갖는 것과 연관되어 재수가 없다, 맛있어서 너무 많이 먹으면 몸에 나쁘다, 떫은맛이 강하기 때문에 몸을 생각해서"라는 게 선의의 해석이지만, "맛있어서 남의 집 자식인 며느리에게는 주지 않는다"라는 악의적인 해석도 있다.

· 가을가지는 며느리에게 먹이지 마라.

· 문어나 오징어를 먹으면, 사마귀가 있는 아이가 태어난다.

· 곤약을 먹으면 유산한다.

· 오리나 집오리를 먹으면 물갈퀴가 있는 아이가 태어난다.

· 끝부분이 두 개로 갈라져 있는 무를 먹으면 쌍둥이가 태어나기 쉽다.

(6쪽에 계속)

식사는 누구에게나 필요하며 없으면 절대 살아갈 수 없는 것이다. 그리고 인간은 동물과는 다르게 여러 가지 음식을 먹고 마신다. 음식에 관심이 없는 사람이라도, 좋아하는 음식 하나쯤은 있기 마련이다.

이렇듯 생활에 꼭 필요한 것이지만 우리들은 음식에 대해 모르고 있는 게 너무 많다. 가령 옛날 일본 식문화에 대해서는 어느 정도 상상할 수 있지만, 외국에서 무엇을 먹고 있었냐는 질문을 받는다면 뭐라 답할 수 있을까. 이집트인은? 중세 독일의 수도승은? 고대 로마의 노예들은?

귀족의 식생활에 대한 기록은 많이 남아 있지만 서민의 생활모습은 시대의 변화와 함께 잊혀지기 쉽다. 요리의 맛이나 기호도 시대에 따라 다르고, 당시의 신앙이나 관습이 식재료나 요리법에 영향을 주는 경우도 있다. 건강에 대한 생각도 시대와 지역에 따라 제각각이다. 우리가 별생각 없이 사용하고 있는 조리도구나 식사도구도 언제부터 어떻게 사용되었는지 흥미가 생기지 않는가.

이러한 소박한 질문에 답해줄 수 없을까 라는 생각에 이 책을 만들어 봤다. 이왕 하는 김에 과자나 향신료, 음료나 도구 같은 음식문화에 관련된 주변 화제도 다루고 있다. 하지만 음식의 세계는 너무나 넓어서 한 권으로 모든 걸 말하기는 어려웠다. 이 책은 일단 중세 유럽을 중심으로, 우리에게 낯선 서양세계의 고대부터 18~19세기까지 시대별 주요 음식문화에 대해 다루었다.

이 책은 광대한 음식세계에 대한 지식의 극히 일부분을 소개하는 것에 지나지 않는다. 남북아메리카, 아프리카, 그리고 20세기 이후의 식생활에 대해서 기술하기에는 지면이 너무 모자랐다. 흥미를 가지고 있는 분들은 직접 조사해보기를 바란다.

이 책을 읽은 당신은 내일 아침을 먹을 때, 로마에서 먹었던 결혼식의 월계수빵을 떠올리면서 여느 때보다 맛있게 토스트를 먹을지도 모른다. 같이 먹는 사람에게 그 이야기를 하면 분명 대화가 더욱 풍부해질 것이다. 잡학은 그런 식으로 언제나 생활에 활기를 주는 근사한 지식이라고 생각한다.

다카히라 나루미

차례

유럽의 미신도 흥미로운 게 많다. 임산부에 관련된 미신 외에도 생선에 관련된 게 눈에 띈다.

· 생선만 먹으면 남자애가 태어나지 않는다.
· 생선의 머리를 먹으면, 튀어나오고 말린 입술을 가진 아이가 태어난다.
· 짜고 매운 음식을 먹으면 손톱이 없는 아이가 태어난다.
· 남자를 사귀고 싶으면 와인에 적신 흰 빵의 토스트를 먹는다.
· 민트나 바질을 먹으면 임신이 잘 된다.
· 남자의 히스테리는 생선이 원인이다.
· 뒤집어 놓은 빵은 불길하다. 굶주린 지옥의 악마를 불러들인다.

지어낸 이야기라고 생각하지만 프랑스 귀족이 말한 이야기이다.
북쪽 나라에서 홍차와 커피 중 어느 것이 몸에 나쁜지 조사하기 위해 건강하고 젊은 죄수 두 명에게 각각 홍차와 커피를 하루에 세 번 마시게 했다. 결국 홍차를 마신 쪽은 온몸이 하얗게 돼서 79세에, 커피를 마신 쪽은 온몸이 까맣게 돼서 80세에 죽었다.
천수를 다한 건지 몸에 이상이 나타난 건지 알 수 없는 이야기이다.

제1장
고대문명의
음식

인류는 언제부터 조리를 시작했을까

인류만이 식재료를 구워먹었으며, 비록 서투르지만 그것이 가장 원초적인 조리방법이었다고 할 수 있다. 그럼 그것은 대체 언제부터였을까.

●문명의 진화와 함께 발달한 조리법

구석기시대에 유럽에 있었던 원시인들은 돌에 구운 빵을 먹었던 것 같다. 학술지『미국과학 아카데미 기요』의 기사에 의하면 그러한 흔적을 찾을 수 있는 제일 오래된 유적은 3만년 전의 것이라고 나오며, 시대로는 구석기시대 중기 무렵에 해당한다. 구석기시대는 200만년 전부터 시작되었고 빵 이외의 음식은 **직화**로 구워 먹었을 거라 생각되지만, 유적에서 발견된 고대 빵의 흔적은 당시에 요리를 했던 확실한 증거라고 할 수 있다. 감자와 비슷한 식물의 뿌리를 석기로 으깨어 물로 반죽해 돌에 구운 것이다. 이탈리아, 러시아, 체코, 이스라엘, **일본** 등의 각지에 이들 유적이 발견되고 있다.

참고로 반죽한 소맥분을 화덕에서 굽는 빵에 대한 제일 오래된 기록은 기원전 4000년 전의 고대 이집트이다.

계속해서 신석기시대로 넘어오면 인류는 재배와 목축을 시작하게 되면서 **토기**에 넣어두거나 말리는 등 식재료를 보존하는 기술을 얻게 된다. 이때에는 화력조절이 가능한 숯불이나 단단해서 불에 익히기 어려운 식재료를 잘게 갈기 위한 맷돌 등의 진화된 도구를 사용하기 시작한다.

요리방법도 굽기만 하던 것에서 끓이거나 삶고 **찌는** 등의 방법이 더해진다. 튀기거나 볶는 등의 기름을 사용하는 방법은 손이 많이 가고 호사스러운 조리법이지만 일본의 조몬시대에는 멧돼지의 기름으로 튀긴 쿠키가 있었다.

식품을 여러 가지 방법으로 가공하면 조리와 운송이 편해지고 요리방법도 다양해진다. 이러한 발전이 거듭되면서 인류는 더욱더 번영하게 되었다.

식재료와 요리법은 서로간에 영향을 주었고, 세계각지에 문명이 발달하는 동시에 요리의 종류도 순식간에 증가했다.

처음에는 직화구이와 채집 · 수렵

석기를 사용한 사냥. 불을 사용한 직화구이 조리법. 식재료는 자생하고 있는 식물이나 과일 · 나무열매, 사냥에 의한 동물의 고기나 생선 · 조개 등.

토기의 사용과 농경 · 목축

화력조절에 적합한 숯불의 이용이 시작된다. 토기를 사용한 보존과 농경 · 목축이 시작되며, 토기를 조리에 사용한 조리방법이 나타난다.

끓이기 · 삶기 · 튀기기의 발명

도구가 발달하면서 식재료의 가공이 시작된다. 그에 따라 끓이기, 삶기, 튀기기 등이 나타나게 되어 조리방법이 다채로워진다.

즐기는 식사로 인해 다양해진 요리

식사가 오락과 연계되어 즐기는 것으로 변화한다. 그에 따라 식재료와 조리방법에 다양한 시도가 이루어진다.

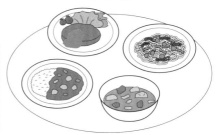

용어해설

- ●직화구이→꼬치구이처럼 식재료를 직접 불에 굽는 방법. 그 외에 달구어진 돌에 굽기도 한다. 100만년 전에는 직화로 고기를 구웠고, 이것이 빵 이전의 제일 오래된 조리의 흔적이다(2012년 현재).
- ●일본→조몬시대의 유적에서는 도토리가루로 만든 반죽에 나무열매를 섞어 구운 빵이 발견되어 흔히 「조몬빵」으로 불리고 있다.
- ●토기→식재료를 넣을 수 있는 그릇의 발명으로 구이 이외의 조리가 가능해졌다. 그릇이 있어 술이나 발효식품도 가능해졌다.
- ●찜→찜은 동아시아 특유의 조리법. 서양에는 찜요리나 찜기 등은 존재하지 않았다.

9

화덕이 등장하기 전의 조리사정

도시의 거대한 인구를 지탱하는 주식(主食)을 대량생산할 수 있었기 때문에 문화가 육성되고 발명도 가능해졌다. 화덕은 식문화의 획기적인 발명이었다.

●직화는 원시적이지만 현재에도 미래에도 계속해서 존재할 것이다

메소포타미아와 이집트는 고대문명 발상의 땅으로 유명하고 식문화도 공통점이 많다. 고대 식문화의 대표격으로서 이번 장에서는 이 두 개의 지역을 주로 다루도록 하겠다.

어느 지역에서도, 화덕이 등장하기 이전에는 직화나 그에 준하는 돌구이, 혹은 뜨거운 재에 식재료를 묻어두는 방법 중 하나를 채택하였다. 현대에는 전세계의 밀림이나 초원에 사는 원주민의 조리법이 이에 해당한다. 아래에서 불이 닿는다는 의미에서 보면 가스풍로의 기능과 동일하다고 할 수 있다. 즉, 세계적인 시점에서 보자면 불에 익힌다는 것이야말로 **식문화의 원점**이 되는 것이다.

메소포타미아에서, 고대문명 이전의 주민들은 유목민들이 많았기 때문에 조리법은 야영 때 하는 것처럼 주위를 둘러싼 장작불을 이용하는 경우가 많았다.

육류는 자르거나 통째로 꼬치에 꿰어 통구이를 했다. 통째로 구운 고기는 최고의 진수성찬으로 알려져 있는데, 이러한 경향은 극한까지 번영한 식문화의 주인공인 로마도 마찬가지였고 세계 곳곳에서도 발견된다.

조류나 생선, 작은 동물도 똑같이 털이나 내장을 처리한 뒤에 간을 해서 통구이를 했다.

초기에 썼던 빵의 재료로는 대맥이 많았고, 가루를 물로 반죽해 납작하게 한 반죽을 구워먹었다. 이것은 구석기시대의 원시인들이 먹었던 것과 기본적으로 같은 방식으로 현대의 핫케이크와도 비슷하다.

그 후에는 각 가정에 화덕이 구비되고, 식문화가 끓여 먹는 방향으로 변화됐지만 직화구이는 종교의식이나 군사적 사정이 있었기 때문에 폐지되지 않았다.

예를 들어 원정하는 병사들은 야영장에서 조리를 했고, 빵도 옛날부터 있었던 평평한 빵을 먹었다. 메소포타미아의 군인들은 『호화로운 마을의 빵은 재로 구운 빵에 미치지 못한다』라는 말을 남겼다.

화덕 외에 불을 사용한 조리법

돌구이

뜨거운 돌 위에 굽는다. 현대의 프라이팬과
같은 방법.

고대에서는 납작한 빵을 돌에
구워 만들었다. 구석기시대의
원시인들이 먹었던 빵과 고대
문명의 무발효빵, 그리고 현대
의 핫케이크는 보기에는 달라
도 같은 조리법이다.

직화구이

주로 고기를 구울 때에 사용한 심플한 방
법. 고기를 자르거나 통째로 꼬치에 꿰어서
굽는다.

고대사회에서는 신전의식의 공
물을 직화로 구웠다. 예를 들어
메소포타미아에서는 통째로 구
운 고기, 이집트에서는 직화로
구운 원추형의 빵이 있다.

재구이

뜨거운 재 속에 식재료를 묻어 가열하는 방
법. 돌구이에 가깝지만 재에 천천히 구우면
속까지 열이 가해져 방법에 따라서는 찌는
것과 같은 효과를 얻을 수 있었다.

메소포타미아의 원정병사들은
야영장에서 평평한 빵을 재로
구웠다.

용어해설

● 식문화의 원점→생식을 선호하는 일본인들은 어찌 보면 예외에 속하지만, 소재를 살린다는 점에서는 멋진 식문화
라는 평가를 받고 있다.

화덕의 발명

화덕의 발명에 의해 인류는 문명인이 될 수 있었다. 그 이전의 직화구이는 석기시대부터 먹어왔었던 것이기 때문이다.

●조절이 가능한 화력과 요리

대도시의 성립은 가정에 화덕을 갖추게 했다. 화력이 높고 온도조절이 가능한 화덕의 탄생으로 메소포타미아의 요리문화가 발달하였다.

화덕은 아카드어로 티누르라고 하지만 현대 아라비아어로는 타누르라고 한다. 일본에서는 인도요리의 **탄두르**가 친밀하지만 어감에서 알 수 있듯이 그 기원은 고대문명에 있다. 이러한 형태의 화덕은 서아시아 전역에 퍼지게 되어 현대에도 사용되고 있다.

일반적인 화덕은 흙을 굳혀 원통형으로 만들었다. 아래에는 흡기공과 재를 받고 빼내는 입구를 겸한 구멍을 만들고 위쪽에는 불을 배출함과 동시에 냄비를 놓는데 사용되는 구멍이 만들어졌다. 높이는 1미터가 조금 넘고 직경은 1미터가 조금 못 되는 정도로, 위쪽에는 여닫을 수 있도록 뚜껑이 덮여 있었다.

화덕과 함께 냄비 등의 조리도구도 발전했다. 이후 메소포타미아 요리의 기본은 고기와 야채를 끓인 것으로, 장시간 끓이기 위한 바닥이 깊은 질냄비를 모든 가정에서 볼 수 있게 되었다.

오븐과 같은 기능을 가진 돔형의 **빵가마**도 이 무렵에 만들어졌다. 돔형의 가마 안에 불을 태워서 충분히 뜨거워지면 재를 빼내고 속에 발효된 빵을 넣어 남은 열로 가열했다.

이로 인해 메소포타미아 사람들은 폭신폭신한 빵을 먹을 수 있게 되었다. 가마는 식재료의 밑이 아니라 외측에서 덮어씌우는 것처럼 구울 수 있는 도구이다. 빵은 이렇게 하지 않으면 맛있게 구워지지 않는다.

한편 이집트로 눈을 돌리면 기원전 2000년경에 등장한 원추형 **빵가마**가 개성적이다. 나일강의 진흙으로 만들어졌고 높이는 90cm 정도, 원추형 정상의 구멍에서 불꽃이 나오도록 되어 있다. 가마 바깥의 표면에 빵 반죽을 붙여 구웠다.

화덕이 발명되면서 요리가 풍요로워졌다

메소포타미아의 화덕

흙을 굳혀서 만든 것으로 원통형으로 되어 있다.
이것이 나중에 타누르나 탄두르로 진화한다.
타누르는 화덕 안에 빵이나 고기를 넣어 굽는다.

냄비는 구멍 안에
넣어 사용한다.

불이나 연기가 나오는 구멍
(냄비를 넣는 구멍이기도
하다).

흡기구와 재를 빼내는
입구를 겸하는 구멍.

메소포타미아의 돔 모양의 빵가마

남은 열로 빵 전체에 열을 가한다. 폭신폭신한
발효빵을 굽기 위한 필수품.

재를 빼내고
빵을 넣어 굽는다.

이집트의 원추형 빵가마

탄두르와는 반대로 바깥쪽에 빵을 붙여 굽는다.

빵은 가마의
표면에 붙여서
굽는다.

용어해설

● 탄두르→탄두리 치킨이나 난을 굽는 점토로 만든 오븐. 안쪽의 벽에 음식을 붙이거나 꼬치구이를 안쪽에 넣어 양
념구이를 한다.

메소포타미아의 문명과 농경지

메소포타미아의 습지대는 처음에는 대추야자가 재배되었다. 그러다 토지개량에 의해 북부산지에서 밀의 재배가 전파되어 문명이 탄생하였다.

●불모의 땅을 개량하여 경작지로

티그리스 · 유프라티스강 유역은 세계 4대 문명의 하나이지만, 옛날에는 염분이 많은 불모의 습지대였다. 거기다가 하천이 지상보다 높은 곳을 흐르는 천정천이었기 때문에 비가 많이 오면 바로 범람하여 낮은 곳의 습지대를 그대로 삼켜버려 황폐하게 만들었다.

문명이 번성하기 이전의 사람들은 강변의 높고 평탄한 고지에 드문드문 작은 집락을 만들어 염분에 강한 대추야자를 재배하고, 생선 등을 먹으면서 생활했었다.

생활이 크게 달라진 시기는 기원전 5500년경의 우바이드기였다. 북부의 산지대에서 소맥, 대맥, **에머밀** 등의 밀재배가 전해지게 된다. 한 알의 밀은 생육조건이 좋으면 60~100배의 밀을 생산한다. 특히나 대맥은 염해에 강한데다가 저장이 가능해 메소포타미아의 집락은 풍요로워졌다. 또한 별을 관측하게 되면서 정확한 농사달력도 만들어졌다.

그리고 농지를 늘리기 위한 토지의 관개가 이루어졌다. 제방을 짓고, 저수지를 만들고, 거기에서 물을 끌어 사용했다. 인구는 점점 늘어나고 노동력의 집적이 일어나 앞선 문명을 가진 도시국가가 태어났다.

큰 강에 의존하고 밀에 의해 문명이 발생한 것은 이집트도 마찬가지이다.

하지만 메소포타미아의 경우 원래부터 소금이 많은 습지대였기 때문에 무리하게 연작을 하면 땅이 황폐해지고 홍수도 빈번하게 발생했다. 풍요롭지만 불안정했기 때문에 메소포타미아에서는 단명하는 도시국가가 차례차례 나타났다가는 멸망하게 되는 상황이 이어진다.

메소포타미아는 현재에는 이라크 주변으로, 이 지역이 사막화되고 있는 이유 중 하나는 상류의 나무들을 너무 많이 벌채하여 대홍수가 유발돼 상류에서 알카리성의 토사가 밀려왔기 때문이다.

개량된 토지는 작은 것으로도 균형이 무너져버리는 법이다.

커다란 강의 장점과 단점

티그리스 · 유프라테스강 유역

큰 강 유역에는 문명이 발생하기 쉽다. 메소포타미아 문명도 그렇다.

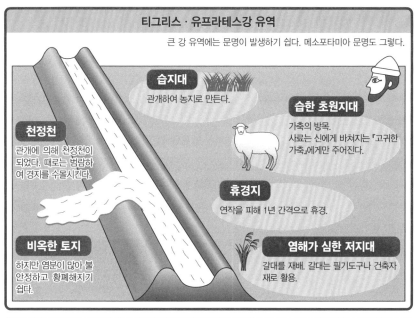

습지대
관개하여 농지로 만든다.

습한 초원지대
가축의 방목.
사료는 신에게 바쳐지는 「고귀한 가축」에게만 주어진다.

천정천
관개에 의해 천정천이 되었다. 때로는 범람하여 경지를 수몰시킨다.

휴경지
연작을 피해 1년 간격으로 휴경.

비옥한 토지
하지만 염분이 많아 불안정하고 황폐해지기 쉽다.

염해가 심한 저지대
갈대를 재배. 갈대는 필기도구나 건축자재로 활용.

메소포타미아의 문명발달 주사위놀이

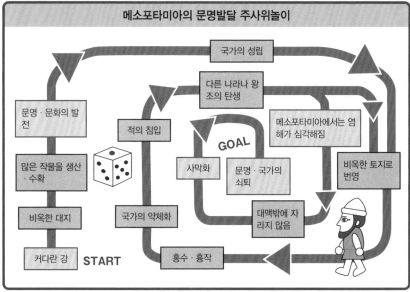

국가의 성립

다른 나라나 왕조의 탄생

문명 · 문화의 발전

적의 침입

메소포타미아에서는 염해가 심각해짐

GOAL

많은 작물을 생산 · 수확

사막화

문명 · 국가의 쇠퇴

비옥한 토지로 번영

비옥한 대지

국가의 약체화

대맥밖에 자라지 않음

커다란 강 START

홍수 · 흉작

●에머밀→소맥과 비슷한 종으로 고대문명에서는 서민들의 주식이었다. 상류계층은 소맥을 먹었다.

중동의 고대인들을 지탱해주었던 대추야자

여명기부터 메소포타미아 사람들을 지탱해주었던 대추야자는, 도시국가시대 이후에도 서민들이 꾸준히 재배했던 친숙한 과일이다. 나무그늘에서는 야채도 재배되었다.

●대추야자와 농업의 생애

대추야자 열매는 과일의 일종으로, 비타민이 풍부하고 당분도 높아 빵이 등장하기 이전에는 중요한 영양공급원이었다. 건조해서 보존식으로 먹었으며, 가루를 내어 납작한 빵처럼 구워 먹기도 했다. 이 납작한 빵은 신에게 바치는 공물이었다.

그 외에도 술의 원료로 쓰거나, 시럽으로 가공해서 빵에 바르거나 물에 타 음료로 만들거나, 따뜻한 물에 담가 낙타나 양의 사료로 쓰기도 했다.

더위나 소금기에 강하고 나무껍질부터 잎까지 이용 가능한 대추야자는 7000년 전부터 재배되었다. 풍요와 신성함의 상징으로서 조각으로 남겨져 있기도 하고, 구약성서에서 나오는 『생명의 나무』는 대추야자의 이야기이다.

대추야자는 열매를 맺는데 5년이 걸리고 다 자랄 때까지 10년이 걸린다. 봄이 되면 많은 농부들이 나무에 사다리를 타고 올라가 수나무에서 꽃가루를 채취해 암나무의 꽃에 묻힌다 인공수분을 보여주는 오래된 사례이다.

과일나무로서 쓸모가 많아서였을까, 함무라비 법전을 비롯한 당시의 많은 법률이 대추야자 과수원을 보호했다는 걸 잘 알 수 있다. 성장하면 25미터 정도로 거대하게 자라는 대추야자의 그늘이 야채의 재배에 이용되었던 것도 보호된 이유 중 하나이다.

메소포타미아의 토지는 원래 야채의 재배에 적합하지 않지만 나무그늘에서 재배하면 수확이 가능하였다. 양파, 파, 마늘이 일반적인 생산물로 이 세 가지 종류의 야채는 잘게 썰어 고기로 만든 수프에 넣는 등 양념으로서도 인기가 있었다. 그 외에도 오이, 호박, 사탕무, 순무, 치커리, 양상추 등이 생산되었다.

또한 메소포타미아에서는 비타민 섭취부족으로 눈병에 걸리는 빈민이 많아 과수원은 눈이 부자유한 자들이 일하는 곳으로 정해졌었다.

대추야자 열매는 귀중한 영양섭취원

대추야자 열매는 비타민이 풍부하고 당분이 많아, 메소포타미아 사람들의 귀중한 영양소 섭취원이었다. 건조해서 주식으로 먹는 경우가 많았다. 지금도 대추야자 열매를 주식으로 즐겨먹는 민족이 있다.

구약성서에 나오는 『생명의 나무』는 원래 대추야자를 말하는 것.

대추야자의 특징

더위나 소금기에 강하다.
이용할 수 있는 부분이 많다.

7000년 전부터 재배되어 인공수분으로 열매를 맺게 했다.

대추야자 과수원은 함무라비 법전 등에서 법률로 보호되었다.

눈병에 걸린 빈민은 대추야자나무를 돌보았다.

25미터나 되는 거목으로 나무그늘에서 야채가 재배되었다.

대추야자 열매 이용법

생식　　빵　　술　　가축의 사료
시럽(잼, 주스)
말린 과일　　　　　신에게 바치는 공물

지금은 다른 부위도 이용하고 있다.
　씨앗 : 장신구
　종자유 : 비누, 화장품
　잎 : 모자, 돗자리, 바구니, 부채
　줄기 : 건축자재, 연료
　어린 싹 : 식용

메소포타미아의 모양틀빵

밀의 재배에 의해 메소포타미아에서는 다채로운 종류의 빵이 만들어지게 되었다. 세계의 빵의 원형은 대부분 이곳에서 발명되었다.

●다양하고 풍부한 빵의 종류

메소포타미아에서는 빵을 먹는 것이 문명인의 상징처럼 여겨져 여러 가지 종류의 빵이 존재하고 있었다. 발굴된 문헌에 의하면 주로 **7종류의 빵**을 먹고 있었다고 하며 전 세계에 이 빵들의 자손들이 남아 있다.

제일 일반적인 것은 도자기로 만든 모양틀에 반죽을 넣어 화덕 위에 늘어놓고 굽는 빵이다. 현대 식빵의 원조라고 할 수 있지만 당시에는 둥근 접시형이 주류로 생선이나 전갈을 새긴 것도 있었다. 겉모습을 즐긴다는 점에 있어서는 붕어빵과 비슷한 것이었을지도 모른다.

무발효의 빵 반죽을 평평하게 펴서 화덕 안쪽에 붙여 굽는 타입은 인도의 난으로 계승된다.

몇 번이고 빵 반죽을 접어 파이처럼 만든 빵도 만들어졌다. 넓은 접시에 반죽을 깔아 구워서 고기요리의 받침으로 사용한 요리법이 있었다는 것이 기록에 남아 있다. 밑에 까는 용도로 사용된 빵 이외에 뚜껑용의 빵도 있어 고기요리를 수프와 함께 감싸, 열이나 육즙이 밖으로 새지 않도록 만들어졌다. 현대 기준에서 보면, 파이로 감싼 구이라고 할 수 있다.

그리고 빵 반죽에 효모를 가한 **발효빵**도 먹고 있었다. 남은 맥주나 수프를 반죽에 넣으면 효모가 작용해 부풀어올라 현대의 빵과 비슷해진다. 이것을 돔형의 가마에 넣어 구우면 겉은 바삭, 속은 폭신, 그리고 알코올의 풍미가 나는 근사한 빵이 완성된다.

반죽에 유제품이나 파 등의 야채를 넣어 구운 것도 있었다. 현대의 조리빵과 비슷한 빵이다.

빵은 그대로 먹거나 시럽이나 요구르트를 발라 먹기도 했다. 그 외에 고기와 함께 접시에 곁들이거나 쪼개서 수프에 담가먹는 경우도 있었다. 이것은 현재의 매쉬포테토, 크루통에 해당된다.

여러 가지 고대빵

모양틀빵

자기로 만든 틀에 반죽을 넣어 화덕 위에 늘어놓고 굽는 빵. 식빵의 선조이지만 당시에는 둥근 접시형이 주류로 표면에는 여러 가지 상징이나 무늬가 그려져 있는 것도 있었다.

파이형 빵

반죽을 몇 번이고 접어서 파이처럼 만든 빵. 요리를 반죽으로 만든 깔개와 뚜껑으로 덮어 마치 파이로 감싼 구이와도 같은 요리 등에 사용되었다.

발효빵

빵 반죽에 효모를 넣어 부드럽게 만든 빵. 남은 맥주나 수프를 반죽에 넣어 돔형의 가마에 넣어 굽는다. 겉은 바삭, 속은 폭신, 그리고 알코올의 풍미가 나는 근사한 빵이다.

무발효빵

빵 반죽을 납작하게 밀어 화덕 안에 붙여 구운 것. 인도의 난처럼 세계 곳곳에서 계승하고 있다.

신기한 모양틀빵

기원전 2200~1750년경의 것이라고 추정되는 출토품으로, 비늘이 달린 물고기, 웅크리고 있는 사자 등을 본뜬 빵틀이 있다. 그 외에 여성의 나신을 본뜬 빵틀도 발견되었다. 틀의 단면은 U자형으로 움푹한 부분에 반죽을 넣어 굽기 때문에 무늬는 한쪽에만 보이게 된다. 루브루 미술관에는 출토품과 함께 구워진 견본도 전시돼 있어 인기가 높다.

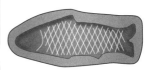

✿ 고대 이집트의 기름사정

기름은 사치품이었지만 각계각층에서 사용하고 있었다.

깨, 아마, 목화나 올리브 같은 식물성기름과 돼지나 거위, 소나 양의 지방 등의 동물성기름도 있었다.

기름은 조명, 그 다음으로는 요리, 때로는 의약품, 미용이나 화장용품, 주술로 사용되는 경우도 있었다. 향료를 섞어 향유로 만든 것은 미이라의 표면에 바르기도 했다.

용어해설

● 7종류의 빵→모든 종류의 자세한 사항이 밝혀진 것은 아니다.

메소포타미아의 고기요리

메소포타미아에서는 육류를 충분히 먹고 있었다. 가축뿐만이 아니라 야생동물이나 야생조류 같은 것들도 고급요리로서 자주 접시에 올려졌다.

●화려한 요리의 메인 식재료

메소포타미아는 농업이 발달했지만 실은 염분이 많아 농지에 적합하지 않은 황무지나 휴재지가 많았다. 그러한 장소를 이용해 목축이 행해지고 양과 염소가 사육되었다. 당시에는 고기라고 하면 나오는 것이 양이나 염소로, 양이 제일 맛있는 고기라고 생각하였다.

소는 토지를 경작하는데 주로 쓰였지만 고기를 먹는 경우도 없지는 않았다. 돼지도 먹기는 했지만 더러운 동물이라고 생각하였다. 말, 개, 뱀은 각각 금기가 있어 먹지 않았다.

새고기의 경우 최초에는 메추라기 등의 야생조류나 계란을 사냥했지만 문명이 발달했을 무렵에는 닭이 전해져 먹게 되었다. 거위나 오리 같은 물새, 야생비둘기나 염주비둘기 등의 새도 요리로서 식탁에 올라갔다.

그 외에 사냥으로 잡은 고기로는 사슴, 야생쥐, 야생토끼 등이 있었다.

도시는 강을 접하고 지어졌기 때문에 강에 사는 물고기도 중요한 단백질 공급원이었지만 생선은 가난한 사람들이 주로 먹어 기록이 적다. 그 외의 수산자원으로는 새우, 거북이, 거북이의 알도 먹고 있었다. 또한 바다민족과의 무역에서 얻은 **다랑어 등의 해산물**도 식탁을 푸짐하게 장식했다.

고기는 초기에는 구워 먹었지만 도시국가 시대에는 끓인 요리가 주류가 되었다. 고기를 사용하는 경우 사람들은 지방을 듬뿍 녹인 수프나 스튜를 선호했다. 거기에 야채나 양념을 더하고, 때로는 소맥분을 반죽해 삶은 경단을 넣기도 했다. 일종의『수제비』라고 할 수 있다.

메소포타미아는 더운 지역이어서 건조, 소금절임, 기름절임 같은 저장방법이 고안되었다. 그중에서도 소금절임은 기록에 자주 등장한다.

끓일 때 맛에 엑센트를 주기 위해 동물의 피를 수프에 섞기도 했고 동물의 젖이나 유제품, 맥주 등도 요리에 종종 사용되었다.

끓인 고기요리와 고기의 보존방법

고기가 들어간 수프

처음에는 구운 고기가 많았다.

도시국가 시대에는 끓인 요리가 주류.

**선호하는 것은 지방을 듬뿍 녹인 수
프나 스튜.**

야채나 양념, 소맥분을
반죽해 삶은 경단 등을
넣는다.

동물의 피, 동물의 젖
이나 유제품, 맥주 등
을 섞기도 하였다.

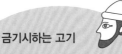

금기시하는 고기

돼지는 먹기는 했지만 지저
분한 음식이라고 생각하였
다. 말, 개, 뱀은 각각 금기가
있어 먹지 않았다.

메소포타미아의 고기 보존방법

건조육

얇게 저며 햇빛이나
화덕의 열로 건조시
킨다.

소금에 절인 고기

고기에 칼집을 넣어
암염을 꽂아두거나
소금에 문지르거나
소금물에 담근다.

기름에 절인 생선

동물의 지방에 고기
를 담갔을 것으로 추
측된다.

용어해설

● 다랑어 등의 해산물→다랑어의 뼈가 도시유적에서 출토되고 있다. 하지만 신선한 해산물을 얻을 수는 없었기 때문
에 건어물이나 소금절임이었을 것이다.

메소포타미아의 야채와 향신료

메소포타미아에서 사랑받았던 야채는 파와 양파, 마늘로 이것들은 양념으로서 많은 요리에 사용되었다.

●중요한 야채는 의외로 비쌌다？

파와 양파, 마늘은 고급요리에서 고기의 맛을 살리기 위해 끓이는 요리에 넣었으며, 야채 중심의 끓인 요리에서는 그야말로 주역이라 할 수 있었다.

현존하는 세계에서 제일 오래된 레시피는 점토판이다. 예일 대학에 소장된 3장의 점토판 중에서 첫 번째 점토판에 있는 20여종의 요리 전부, 이 세 가지 야채 중 어느 한 가지가 꼭 들어간다. 교역기록에 의하면 세 가지 야채가 도시에서 도시로 대량으로 유통된 것이 기록돼 있다. 메소포타미아 사람들은 파, 양파, 마늘을 좋아했던 모양으로 **슈수엔** 왕녀는 타국으로 여행할 때 양파와 마늘을 각각 35kg씩 가져갔다고 한다.

그 외에도 양상추, 순무, 호박 등도 선호되었지만 역시 대부분은 끓이는 요리에 사용되었다. 끓인 요리에 대한 탐구는 상당히 진척되어 야채를 끓여 으깬다던지, 빵부스러기로 걸쭉하게 해 포타쥬처럼 만드는 게 유행이었다.

한편, 빈곤층의 야채로는 콩이 있었다. 메소포타미아에서는 병아리콩이 주류로 으깬 다음 뭉쳐서 빵처럼 먹었다. 하지만 도시의 가난한 사람들은 비타민 부족으로 병에 걸리는 사람이 많았다고 한다. 야채를 생산하는 농촌이라면 또 모르지만 도시로 가는 야채는 고가였다. 마늘이나 순무 같은 뿌리야채, 콩은 장기보존이 가능하지만, 대신 비타민은 없어진다.

메소포타미아에서 먹었던 야채들은 그 외에도 있지만 기록의 해석이 진척되지 않아 현재의 어느 야채에 해당되는지 알 수가 없다.

향신료도 본격적으로 요리에 이용되었다. 현지에서 얻을 수 있는 향신료로는 코리앤더, 커민, 민트 등으로 이것들은 건조해 분말로 이용했다. 향신료나 조미료는 조리 전에 넣거나 고기와 함께 끓이거나 요리가 완성되기 직전에 넣는 등, 여러 가지 타이밍이 있었다.

메소포타미아의 3대 야채

파, 양파, 마늘

야채 중심의 끓인 요리에서는 주역.

왕녀도 여행을 위해 대량의 양파와 마늘을 가져갔다.

고급 끓인 요리에서는 양념으로서 고기의 맛을 살리는 역할.

세계 최고(最古) 레시피인 점토판의 많은 요리에 셋 중의 하나가 사용되었다.

도시에서 도시로 대량으로 유통되었다.

오이　호박　사탕무　순무

치커리　양상추　병아리콩

도시로 가는 야채는 비쌌기 때문에 가난한 사람은 비타민 부족으로 병에 걸리는 일이 많았다.

3대 야채 이외의 야채도 대부분이 끓이는 요리에 사용되었다.
병아리콩은 빈곤층이 주로 먹었는데, 으깬 다음 뭉쳐서 빵을 만들었다.

♣ 불사의 약초와 비타민

　야채나 과일의 부족으로 생기는 비타민 결핍증은 예부터 경험에 의해 알려졌다. 건강을 위해 야채를 섭취하라는 교훈이 그대로 전해진 것일까, 메소포타미아의 신화 『길가메쉬 서사시』는 환상의 약초를 가지고 돌아오는 이야기이다.

　불로불사를 찾기 위해 떠난 영웅왕 길가메쉬는 긴 여행 끝에 먼 옛날의 홍수에서 살아남은 현자 우트나피쉬팀과 만나 최종적으로 젊어지는 『풀』을 손에 넣는다. 하지만 그는 귀로에 그 풀을 잃어버려 젊어질 수 없었다.

　실은 아카드어로 『풀』과 『야채』는 동의어이다. 야채는 풀의 일종으로, 야채는 건강을 유지하는 약초, 또는 회춘의 약으로 여겨졌다.

용어해설

● 슈수엔→우르 제3왕조의 왕. 재위기간은 기원전 2037-2029.

맥주는 메소포타미아에서 태어났다

맥주는 오늘날에도 사랑받는 술 중 하나로, 밀에서 유래된 음료이다. 고대로부터 존재해왔으며, 실은 메소포타미아와 이집트에서 주로 만들어졌다.

●모든 고대인들이 사랑했던 맥주

맥주의 발상지는 대맥과 에머밀이 많이 수확됐던 메소포타미아와 이집트로, 메소포타미아가 제일 빠르다고 알려져 있다.

그 옛날, 맥주는 국왕부터 서민까지 폭넓게 사랑받았다.

메소포타미아 사람들은 삼시 세끼의 식사와 함께 맥주를 마셨으며, 여러 종류의 맥주를 생산했다. 여행을 갈 때에는 맥주빵을 가져가서 그걸 물에 담가 간이 맥주를 만들어 마셨다.

이집트에서는 피라미드 노동자의 피로를 풀어주는 역할을 하였고, 아이들의 도시락에도 맥주가 있었다.

처음에는 보리죽이 발효되어 맥주가 된 것을 마셨으나 이윽고 사람들은 밀에서 **밧피아**라고 하는 맥주빵(양조용 빵, 맥아빵)을 만들었고, 그것을 부순 다음 병에 넣었다. 그리고 물을 더해 자연발효가 되는 것을 기다려 맥주를 만들었다.

발효를 촉진하는 대추야자나 벌꿀을 넣기도 하였다. 또한 발효과정에서 소맥분을 더하여 걸쭉하게 하기도 했다.

고대인들은 균이 작용하여 맥주가 만들어진다는 건 몰랐지만 경험적으로 양조용기를 계속 사용했다. 이렇게 하면 용기에 남아있던 균이 발효를 도와준다. 맥주와 마찬가지로 발효빵도 계속 빵을 만들기 위해 (이스트균이 있는) 반죽을 조금 남겨놓는 게 상식이었다.

그리고 고대의 맥주는 지금의 것과 전혀 다르다. 떫은맛이 강한 탁주로 **알코올 도수가 낮고** 위에는 밀기울이 떠 있었다. 이러한 찌꺼기를 피하기 위해 발효된 병에 직접 빨대를 꽂아 마셨다. 이윽고 거름망이 발명되어 밀기울을 걸러 컵에 담아 마시게 되었다.

맥주는 처음에는 집에서 주부들이 만들었고 나중에는 주점이라는 하나의 산업을 만들어내게 되었다.

고대의 맥주는 빨대로 마셨다.

지금과는 전혀 다른 고대의 맥주

떫은맛이 강하다.

탁한 술.

알코올도수가 낮다.

위에 밀기울이 떠있다.

이집트사람들이 맥주를 얼마나 좋아했느냐면

· 피라미드 노동자에게 맥주가 배급되었다.
· 아이들의 도시락에도 맥주가 들어갔다.

고대맥주를 마시는 법

위에 뜬 찌꺼기를 피하기 위해 발효된 병에 직접
빨대를 꽂아 마셨다.

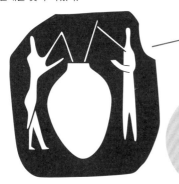

메소포타미아의 유적에서 발굴된 인장의 그림
문자. 두 사람이 병에 빨대를 꽂아 맥주를 마시
고 있다.

메소포타미아 사람들이 얼마나 맥주를 좋아했느냐면

· 삼시 세끼 식사와 함께 맥주를 마셨다.
· 여러 종류의 맥주를 만들었다.
· 여행을 갈 때에는 맥주빵을 가져가서 그걸
  물에 담가 간이 맥주를 만들어 마셨다.

이윽고 거름망이 발명돼 찌꺼기를 거르고
컵에 담아 마시게 되었다.

원시적인 맥주 만드는 법

1 물에 담가 말린 밀을 빻아 밧피아라고 하는 맥주빵을 만든다

2 밧피아를 부수어 병에 넣고, 물을 더해 자연발효가 되는 걸 기다린다.

3 완성. 여름에는 보존을 할 수 없어 만들어지면 바로 마셨다.

용어해설

● 알코올 도수가 낮다→더운 지방에서는 양조할 때 술의 도수가 높아지지 않는다. 하지만 여과와 숙성을 반복해 저
장한 맥주는 어느 정도 알코올 도수가 높아진다. 이러한 맥주는 고가였다.

맥주는 필수품이자 약

세계적으로 유명한 서사시에도 등장하는 맥주는 고대인들에게 찬양받았으며 실제로도 사람들의 건강을 지켜주었다. 즉, 약으로도 이용되었던 것이다

●신이 내려준 선물은 약으로서도 쓰였다

맥주와 빵은 밀에서 만들어져 만드는 법도 비슷했기 때문에 고대세계에서는 인간이 살아가는데 필요한 최소한의 필수품으로 여겨졌다. 맥주나 빵이 통화 대신으로 사용된 적도 있었다.

메소포타미아에서 맥주는 문명의 증거로까지 생각되었다.

『**길가메쉬 서사시**』에서는 길가메쉬의 친구인 엔키두가 「처음에는 빵을 먹는 법이나 맥주 마시는 법을 모르는」 미개인으로 묘사된다. 물을 마시느냐 맥주를 마시느냐가 미개인과 문명인의 차이였던 것이다.

또한 사람들 사이에서는 맥주가 신의 선물이라고 전해져 오고 있었다. 방치해둔 액체가 맛있는 음료가 되어 마시면(취해서) 기분 좋게 해주는 기적이 그러한 전승을 낳게 한 것이리라.

맥주는 약으로도 사용되었다. 이집트에서 약용빵의 이용이 성행했다는 이야기는 다른 항목(No.015)에서 따로 해설하겠지만, 맥주도 약으로서 쓰였다. 맥주 단독으로도 진통제, 위장약, 강장제, 종기를 치료하는 연고로 쓰였다. 특정한 약초나 향신료를 섞어서 특정 병에 걸린 환자에게 먹이기도 했다. 이집트의 의학서를 보면 그러한 약용맥주의 종류는 세 자릿수에 달했다고 한다.

메소포타미아에서도 기원전 2100년경의 점토판에 맥주를 사용한 약의 배합표가 새겨져 있다. 맥주 자체에 약효가 있는지는 의문이지만 물을 끓여서 양조하기 때문에 생수를 마시는 것보다는 훨씬 건강에 좋았다. 그 외에 이집트에서는 화장수나 샴푸로도 사용되었다. 현대에서는 맥주에 머리카락을 담그면 색이 빠진다는 것이 알려져 있지만 고대에도 이 방법이 사용됐는지는 알 수 없다.

맥주만세

맥주는 신의 선물

방치한 맥주가 → 자연스럽게 맛있는 음료가 되어 → 마시면 기분이 좋아진다

그리하여 메소포타미아에서는 맥주를 신의 선물이라 여겼다.

맥주는 문명의 증거

물을 마시는가 맥주를 마시는가, 그것이 미개인과 문명인의 차이. 맥주는 인간이 살아가는 데 있어서 필요한 최저한의 것으로 여겨졌다.

메소포타미아에서는

맥주는 시카르라고 불리며 농업의 여신 닌 · 하라에게 바쳐졌다.

종류 이것저것, 마시는 법 이것저것

메소포타미아에서는 맥주가 수십 종류나 있었다. 재료, 제법이나 발효기간에 의해 명칭이 달라진다. 물에 타서 마시는 등, 마시는 법도 달랐다.

MESOPOTAMIAN BEER MENU	
하얀 맥주	달콤한 맥주
빨간 맥주	굉장히 달콤한 맥주
흑맥주	오래된 맥주
갈색 맥주	케케묵은 맥주
강장맥주	세련된 맛의 맥주
etc.	

맥주는 약으로도 쓰였다?

효과는 모르겠으나, 고대에서는 맥주가 약으로 쓰였다.

맥주자체

진정제, 위장약, 강장제, 종기에 쓰이는 연고

약용맥주

약초를 섞어 다른 효과가 나게 한다.
맥주+양파는 변비약(?)
맥주와 말린 올리브가루는 위장약(?)

이집트에서는 화장수나 샴푸로도 사용되었다.

용어해설

●「길가메쉬 서사시」→설형문자로 기록된 최초의 문서. 고대 메소포타미아의 신화. 수메르 도시국가 우루크에 실재했던 길가메쉬 왕을 모델로 했다.

선술집의 주인은 여성

선술집의 기원은 메소포타미아에 있다. 그 당시에는 선술집이 사회에 커다란 영향을 미쳐 함무라비 법전에서도 선술집에 관한 법률이 정해져 있었다.

●여러 가지 이유로 여러 사람들이 모이는 선술집

메소포타미아에서는 맥주가 서민의 친구가 되어 맥주(그 외에 대추야자주도 있었다) 와 안주를 내놓는 가게가 유행했다. 『술을 파는 여자의 집』으로 불린 선술집은 양조장 도 겸했으며 그곳의 주인은 언제나 여성이었다. 가정에서 술을 만드는 사람은 여성이 었기 때문에 그 연장선상으로 여주인이 있었을 것이다.

메소포타미아에서는 『신에게 기원하는 의식을 치른 사람은 선술집에 들렀다가 집으 로 가야 한다』라는 풍습이 있었다. 그렇게 하지 않으면 불길하다는 것으로 그 당시의 **선 술집**에는 지금보다도 더 특별한 의미가 있었던 것 같다.

선술집은 대화의 장이기도 했다. 마을 사람들이 모여 술을 마시며 서로 이야기를 하 였고, 또한 여관도 겸했기 때문에 숙박을 하는 행상들의 장사 이야기도 오갔다. 때로는 무법자가 범죄의 상담을, 반역자가 정치적 모의를 이야기하는 일도 있었다. 물론 환락 의 장이기 때문에 일도 하지 않고 낮부터 선술집에 있던 사람도 있었고 취한 여자가 난 동을 부리는 일도 있었던 것 같다.

그렇기 때문에 선술집은 대대로 권력자들에게 주시되었고, 사회에 커다란 영향을 끼 치는 시설로 인식되었다. 함무라비 법전에서는 선술집의 여주인에 대한 규정이 4가지 가 쓰여져 있다. 그중 제일 엄한 것이 무법자가 모의 시에는 통보를 해야 하는 것을 의 무화하였다. 위반 시, 그 여주인은 사형을 선고받았다. 또한 선술집은 자유로운 장소였 지만 다른 규정에 의하면 신전의 여신관은 입점금지였다. 이 경우 위반하면 화형이었 다. 여신관은 선술집을 운영하는 것도 금지되었지만 싯파르라는 마을의 기록에 의하면 여신관이 주인이 되고 사람을 써서 운영하게 하는 케이스도 있었다.

선술집은 여주인이 대표자로 있었으나 세월이 지나면서 실제 영업은 남편이 하게 되 었던 것 같다.

계산을 속이면 강물에 던져진다

선술집에 관한 메소포타미아의 법률과 형벌

가게 안에서 모의 시 통보의무 —————— 위반하면 사형

신전 여신관의 입점 · 음주금지 —————— 어기면 화형

여주인이 계산을 속이면 —————— 강에 던진다(살아남으면 무죄)

선술집의 계산

· 은으로 술값을 낼 수 없을 때

(맥주를 만드는) 대맥으로 지불해도 좋다.

· 외상으로 술을 마셨을 때

수확기에 대맥으로 지불할 수 있다.

술과 대맥의 가격이 변동 되면 속임수를 쓰기 쉽기 때문에 법률이 정해졌다.

✦ 메소포타미아 선술집의 세 가지 비화

● 선술집의 기원은 노점

선술집이 등장하기 이전에는 노점이 존재했다는 걸 알 수 있다. 다시 말해 금전 감각이 있는 주부가 노점을 내서 자가제 맥주와 안주를 팔아 용돈을 벌었던 것이다. 그게 나중에 선술집이 되었다. 선술집과 마찬가지로 노점의 기원도 메소포타미아에 있었던 것이다.

● 선술집은 러브호텔이나 창관의 역할도 했다

선술집은 그 성격상 연인들이 술을 마신 후에 머무는 호텔로 이용되었고, 또한 창관을 겸업하는 경우도 있었다. 세속의 즐거움인 술을 제공하는 선술집이 번성했다면 여성의 몸을 제공하는 여주인이 있어도 이상할 것은 없다. 그러한 여성들을 고용하는 가게도 많았을 것이다.

● 『길가메쉬 서사시』에도 등장한 선술집의 여주인?

『길가메쉬 서사시』에서는 엔키두를 유혹하는 창부 샴하트라는 인물이 등장한다. 그녀 또한 선술집의 여주인이라는 설이 있다. 고대 메소포타미아 시대에서는 신전의 무녀가 창부를 겸하고 있던 시대였다.

용어해설

● 선술집→서민문화가 발달했던 메소포타미아에서는, 술에 대한 속담이 많이 생겨났다. 그중 다수가 현대에까지 전해지고 있다.

고대의 상류계층을 열광케 했던 와인

와인도 맥주와 함께 고대문명에서는 친밀한 술이다. 맥주에 비해 고급스러운 술로 인식되어 두 문명에서는 신전에도 자주 바쳤다.

●메소포타미아에서 태어난 와인은 상류계층 지향

와인은 생명의 물로 찬미되었으며, 메소포타미아에서는 『게슈틴』, 이집트에서는 『이르프』라는 이름으로 불렸다. 자국에서 생산하는 것 이외에도 더 좋은 와인을 찾아 주변 각국에서 적극적으로 수입하기도 했다.

과일이 자연발효해서 만들어진 술을 제외하고는 세계에서 처음으로 제대로 된 와인을 양조한 것은 메소포타미아이다. 그 증거로서 기원전 4000년 전의 수메르 유적에서는 저장용 항아리의 뚜껑이 출토되고 있다. 부드러운 점토에 각인을 새겨 그걸로 항아리를 봉해 숙성시켰다. 실제로는 기원전 6000년 전부터 북부의 산지에서 만들어졌던 것 같다. 처음에는 으깬 포도과육이 들어간 탁주였지만 천으로 찌꺼기를 걸러내고, 벌꿀을 더해 발효가 촉진되도록 하였다.

와인이 붐을 일으켜 절정기를 맞이한 것은 기원전 2000년경이다. 북부와 달리 메소포타미아 남부에서는 포도가 자라지 않았기 때문에 한동안은 상류계층이 즐겨 마시는 사치품이었다. 마을에는 저장고나 교역소가 만들어지고 많은 상표나 등급이 설정되었다.

메소포타미아에서 와인이 전해진 이집트도 마찬가지로 왕족이나 귀족 같은 상류계급 사람들이 와인을 위한 포도농장을 운영했다. **토토메스3세**는 고관들에게 매일 와인을 마시게 했고 **세티1세**는 가신들에게 급료로 와인을 주었다. 이집트에서 와인이 널리 알려지게 된 것은 기원전 1800년 무렵으로 추정된다.

또한 메소포타미아는 맥주 이상, 와인 이하의 술로서 대추야자술도 만들어졌다. 일본에서 주류 전반을 『사케(청주)』라고 부르는 것처럼 대추야자술을 『맥주』로 부르기도 했다. 대중들이 즐겨 마셨던 맥주와 동일시된 것으로 보아 서민들도 즐겨 마셨을 거라 생각된다.

고대 메소포타미아 와인의 역사

메소포타미아에서 태어났으며 **게슈틴**이라고 불린다.
생명의 물로 찬미된 적도 있었다.

기원전 6000년경	북부 산지에서 양조되었다. 최초는 탁주. 이윽고 천으로 찌꺼기를 걸러내게 된다. 벌꿀을 더해 발효를 촉진하게 된다.
기원전 4000년경	당시의 수메르유적에서 저장항아리의 뚜껑이 출토. 각인을 찍은 부드러운 점토로 항아리를 봉인해 숙성.
기원전 2000년경	와인 붐의 절정기를 맞는다. 마을에 저장고와 교역소가 만들어진다. 많은 상표와 등급이 있는 사치품이 된다. 이집트에 전해져 이르프라 불리워진다.
기원전 1800년경	널리 알려지게 된다. 왕족이나 귀족들이 와인을 위한 포도농장을 경영. 급료로 와인을 주는 왕도 있었다.

메소포타미아에서는 국내산 외에도 주변 각국에서 적극적으로 수입을 했다.

대추야자술

메소포타미아에서 널리 만들어졌던 맥주 이상 와인 이하의 술. 술의 대명사로서 서민들이 즐겨 마셨다

❖ 세계에서 제일 오래된 와인 묘사

메소포타미아에서 유명한 『길가메쉬 서사시』의 이야기 종반에는 길가메쉬가 불로불사를 찾아 현자 우트나피쉬팀을 방문한다. 그 현자는 예전 방주를 만들었을 때 목수들에게 보수와 함께 와인을 대접했다고 기록되어 있다. 이것이 이야기 속에 쓰여진 세계에서 제일 오래된 와인 묘사이다.

용어해설
- 토토메스3세→재위 기원전 1479-1425. 주변 각국에 원정을 해 이집트 사상 최대의 제국을 건설했다. 이집트의 나폴레옹이라고도 불린다.
- 세티1세→재위기간 기원전 1294-1279. 예술과 문화에 조예가 깊고, 전통의 부흥에 힘을 쏟았다. 또한 저하된 이집트의 국격을 회복시켰다.

메소포타미아의 끓인 음료

메소포타미아에서는 술과 유제품뿐만 아닌 과일음료도 사람들이 즐겨 마셨다. 노력하기에 따라서는 차가운 음료를 얻을 수도 있었다.

●끓인 주스와 차가운 음료

메소포타미아 지방은 비가 적고 햇빛이 강하다. 낮 기온이 40도를 넘는 경우도 적지 않아 수분과 시원함을 보충하기 위해 여러 가지로 노력했다. 레몬이나 석류, 무화과, 사과 등을 짜서 생주스를 만들거나 과즙을 넣어 음료에 향과 맛을 더하는 것을 옛날부터 해왔다. 그 외에 대추야자나 레몬 등의 건조과일을 끓여 음료를 만들기도 했다. 건조과일은 케이크의 재료나 감미료로 사용되어 가정에서 이용하기 쉬웠기 때문이다. 현대 이라크에서도 가열한 뒤 짜서 건조시킨 레몬을 끓여 만든 음료인『하모즈』가 있다. 고대로부터 이어진 문화유산의 하나이다.

음료를 차갑게 하는 방법도 고안되었다. 차가운 음료를 마시기 위해 메소포타미아에서는 음료를 옹기병에 넣어 서늘한 곳에 보존했다. 이동 시에는 가죽주머니에 넣어 가지고 다녔다.

병이나 가죽주머니는 조금씩 표면에 수분이 배어드는 성질이 있다. 배어든 수분은 건조한 기온에 의해 증발(기화)하여, 그 기화열에 의해 용기와 내용물이 냉각된다. 이걸로 누구나 차가운 음료를 마실 수 있었다.

또한 우박이나 눈을 이용하는 방법도 있었다. 메소포타미아에서는 눈은 거의 내리는 일이 없었지만 여름철에는 우박을 동반한 뇌우가 가끔씩 있었다. 커다란 건 수 센티미터나 될 정도여서 농작물에 피해를 주는 일도 있었다고 한다. 저택의 하인들은 이 우박을 모아 지하실로 옮겨 짚단으로 감싸 장기보존했다.

겨울철에는 북부의 산악지역이나 북동지방에서 눈이나 얼음을 수입한 것도 기록으로 남아 있다. 이것을 지하에 보관해 필요할 때 사용했다고 한다. 옮겨온 얼음을 먹어 더위를 피했다는 기록이 여기저기에 남아 있다. 하지만 이러한 일들이 가능했던 건 상류계층뿐이었다.

차가운 음료

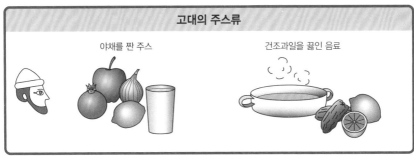

고대의 주스류

야채를 짠 주스

건조과일을 끓인 음료

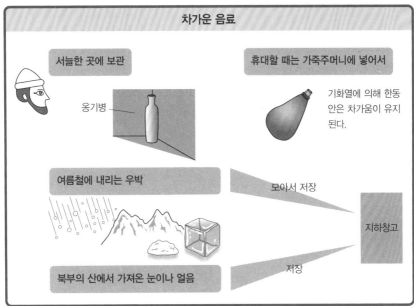

차가운 음료

서늘한 곳에 보관

옹기병

휴대할 때는 가죽주머니에 넣어서

기화열에 의해 한동
안은 차가움이 유지
된다.

여름철에 내리는 우박

모아서 저장

지하창고

북부의 산에서 가져온 눈이나 얼음

저장

우유짜기는 언제부터 시작했을까?

메소포타미아를 시작으로 중동과 서양에서 유제품은 옛날부터 있는 식재료였다.
가축에서 젖의 채취가 시작된 것은 기원전 5000년 무렵으로 추정된다.

일찍이 암수 모두 어릴 때 식용으로 먹었던 가축이 이때부터 암컷만이 성체가 될
때까지 살아남게 되었다. 이때를 경계로 해서 우유와 유제품이 이용되었을 거라고
추측된다.

고대의 요리인과 최고(最古)의 레시피

문명이 성숙한 시대에서는 요리인이 사회적으로 높은 지위를 가지는 경우도 있었다. 예를 들어 메소포타미아 신전에 종사하는 요리장에게는 신관이라는 지위가 부여되었다.

●메소포타미아의 요리인

메소포타미아의 일반 가정의 경우, 요리는 주부들이 전문적으로 만드는 것이었다. 식재료를 가져오는 것은 남편의 역할, 그리고 요리는 아내의 역할이었다. 조리도구를 혼수로서 아내가 가져오는 사례가 당시의 결혼기록에 남아 있다.

하지만 메소포타미아 사람들은 미식가에다가 맛에 대해서는 까다로워서 공식적인 장소에서의 요리나 경사스러운 날의 요리에는 프로요리사를 부르는 일이 많았다. 유복한 집에서는 상시로 요리인 집단을 집에 묵게 하면서까지 고용했다.

메소포타미아의 최전성기에는 직인들이 세분화 · 전문화되었는데 요리사도 예외가 아니어서 세세하게 분업화되었다. 빵 굽는 직인은 빵만을 굽고, 과자직인은 과자를 만들고, 장식가라 불리운 직인은 요리의 레이아웃을 생각해 배치하였다.

이러한 모든 관계자(요리인뿐만이 아니라 생산자와 밀가루를 만드는 직인까지)를 총괄하는 요리장은 명성이 따르는 영예로운 직업으로 인정받았다. 특히나 신전의 요리장은 엘리트 신관의 직위를 받았다.

신에게 바치는 요리에 종사했기 때문에 당연한 일일지도 모르지만 메소포타미아의 신화에 의하면 신들의 세계에서도 요리사가 있었을 정도이다. 메소포타미아 사람들이 얼마나 "음식"을 중요시했는지 알 수 있다.

요리인이 되기 위해서는 스승을 따라 오랫동안 수행을 해야 했다. 구전으로 여러 가지 기술의 전승이 이루어졌지만 현재는 이러한 기술의 대부분이 유실되었다.

남겨진 극히 일부분의 자료 중 예일 대학이 보관하고 있는 세 장의 점토판이 있다. 기원전 1600년경에 만들어진 것으로 20세기 말에 고급요리의 레시피인 것이 밝혀져 당시 요리의 재현이 가능해졌다. 이것이 현존하는 세계에서 제일 오래된 레시피집이다.

메소포타미아의 요리인

메소포타미아의 최전성기 직인은 세분화 · 전문화되었다.

요리장
모든 직인의 총괄자. 신 전의 요리장은 신관의 지위를 가졌다.

가정의 일상요리는 부인이 만들고 공식적인 장소에서의 요리나 경사 스러운 날의 요리는 요리사가 만들 었다.

유복한 집에서는 요리인 집단을 집에 묵게 하면서 까지 고용했다.

빵 굽는 직인
빵을 굽는다.

과자직인
과자를 만든다.

장식가
레이아웃을 생각해 배치 한다.

견습
요리인이 되기 위해서는 스승을 따라 오랫동안 수행을 한다.

구전으로 여러 가지 기술의 전승이 이 루어졌지만 현재는 이러한 기술의 대 부분이 유실되었다.

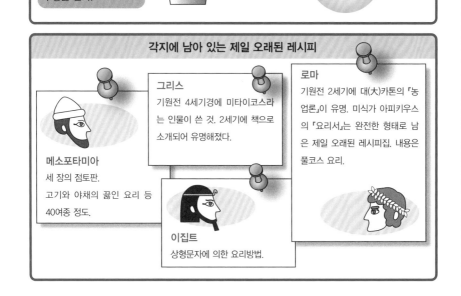

각지에 남아 있는 제일 오래된 레시피

그리스
기원전 4세기경에 미타이코스라 는 인물이 쓴 것. 2세기에 책으로 소개되어 유명해졌다.

로마
기원전 2세기에 대(大)카톤의 『농 업론』이 유명. 미식가 아피키우스 의 『요리서』는 완전한 형태로 남 은 제일 오래된 레시피집. 내용은 풀코스 요리.

메소포타미아
세 장의 점토판.
고기와 야채의 끓인 요리 등 40여종 정도.

이집트
상형문자에 의한 요리방법.

치료에도 사용됐던 이집트의 빵

이집트인은 메소포타미아인 이상으로 빵을 사랑하는 민족이었다. 식용 외에도 약용빵이나 성스러운 소를 위한 사료빵, 제물 대용으로 동물형 빵도 만들었다.

●약용빵으로 골절을 치료한다?!

화덕이 발명되기 이전, 기원전 2500년경의 이집트에서는 원추형 틀에 넣어 만든 무발효빵이 주류였다. 그 후에 화덕에 붙여 굽는 납작한 빵으로 변해가지만 가정에서 만드는 빵은 이러한 무발효빵이었다. 발효빵은 손이 가기 때문에 왕궁이나 뒤이어 만들어진 빵가게에서만 만들어졌다. 향료나 허브, 벌꿀이 들어간 빵도 있었다.

기원전 1560년경 신왕국시대에 이집트는 절정기를 맞이하였고, 더불어 식문화도 화려해졌다. 원료는 대맥에서 맛있는 소맥으로 바뀌고, 효모를 가하면 발효빵이 된다는 것도 알게 되었다. 또한 모양을 따질 정도로 여유로워져서 나선형의 빵, 거위나 소를 본뜬 모양틀빵이 만들어졌다. 소맥이 아닌 옥수수를 닮은 식물이나 밤을 원료로 하기도 했다.

신전에서도, 각각의 신이 좋아하는 원료가 들어간 제사용의 빵, 마술에 사용되는 빵으로 만든 인형 등 여러 종류의 빵이 사용되었다. 빵이 아닌 의식, 이장용의 **빵모형**도 만들어졌다. 종교용의 빵은 신전 안의 제빵 · 제과소에서 만들어지기도 했다. 당시에는 삼각형이 신성한 모양으로 숭배되어 서민들 사이에서는 삼각형의 빵이 인기였다고 한다. 또한 빈민은 제사 때에 제물의 대용품으로 동물 모양의 빵을 바쳤다.

이집트 후반기인 기원전 300년경에는 계란이나 우유, 버터가 들어간 빵이 만들어졌고, 신전에서 기르는 성스러운 소의 사료로 빵이 바쳐졌다.

맥주의 원료로 빵이 사용된 것은 메소포타미아와 동일하지만 이집트에서는 여러 가지 약초와 재료를 섞어 만든 약용빵을 의료에 이용하였다.

의료와 음식을 결합한 약용빵은, 고대 그리스에서 생겨나 중세 유럽에서 유행한 사체액설, 또한 중국의 한방 등과 같은 발상의 산물일 것이다. 이집트에서는 약용빵을 먹으면 병이나 상처가 낫는다고 믿었다.

이집트의 빵의 역사

기원전 2500년 이후	원추형 틀에 넣어 만든 무발효빵이 일반적. 빵가마가 발명되어 붙여서 굽는 납작한 빵이 등장. 가게나 왕궁에서 발효빵이 만들어짐. 향료나 허브 벌꿀이 들어간 빵도 볼 수 있다.
기원전 1560년 이후	빵의 원료가 대맥에서 소맥으로 바뀐다. 옥수수를 닮은 식물이나 밤을 사용한 빵이 만들어졌다. 나선형이나 거위, 소를 본뜬 모양틀빵이 만들어졌다. 신전에서는 제사용빵, 빵인형이 만들어졌다. 빈민은 제물의 대용품으로 동물 모양의 빵을 바쳤다.
기원전 300년 이후	계란, 우유나 버터가 들어간 빵이 만들어졌다. 신전의 성스러운 소를 위한 사료로 빵이 바쳐졌다.

약용빵

　이집트인들은 약초를 중심으로 한 의술을 가지고 있었고, 약뿐만이 아닌 빵이나 요리에도 응용하였다. 기원전 2세기경에 쓰여진 『의술의 책』에는 여러 가지 처방이 기록돼 있다.

　약용빵이 효과가 있기보다는 처방된 각종 약초가 병을 고친다. 물론 음식이기 때문에 향과 맛, 영양도 중요시했다.

- 진통제 : 쥐의 지방+새로 만든 맥주 혹은 달콤한 맥주
- 배탈약 : 거위의 지방+벌꿀+박과의 식물
- 식욕증진 : 마나+벌꿀
- 회충 : 황토나 석유+달콤한 맥주
- 화상 : 소금+기름+대맥

(성분 상세내용은 불명)

- 골절 : 어느 종류의 빵+어느 종류의 야채나 과일
- 탈모나 비듬 : 시큼한 소맥빵
- 황달 : 스토라고 하는 빵
- 몸의 내부에서 생기는 병 : 치리스티라고 하는 빵

용어해설

- 빵모형→장기간의 의식에 사용하거나 죽은 자와 함께 이장한다. 모형이라면 썩지 않고 도둑맞을 염려도 없다.
- 마나→환상의 음식. 패각충의 배설물인 달콤한 물질이 마나의 정체라는 설이 있다.

하이에나는 진미

이집트의 상류계층은 여러 가지 동물의 고기와 유제품을 먹었다. 특히 유제품은 약품으로서도 중요시되었다.

●고대 이집트에서 먹었던 고기

토지가 비옥한 이집트에서는 소, 양, 염소 등의 가축, 그리고 수렵으로 얻은 들짐승의 고기가 식탁에 올랐다. 고기는 진미로서 신에게 공물로 바치거나 손님에게 대접되었다. 제물이 된 소 등도 의식이 끝난 후에는 참석자의 배를 채워주었다.

이집트의 금기는 돼지와 숫염소로 둘 다 부정하게 여겨졌다. 신전에서는 이것들을 제물로 가져오는 것을 금지했다. 특히 돼지에 대한 편견이 강했지만 지방에서는 양돈도 이루어졌고, 서민들은 신경 쓰지 않고 먹었던 것 같다.

한 번에 다 먹을 수 없는 고기는 소금에 절이거나 기름에 절였다. 소의 피를 창자에 채워 피소시지 등도 만들었던 것 같다.

사육되었던 조류는 거위, 메추리, 오리, 비둘기, 펠리칸 등으로 고기는 물론 알도 먹었다. 사냥해서 식용으로 먹었던 것은 주로 영양 등의 초식동물이었지만 이집트에서는 하이에나도 먹었다. 왕족들은 의식의 일환으로 사자나 하마를 길렀지만, 먹지는 않았던 것 같다.

●고대 이집트의 유제품

이집트는 유제품을 소, 염소, 당나귀 등의 동물에서 얻었다. 생유는 바로 썩어버리지만 신분이 높은 자의 아이들은 생유로 길렀던 것 같다. 당시에는 우유병이 없어 숟가락으로 우유를 먹였다.

젖에서 만들어진 가공품은 치즈로, 기원전 245년경의 사서에 치즈의 품목이 나와 있다. 버터는 더운 지방에서는 변질되기 쉽기 때문에 만드는 게 어려워, 대신 응유(농축우유)가 사용되었다.

또한 모유도 동물의 젖과 같이 사용되었다. 가공품이 되거나 다른 젖에 섞어서 약으로 만들어 각종 병에 처방되었다.

고대 이집트의 식용 고기

식용고기

신에게 바치는 공물
손님에게 대접

일상적으로 먹기보다는, 제물로 바쳐진 동물의 고기
를, 제사 후에 먹는 경우가 많았다.

가축

소	양	염소
거위	메추리	오리
비둘기	펠리칸	계란

야생동물

영양 등의 초식동물

하이에나 　　그 외의 조류

신전에 제물로 바칠 수 없었던 짐승

돼지
숫염소

부정하게 여겨져 신전 안에 가져올 수 없었다.
특히 돼지.
하지만 돼지는 식재료로 인기.
지방에서는 양돈도 행해졌다.

유제품

소, 염소, 당나귀 등의 젖
치즈 : 기원전 245년경의 사서에 나와 있고, 폭넓게 사랑받았다.
버터 : 더운 지방에서는 변질되기 쉽기 때문에 만드는 게 어려워, 대신 응유(농축우유)가 사용되었다.
모유 : 사람의 모유도 동물의 젖과 같이 사용되었다. 약으로도 만들어졌다.

 음메~ 메에~

이집트 사람들은 유아들
부터 어른들까지 젖을
마시는 걸 좋아했다.

이집트의 물고기와 신앙

나일강과 지중해에 면한 이집트에서는 해산물도 풍성하게 식탁에 올랐을 것이라고 생각된다. 서민들도 풍요로운 식생활을 보냈을 것이다

●풍요로운 나일강의 은혜

식육류가 사치품이었기 때문에, 어패류는 주로 서민들의 단백질원으로서 널리 사랑받았다.

상류계층에서는 생선을 고기처럼 먹지는 않았던 모양이다. 경원시했던 것은 아닌 것 같지만 기록에 거의 남아 있지 않다.

신관들은 신화상의 금기가 있었던 생선을 전혀 먹지 않았던 것으로 추측된다. 또한 비린내를 싫어했다는 설도 있다.

지중해를 비롯한 바닷가에서는 옛날부터 해산물을 주식으로 먹었기 때문에 끌이그물 등의 어업기술이 발달했었다. 조리는 구이가 주류로, 그렇지 않으면 말리거나 소금에 절였다. 생선이 쉽게 잡혀서인지 시장가치가 낮았고 보존이나 가공방법도 연구하지 않았을 거라 생각된다.

흔히 잡혔던 생선으로 농어, 숭어가 있었고 새우나 게 외에 복어도 즐겨먹었다. 조개나 문어, 오징어는 즐겨먹지 않았다.

숭어의 난소를 소금에 절인 것은 『바타레크』라고 하는 가공식품이 되어 고대로부터 사랑받았지만 일본에서는 같은 음식이 카라스미라고 하여 귀하게 여겨졌다.

나일강도 수자원이 풍부해 잉어, 메기, 문절망둑, 민물장어 등이 잡혔다. 신기한 생선으로는 꺼꾸러메기도 식용으로 먹었다.

생선은 중요한 단백질 공급원이었지만 나일강이 신앙과 깊은 관계가 있었기 때문에 신들과 인연이 있는 특정한 물고기는 금어기간이 자세히 정해져 있었다. 하지만 겨우 먹고 살았던 계층의 사람들까지 규칙을 제대로 지켰는지는 확실하지 않다.

관개용의 저수지를 이용하여 물고기를 양식하기도 했다. 귀족들이 강이나 저수지에서 느긋하게 낚시를 즐기기도 했다고 한다.

서민들이 먹었던 물고기

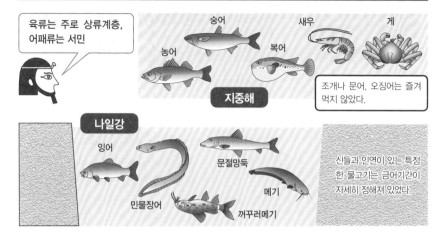

육류는 주로 상류계층, 어패류는 서민

숭어

새우

게

농어

복어

지중해

조개나 문어, 오징어는 즐겨 먹지 않았다.

나일강

잉어

문절망둑

메기

민물장어

꺼꾸러메기

신들과 인연이 있는 특정한 물고기는 금어기간이 자세히 정해져 있었다.

✤ 특별하게 여겼던 물고기 옥시링쿠스

이집트의 신관들은 물고기를 전혀 먹지 않았다. 비린내를 싫어했다는 설도 있지만, 종교적인 금기가 있었기 때문이다.

옛날, 선한 신 오시리스는 악신 세토에 의해 전신이 조각나 나일강에 흩어지게 되었다. 파편을 모아 부활시키려 했지만 몇 조각인가는 물고기에게 먹혀 찾을 수 없었다. 그러한 일이 있어서 신관들은 물고기를 싫어했던 것이다.

특히나 옥시링쿠스라는 물고기는 머리가 세토신과 닮았다고 하여 일반인들에게도 불길하게 여겨졌다. 하지만 다른 지역에서는 오시리스의 피가 굳어서 옥시링쿠스가 되었다고 여겨져 신의 화신으로서 숭배되었다.

어부들은 이 고기를 낚으면 도구가 더럽혀진다고 하여 차라리 아무것도 잡지 못하는 게 낫다고 생각했다. 반대로 숭배하고 있던 지역에서는 잡아도 황송해서 먹지 못했을 것이다. 옥시링쿠스가 현재의 어떤 물고기인지는 확정되지 않았으나 엘레펀트 노즈 피시라고 하는 이상한 생김새의 민물고기가 아닐까 추측되고 있다.

엘레펀트 노즈 피시

옥시링쿠스의 조각

피라미드를 만들어낸 양파

이집트의 피라미드 건설에는 다 합쳐 1억 명의 힘이 쓰여졌다고 한다. 그 사람들을 지탱해 주었던 것이 국가가 지급해준 식료와 음료였다.

●양파를 각별히 사랑했던 이집트인

헤로도토스의 저서나 기원전 2500년경 현지의 사료에 의하면 이집트의 피라미드 건설에 동원된 노동자들에게는 보수로서 빵과 맥주, 양파, **마늘**, 부추, 래디쉬 등이 주어졌다. 피라미드 건설은 국가사업으로 노동자는 정당한 보수를 받았다.

양파나 부추는 이집트에서 널리 먹었던 야채이다. 특히나 양파는 마력이 있는 특별한 야채로 여겨져 때와 장소에 따라 신성시되기도 하고 금기시되기도 하였다.

대량의 양파가 파라오에 의해 신전에 바쳐지거나 왕의 미이라와 함께 매장되는 일도 흔히 있었다. 시민들도 축제 때에는 목에 양파를 걸고 그 냄새를 맡았다. 또한 맹세를 할 때에 **양파를 끊기도 했다**고 한다. 게다가 약효가 있는 것으로 여겨져 눈약이나 수면약을 비롯해 여러 가지 증세에 이용되었다.

그 반면에 신관들은 양파를 피하기도 하였다. 양파는 신화에 자주 등장하지만 해석에 의해 불길한 야채로 여겨지기도 하였다. 하지만 대체로 양파는 이집트인들에게 계속해서 사랑받았다.

그 외에 신앙과 깊게 관련된 것으로, 양상추가 신성한 야채로 여겨졌다. 싱싱한 모습이 신들이 먹기에 손색이 없는 야채로 보였기 때문이다. 또한 잘린 부분에서 나오는 하얀 액체를 보며 연상한 것이, 남성은 호색적이 되고 여성은 임신을 하기 쉬워진다고 여겼다. 그러한 비약으로서의 효능 외에 내장약, 근육통, 두통에 효과가 있다고 생각했다.

좀 더 노골적인 비약으로는 만드라고라가 있다. 노란 열매의 껍질에는 최면환각작용이 있다는 것이 예전부터 알려져, 성의 상징이 되었다.

양파에는 마력이 있다.

양파는 마력이 있는 특별한 야채로, 신성시되기도 하고 금기시되기도 하였다.

양파는 신앙의 도구

- 람세스 3세는 12,712 바구니 분의 양파를 신전에 바쳤다.
- 미이라의 눈의 움푹 패인 곳에 넣거나 겨드랑이에 끼우거나 피부와 붕대 사이에 넣었다.
- 축제 때 목에 양파를 걸고 냄새를 맡는다.
- 맹세할 때에 양파를 끊기도 했다.

양파는 불길하다

- 지방의 신화에서는 호루스 신이 양파밭에 다가가려고 하다가 강에 빠져 죽었다.
- 달빛으로 번식한다고 여겨졌다. 달은 선한 신 호루스의 눈의 상징으로, 악신 세토는 호루스의 눈을 도려내어 먹었다고 하는 설화가 있다.

양파는 약이 된다?

양파는 내복약, 연고, 붙이는 약, 물약으로 가공되었다.

냄새를 맡는다	시력회복, 수면유도 효과
빵과 함께 먹는다	구내염에
식초, 벌꿀, 와인에 섞는다	치통, 개에 물린 상처에
삶은 양파	이질, 요통에
좌약으로 사용한다	치질에
공복 시에 먹는다	장청소
여성에게 먹인다	불임인지 아닌지 판별할 수 있다.

용어해설

- ●헤로도토스→기원전 485?~420? 고대 그리스의 역사가. 현존하는 제일 오래된 역사서 「역사」를 집필해, 역사의 아버지로 불리운다.
- ●마늘→양파와 비슷하지만 종교적인 상징은 특별히 없다. 식재료로서 사랑받았고 약효도 있다고 여겨졌다.
- ●양파끊기→양파를 일정 기간 동안 먹지 않겠다는 맹세. 친근한 식재료이며 중요한 영양공급원이었다는 걸 알 수 있다. 부추를 끊는 사람도 있었다.

이집트에서 먹었던 야채와 과일

메소포타미아 지방은 농사에 적합하지 않은 토지였지만 이집트의 나일강 하류는 비옥한 지역이었다. 델타(삼각주)지대에서는 농업이 번성하였다.

●박과 콩과 대추야자가 주된 농산물

이집트에서는 현대와 비슷한 정도로 많은 종류의 야채가 재배되었다.

주요한 야채는 양파, 부추, 당근, 래디쉬로 그 외에 양배추, 수박, 오이, 호박, 멜론, 샐러리, 표주박, 쇠비름 등을 재배했다고 알려진다. 콩류로는 병아리콩과 누에콩이 있고, 델타지대의 렌즈콩은 국외로 수출할 정도였다.

이러한 야채들 중 몇 가지는 양파와 마찬가지로 약효성분을 인정받아 약초로도 활용되었다. 특히나 양배추는 위장상태를 좋게 하고 숙취에 잘 듣는다고 하여 인기가 있었다. 이집트가 원산지라는 설도 있지만 해당 지역의 양배추는 맛이 없었다고 한다.

상류계층은 정원에서 여러 가지 야채를 재배하고 박류는 중류층, 콩류는 서민계층의 식재료였던 것 같다.

재배한 야채 외에는 교외에 자생하는 파슬리를 『사막의 샐러리』라고 부르며 왕성하게 채집해 먹었다.

특이한 야채라면, 이집트인들은 **연근**도 삶거나 굽는 등 즐겨먹었다. 종이의 원료로 유명한 파피루스는 당분과 유분이 풍부해 날로 먹거나 가열해서 식탁에 올랐다.

과일은 야채보다 고급품으로 대추야자로 대표되는 야자류나 **무화과** 등이 옛날부터 있었다. 석류, 사과, 올리브, 포도 등은 외국에서 들어온 농산물이었다. 이것들 중에서 무화과와 석류는 포도와 함께 와인의 원료가 되었다.

그 외에도 아보카도류도 있어 날로 먹거나 건조 후에 가루를 내서 식재료로 썼다. 감귤류, 복숭아, 배 등은 기원전의 이집트에서는 알려지지 않았고 나중에 전래된다.

파피루스는 맛있다? 고대 이집트의 야채와 과일

풍요로운 나일 델타(삼각주지대)

나일강 하류는 농업에 적합하였고 콩류 등의 농산물의 수출도 번성했다.

알렉산드리아
나일 델타(삼각주지대)
사막
카이로
나일강

파슬리

교외에 자생, 「사막의 샐러리」라고 불렸다.

고대 이집트에서 생산된 주요한 야채

양파	부추	마늘	래디쉬
양배추	수박	오이	호박
메론	샐러리	표주박	쇠비름
병아리콩	누에콩	렌즈콩	등

연근

대중적인 야채, 삶거나 구워먹었다.

야채보다 고가품이었던 과일

대추야자 등의
야자류, 무화과

석류, 사과, 포도

외국에서 들어왔다.

감귤류, 복숭아, 배

옛날부터 있었다.

기원전에는 아직 알려지지 않았고 나중에 전래.

먹어도 좋고,
종이를 만들어도
좋고.

종이

파피루스

파피루스는 당분과 유분이 풍부. 종이의 원료로 유명하지만 날로 먹거나 가열해서 먹기도 했다.

돌소금이 바다의 소금보다 고급품이었다

이집트는 종교상의 이유로 돌소금이 다른 소금보다 고급품으로 여겨졌다. 신관의 힘이 강해 생활의 세세한 부분까지 영향을 주었던 것이다.

●소금을 풍부하게 얻을 수 있었던 이집트

소금은 생활필수품으로 이집트에서는 바다나 소금호수에서 소금을 채취하고 리비아 방면의 광맥에서 돌소금을 채취했다. 이것들은 질 좋은 소금으로 알려져 조미료, 보존료, 수출품, 세금으로서 중요하게 여겨졌다.

메소포타미아도 염해로 고민할 정도의 토지였으니 소금이 부족하지는 않았을 것이다.

그러나 이집트의 신관들은 바다에서 나는 소금을 부정하게 여겼다. 악신 세트가 바다에 관련된 신이었기 때문이다. 신관들은 물고기를 먹지 않았고 어부들과 이야기를 나누는 것도 꺼려했다. 다른 이유도 있어서 신관들은 염분을 입에 대지 않았던 것 같다. 소금을 섭취하면 식욕이 왕성해지고 목이 말라 음료를 찾게 되기 때문에, 신화와 관련있어서라는 이유보다 금욕을 위해 소금을 먹지 않았다.

소금은 미이라의 제조에도 필요했지만, 상기의 이유로 바다의 소금은 부정하게 여겨졌다. 그래서 미이라를 제조할 때는 돌소금이 사용되었다. 이러한 배경 때문에 이집트에서는 돌소금이 고급품이었다.

●이집트의 감미료와 대용품

설탕이 전해지기 이전의 고대 이집트(뿐만 아니라 세계 각지)에서는 감미료로서 벌꿀이 알려지고, 원시적인 양봉도 이루어졌다. 밀랍에서 벌꿀주도 만들 수 있었고 벌꿀의 부산물인 밀랍은 미이라를 만들 때 유체의 구멍이나 상처자국을 막는 접착제로 사용되었다.

벌꿀은 특정계층이 독점하는 귀중품으로 서민이 손에 넣기는 어려웠다. 이집트인들이 대용품으로 먹었던 것은 메뚜기콩이라고 하는 당도가 높은 콩이었다. 이 콩은 약으로도 인정돼 다른 식재료와 함께 섞어 먹기도 했다.

소금을 먹지 않았던 이집트의 신관

두 가지 종류의 소금

돌소금

리비아 방면의 광맥에서 채취. 비싸고
종교적으로 정결함.

바다소금

바다나 소금호수에서 채취.
저렴하나 종교적으로는 불결.

신관은 바다소금이 금기

신관은 바다소금을 먹지 않았다.
또한 의식이나 미이라에도 사용
하지 않았다. 바다를 다스리는
신이 악신 세트였기 때문이다.

세트신

❖ 벌꿀은 제일 오래된 감미료

벌꿀은 제일 오래된 감미료로, 1만년 전의 벽화에도 그려져 있다. 설탕이 등장하기 전의 단맛은 과일의 단맛을 제외하면 벌꿀밖에 없다. 벌꿀보다 깔끔한 단맛의 밀랍도 그대로 먹을 수 있었다.

벌꿀은 고대로부터 중요시되어 신의 선물로 여겨졌다. 불사와 축복의 상징이기도 하여 이집트에서는 미이라를 만들 때 밀랍을 사용하고 메소포타미아와 크레타 문명에서는 귀족들의 유체를 벌꿀에 담갔다.

이집트에서는 벌집을 채취하는 사람의 호위로 궁병이 동행했다.

실제로 벌집채취는 위험한 작업으로 벌에 찔려 죽는 경우도 많았다. 그러나 궁병이 채취자를 어떻게 지켰는지는 알려져 있지 않다. 부정을 방지하기 위한 종교적인 이유나 귀중한 벌꿀을 강도에게 뺏기지 않으려는 것이었는지도 모른다.

전쟁과 칼로리

고대에서 현대에 이르기까지 전쟁에서 제일 중요하고 어려운 문제는 병사들에게 식량을 공급하는 것이었다. 식량을 확보하지 않고서는 전쟁을 할 수 없었다.

●전장에서 제일 필요한 것은 식량배급

병사는 무기와 방어구를 가지고 장기간 행군을 하며 적과 싸운다. 병사들의 일은 굉장한 중노동이었다. 전투 중의 병사는 하루에 최저 3000칼로리가 필요하다. 비전투 시에도 추운 곳이라면 많은 에너지가 필요하다. 가만히 있어도 체온을 빼앗기기 때문이다. 현대 노르웨이군의 한냉지 식량은 1일 5000칼로리에 달하기도 한다.

칼로리를 보충하는 제일 손쉬운 방법은 탄수화물을 섭취하는 것이다. 병사들의 식량은 주로 밀이었다. 가능하다면 빵을 구워 먹고 그게 어려우면 물에 반죽해 굽거나 죽을 만들어 먹었다. 이 경우 하루에 한 사람당 700~800g이 필요하다.

그 옛날, 식량은 칼로리 섭취가 우선이고 영양의 균형은 이차적인 문제였기 때문에, 전쟁이 장기화되면 병사들이 병에 걸리게 되는 일이 많았다. 한 예로 청일전쟁 때 흰 쌀밥만을 먹었던 일본육군의 병사는 비타민 부족으로 각기병에 걸리게 되는 경우가 많아 콜레라나 이질을 포함한 병사자는 전사자의 10배에 가까운 12,000명에 달했다.

영양의 균형을 무시한다고 해도 1만명의 병사의 식량은 1일에 밀 7톤이 된다. 거기에 병사 한 명당 물이 4리터, 말이 있다면 한 마리당 밀을 섞은 여물 5kg과 물 20리터가 필요해진다. 인프라나 관료제도가 정비되지 않은 시대에 이것들을 매일같이 지속적으로 보급하는 것은 어려운 일이었다. 병사들이 운반할 수 있는 양은 며칠분밖에 되지 않으며, 마차 등을 이용했을 때에는 운송차의 말이 먹을 분까지 준비해야 한다. 물자운송에 관한 예외는 수로로, 강가에 있다면 빠른 시간에 많은 양을 운반할 수 있었다. 이후에 보급되는 철도도 운송에 적합했으나 강이나 선로가 없는 곳에 대량의 물자를 운송하는 일은 현대에 있어서도 쉬운 일이 아니다.

전쟁에 필요한 칼로리는 3000kcal

병사 한 명당 필요한 칼로리 = **3000칼로리**

병사
하루에
밀 700g

X 1만명이라면…

하루에
7톤이 필요

말
하루에
밀과 여물 5kg

X 1만필이라면…

하루에
50톤이 필요

말과 마차로 운반 하려면 말을 위한 여물이 필요

배라면 한 번에 대 량의 물자를 운반할 수 있지만 수로에서 멀어질 수가 없다

병사들에게 운반시 키는 건 며칠분이 한계

사람에게 운반을 시키면 도난이나 도주 우려가

비축식량에는 한계 가 있고 시장에서 사 려면 돈이 든다

적지에서 조달할 수 있다면 좋지만 ※초 토화 전술로 타버린 다면 그 자리에서 굶 어 죽을 수도

전쟁을 위해 세금을 걷으면 내란의 우려도

※초토화 전술 : 적에게 점령당 할 것 같은 마을을 깨끗하게 태 워버려 식량 등의 물자를 적에게 주지 않는 전술.

메소포타미아 문명 식문화의 종말과 잔재

메소포타미아 문명은 수천년 동안 번성했으나, 마지막에는 멸망했다.

그 후, 새로운 문화의 유입에 의해 고대의 문화는 사라져, 현대에는 완전히 잊혀지게 되었다. 위치적으로는 이라크가 메소포타미아 문명의 중심지이지만 그 분위기는 현재와 과거가 전혀 다르다.

메소포타미아는 기원전 330년, 알렉산더 대왕의 원정으로 멸망하였다. 이후에는 그리스문화의 헬레니즘 문화권에 통합되어 건축양식이나 식문화의 독자성이 사라졌다. 이윽고 메소포타미아 사람들은 로마식의 생활을 하게 되었다. 반대로 로마에서는 메소포타미아의 향토요리와 식재료가 진귀하게 여겨져 일부가 소개되거나 수입되었다.

그 후 129년, 파르티아인의 침공에 의해 메소포타미아는 파괴되었다. 그 시점에서 그나마 존속되고 있던 도시국가는 정치적으로도 문화적으로도 중요성을 잃고 급속히 몰락했다.

관개에 의해 시작된 메소포타미아의 도시는 사람들이 정기적으로 관리를 하지 않으면 존속할 수 없는 성질을 가지고 있었다. 일손이 줄어 밭은 소금기를 띠고 작물이 자랄 수 없게 되었다. 최후에 기능을 잃은 도시는 유령도시가 되어 홍수나 험난한 기후에 의해 쇠퇴해 갔다.

그리하여 수많은 찜요리나 빵 등의 화려한 도시의 식문화는 사라졌다. 주민들은 유목민으로 전락하여 이 지역의 중심이 되지만 제대로 된 화덕조차 없었고, 경작도 하지 않는 유목민들이 세련된 도시의 요리를 이어받을 수 있을 리가 만무했다.

거기에 이슬람교가 주요한 종교가 됐기 때문에 다채로운 알콜 음료의 제조와 음용이 금지되어 양조에 관한 문화도 사라졌다.

또한 돼지고기는 지위가 낮아도 자주 사용되던 식재료였지만 이것도 이슬람 문화권에서는 금기가 되었다.

이렇게 메소포타미아의 식문화는 문명과 함께 멸망했다.

단절기간이 길고 구전에 의한 전승도 많지 않기 때문에 당시의 모습은 출토품을 기반으로 추측하거나 단편적으로밖에 알 수가 없다.

하지만 문명 이전부터 이 지역을 지탱해 주던 대추야자는 변하지 않고 유프라티스 유역에 열매를 맺었다. 말린 대추야자, 대추야자 시럽 등은 이라크의 중요한 수출품으로 중동에서는 상시적으로 먹고 있는 사람도 많다. 일본에서도 소스의 점성을 내는 중요한 식재료로 매년 대량으로 수입하고 있다.

한편, 이집트도 기원전 30년경에 클레오파트라 여왕의 죽음으로 멸망하여 로마에게 정복당했다. 그 후에 이슬람화가 진행되어 오늘에 이른다. 이집트도 메소포타미아와 동일한 과정을 거쳐 이슬람 문화의 영향권에 들어가면서 예전의 분위기나 풍습은 완전히 달라지게 되었다. 하지만 이집트는 도시가 폐허화되지는 않았고 많은 주민들이 고대인의 후예이다.

제2장

그리스 · 로마의 음식

초기 그리스의 식문화는 의외로 소박했다

고대 그리스에는 현대인이 보아도 우아한 문화가 발달해 있었다. 하지만 음식은 식민지를 가진 것
치고는 의외로 소박했다

●교역으로 발전하기까지는 건조과일과 대맥이 중심

메소포타미아와 이집트에서는 식문화의 기본이 다져졌고 그들보다 뒤늦게 생겨난 그
리스에서 먹었던 것들도 그렇게 큰 차이는 없다.

여명기에는 지역에서 얻은 포도나 무화과를 말린 것, 견과류 등으로 연명했다. 과일
을 주식으로 할 경우, 그대로 먹게 되면 수분이 많아 필요한 칼로리를 얻기 전에 배탈
이 나게 된다. 그렇기 때문에 건조시켜서 먹었다.

곡물을 입수하면서부터 대맥을 빻아 만든 죽, 그리고 대두와 깨를 먹었다. 농민들은
대두를 빻아 만든 가루에 민트를 섞은 『큐케온』이라는 음료수를 마셨다. 큐케온은 성역
에서의 의식에서도 마셨다고 한다. 대맥을 끓여 만든 『프티네사』라는 음료, 『메리드라
톤』이라고 하는 벌꿀을 섞은 물도 인기가 있었다.

고기는 방목을 할 여유가 없어 가축이 있어도 소는 노동력, 양은 털을 깎는데 사용하
기 때문에 식용으로 하기는 어려웠다. 어패류는 즐겨 먹었지만 짐승고기는 의식 때 제
물로서 죽인 동물을 먹는 것이 한계였던 것 같다.

그리스는 땅덩이가 좁은 데다가 땅도 척박하여 주식이 되는 밀류는 수입을 해야 했
다. 그리하여 교역이 발전하였고 기원전 1000년 무렵부터는 올리브나 와인을 수출하게
된다. 덕분에 풍요로워져서 고기를 먹게 되는 등 생활습관이 바뀌게 되었다.

그리스에서 먹었던 야채는 마늘, 양파, 크레송, 순무 등이 있다. 야채로는 포타쥬 수
프를 만드는 경우가 많았다.

또한 그리스인들은 고향과 기후가 비슷한 시칠리아나 이탈리아 반도에 이주하였다.
현재의 시칠리아는 바위와 모래언덕뿐인 불모의 대지지만, **스트라본**이 말하길 기원전
100년경에는 녹색의 곡창지대였다고 한다.

summary

summary

summary

summary

summary

summary

summary

summary

summary

summary

summary

summary

summary

summary

summary

summary

summary

summary

summary

summary

summary

summary

summary

summary

summary

summary

summary

summary

summary

summary

summary

summary

summary

summary

summary

summary

summary

summary

summary

summary

summary

summary

summary

summary

summary

summary

summary

summary

summary

summary

summary

summary

summary

summary

summary

summary

summary

summary

summary

summary

summary

summary

summary

summary

summary

summary

summary

summary

summary

summary

summary

summary

summary

summary

summary

summary

summary

summary

summary

summary

summary

summary

summary

summary

summary

summary

summary

summary

summary

summary

summary

summary

summary

summary

summary

summary

summary

summary

summary

summary

summary

summary

고대 그리스의 주식

 초기의 주식 ▶   중기의 주식 ▶ 기원전 5세기 이후의 주식

포도나 무화과, 대추야자 등의 건조과일, 견과류.

콩이나 깨, 대맥을 빻아 만든 죽.

각종 밀로 더욱더 맛있는 빵이 만들어졌다. 70종류 이상이 확인되고 있다.

그대로 먹게 되면 배탈이 나기 때문에 건조시켜서 먹었다.

밀죽은 그리스인들에게 사랑받아 후대에도 계속 먹게 되었다.

고대 그리스의 농수산

야채

콩, 깨, 마늘, 양파, 크레송, 순무, 양상추 등.

과일

메론, 포도, 사과, 배, 석류 등.

채식중심

어류 · 고기

어패류는 즐겨 먹었고, 짐승고기는 거의 먹지 않았다.

채식주의자

수학자, 철학자로 유명한 피타고라스는 채식주의를 제창했다. 하루에 두 끼만 먹었고, 그 메뉴는 검은 빵, 야채, 과일, 벌꿀 등이었다. 참고로 그가 좋아했던 건 양상추였다.

고대 그리스의 음료

큐케온

농민들이 즐겨 마셨던 청량음료.
대두를 빻아 만든 가루에 민트를 섞은 것.
큐케온은 성역에서의 의식에서도 마셨다.

프티네사

대맥을 끓여 만든 음료.

메리드라톤

벌꿀을 섞은 물.

이것들도 인기가 있었다.

용어해설

● 스트라본→기원전 63?-후23? 고대 로마의 그리스계 지리학자, 역사가, 철학자. 로마와 그리스 등의 지중해 연안 각지를 여행한 것을 기초로 『지리서』『역사』를 편찬했다.

개화한 그리스 요리

그리스에서 만들어진 문화는 주변국들의 동경의 대상이었고, 후에 로마에 계승되었다. 그리스 문명은 로마 문명의 아버지라고 해도 과언이 아니다.

●맛있게, 혹은 맛없게 먹었던 그리스인

그리스에서는 기원전 5세기에 빵집이 탄생해, 죽과 빵 두 종류를 먹을 수 있게 되었다. 빵집은 동시에 제분소이기도 하였다.

요리의 폭이 넓어져 올리브유를 사용한 튀김, 고기류도 자주 먹게 되었다. 그리스의 고기요리는 소 등의 가축의 꼬치구이, 피가 들어간 소시지, 내장구이 등이었다. 이러한 요리들은 후대의 로마 서민들도 식당에서 즐겨 먹었다.

그리스에서는 식사는 손으로 먹고 국물요리는 숟가락을 이용했다. 고기는 먹기 좋은 크기로 잘라서 나오는 게 일반적이었기 때문에 나이프는 딸려 나오지 않았다. 식사로 더러워진 손은 『아미론』이라는 소맥분을 반죽한 경단으로 닦았다. 사용한 아미론은 바닥에 버려 개나 고양이가 먹었다.

『식탁의 현자들』이라는 사료에서는 『참치 소금구이』『장어찜 구이』『비늘돔의 치즈와 올리브유 구이』 등의 소박하면서도 세련된 생선요리 레시피가 남아 있다. 생선은 선도와 산지가 중요하게 여겨졌다. 도예가이며 미식가였던 **데 시모네**에 의하면 식민지 시라쿠사에는 라프뒤고라는 미식가가 세계 최초의 요리학교를 세웠다고 한다.

곡물, 육류, 야채 이외의 식재료로 치즈나 벌꿀도 식탁에 올랐다. 벌꿀은 감미료이지만 고기를 절일 때의 보존료나 찜요리의 양념으로 사용되었다.

용맹함으로 잘 알려져 있는 스파르타인들도 치즈와 벌꿀, 무화과를 좋아했지만 보통은 먹지 않았다. 영화『300』에 묘사된 것처럼 사기를 유지하기 위해 스파르타의 남자들은 일부러 겨우 목숨을 연명할 정도의 가혹한 환경에 처해졌다. 평상시의 식사는 동물의 고기, 피, 물, 야채를 넣은 검은 수프였다. 이 수프는 그리스의 향토요리였지만 스파르타에서는 일부러 담즙을 넣어 쓰게 했다. 전시에는 제대로 된 음식을 먹을 수 있었기 때문에 사람들은 모두 전쟁을 기다렸으며, 평화는 불쾌하다는 자기암시를 걸었다.

고대 그리스 번영기의 식생활

해외교역이나 시칠리아 등의 식민지가 늘어 풍요로워졌다.

• 돼지, 양, 염소, 닭 등의 가축을

꼬치구이, 피가 들어간 소시지, 내장구이로
만들어 먹게 되었다.

• 식사 때는 아미론 이라는 소맥분
을 반죽한 경단으로 손을 닦았다.

• 국물요리용의 숟가락
을 사용하게 되었다.

평화는 적이다! 스파르타의 놀라운 식생활

평상시의 전사들은 담즙이 들어간 쓴 검은 수프를 먹으며 가혹한 환경에서 사기를 길렀다.
전쟁을 하면 좋은 식사를 마음껏 먹을 수 있었기 때문에 누구나가 전쟁을 기다렸다.

평상시

전시

용어해설

● 죠반니 데 시모네→1930-1991. 시라쿠사의 도예가, 예술가. 1951년부터 프로 활동을 시작해 데 시모네 브랜드를
만들었다. 색채가 풍부한 작품으로 잘 알려져 있으며 피카소와 친분이 깊었다.
● 「300」→2007년 미국영화. 페르시아 전쟁의 테르모필레 전투를 그린 작품으로 스파르타 측은 300명으로 페르시아
군 100만에 맞선다.

요리에 음악을 들려준 에트루리아인

에트루리아는 멸망했지만 그 문화는 로마에 침투되었다. 후일 로마의 번영은 화려한 에트루리아 문화에서 유래된다.

●로마는 에트루리아를 시작으로 타국의 식문화를 받아들였다.

에트루리아(북이탈리아 토스카나 지방)는 그리스와 마찬가지로 로마에게 멸망되었으나 두 문화 모두 로마 문화의 기초가 되었다.

에트루리아는 당시 제일 발달한 문명지로 청동가공이 숙련되었으며 발달된 조리기구와 식기를 가지고 있었다. 고기를 굽기 위한 회전꼬치를 발명한 것도 그들이었고, 에트루리아의 빵가마는 현대에도 사용되고 있는 피자용 화덕의 선조이다. 기원전 6세기부터는 긴 의자에서 식사를 하는 습관이 시작되어 로마인들은(연약하다고 비판하면서도) 이러한 이국의 습관을 받아들였다.

에트루리아인들은 고기를 즐겨 먹었다. 가축 외에도 멧돼지나 비둘기 등 들짐승의 고기도 좋아했으며 허브로 향을 내어 구워 먹었다. 참고로 가축 중에서도 중국이 원산인 닭은 기원전 7세기경에 지중해에 전해졌지만 당시에는 아직 보기 드물었다. 그뿐만이 아니라 18세기까지도 사치품이었다.

에트루리아인들은 연회를 여는 습관을 가지고 있었다. 음악에는 마력이 있다고 생각해 악사가 주방에 들어가 음악을 연주했다. 이렇게 하면 음식이 맛있어질 거라고 생각했다. 물론 연회에도 악사를 불러, 먹으면서 음악을 즐겼다.

그 당시의 로마인들은『죽을 먹는 미개인』에 지나지 않았다. 그들이 먹던 것은 누에콩이 들어간 밀죽, 올리브유를 뿌린 생야채 샐러드 등이었다. 자유시민들은 밭을 경작하면서 주변에 전쟁을 걸어 영지를 넓혀갔다.

로마는 **시칠리아 정복 후** 풍요로워져 사회나 식생활이 변화했다. 전후에 연행된 시칠리아의 요리사들은 새롭고 호화로운 요리를 로마에 선보이고 실력을 인정받아 감금에서 해방되었다.

이윽고 로마는 이집트에서 중근동까지 지배하게 되어, 오리엔탈 문화를 유입하였다. 그리하여 예전에는 소박한 식사를 했었던 로마도 급속히 미식을 추구하게 되었다.

풍요로워지기 전의 로마의 식생활

옛날에는 로마인들도 「죽을 먹는 미개인」이라 불렸다.

누에콩이 들어간 밀죽과 올리브 유를 뿌린 생야채 샐러드 등을 먹었다.

하지만 이건

사실은…

소박하기는 하지만 영양균형 이 잘 잡힌 이상적인 식사였다.

초기의 로마인들은 올리브 열매와 그 외의 과 일, 치즈를 즐겨 먹었다. 때로는 들짐승을 잡아 먹었다.

누에콩 → 식물성단백질
밀죽 → 탄수화물
샐러드 → 비타민+식물섬유

요리에 음악을 들려준 에트루리아인

에트루리아인들은 음악에는 마력이 있다고 생각해 요리 를 맛있게 해준다고 생각했다.

에트루리아의 식문화를 로마인 들은 종종 비판하면서도 전부 받 아들였다.

주방에서 요리를 하고 있는 사이

요리가 식당에 운반된 후부터 식사가 끝날 때까지

악사집단이 악기를 연주했다.

에트루리아 문화

· 청동가공.
· 발달한 조리도구와 식기(회전꼬 치나 빵을 굽는 가마).
· 긴 의자에서 식사를 하는 습관.
· 가축의 고기를 즐겨 먹었다.

용어해설
●시칠리아 정복 후→기원전 150년 전후, 몇 번인가 발생한 포에니 전쟁이 전환점이 되었다.

로마에서 공짜로 아침을 얻어먹는 방법

로마의 식생활이라고 하면 토할 때까지 먹는 연회가 생각난다. 그건 과장된 게 아니었지만, 연회 이외에는 적당히 음식을 먹었다.

●아침 인사로 아침식사를 얻었다!

로마는 긴 세월 동안 유지된 나라이다. 전설 속에서 회자되는 초기 왕정기, 번영을 구가했던 공화제기와 제정기, 그 후 기독교를 국교로 삼고 동서 로마로 분열된다. 이번 장에서는 주로 공화제기와 제정기의 로마—기원전 509년부터 기원후 395년까지의 이야기를 소개하겠다. 로마인이라는 관념도 이 시기의 로마인을 이야기한다.

약 900년 이상이라는 긴 기간 동안 생활습관, 예를 들자면 식사의 횟수나 내용도 많이 변화해갔다. 아침에 일어나 처음으로 먹는 식사를 『이엔타쿰』이라고 불렀다. 그들은 아침식사를 매우 가볍게 먹었다. 아침을 푸짐하게 먹는 사람들은 교양이 없다고 여겼다. 먹기 전에 같은 음식을 제단에 올려 아침의 기도를 올렸다.

내용은 빵과 치즈, 그리고 과일 약간이었다. 우유나 와인에 빵을 적셔 먹기도 했다. 아침식사로 자주 먹던 빵 중에 벌꿀이 들어간 롤빵이나 납작한 케이크인 『프라켄타』, 제단용의 과자인 『리품』 등이 있었다. 집에서 먹지 않은 사람들은 식당에서 먹거나 노점에서 사먹었다.

서민들이라면 직장에 가거나 『파트로누스』의 집에 가면 **『스포르투라』**를 받았다. 스포르투라는 작은 바구니에 담긴 음식으로 바로 먹어도 되고 가져가도 되었다. 자기가 먹지 않고 가족들에게 주는 사람도 있었을 것이다. 또한 마을에서 다른 사람에게 팔거나 교환해도 되었다. 이것은 로마 특유의 습관이다.

파트로누스는 평민을 보호하는 귀족을 말한다. 많은 **백성**들은 가족이나 노예를 부양하고 있었지만, 그 시민들도 또한(고용자인) 귀족에게 부양되는 게 로마에서는 당연한 일이었다. 그중 한 예가 이러한 아침의 선물이었다.

이엔타쿰(아침식사)

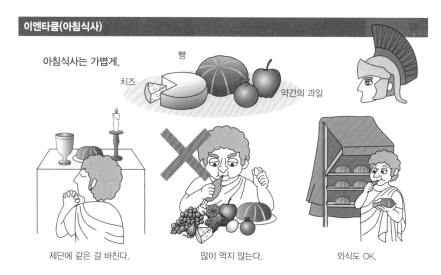

아침식사는 가볍게.

빵

치즈

약간의 과일

제단에 같은 걸 바친다.

많이 먹지 않는다.

외식도 OK.

스포르투라(귀족이 주는 선물)

로마에만 있었던 관습

파트로누스(평민을 보호하는 귀족)에게 가면 아침식사
가 들어 있는 바구니를 받았다.

팔거나
교환해도
괜찮아요.

✤ 아이들의 아침식사

아이들은 새벽부터 학교수업이 있었다. 그들은 등교 도중에 거리에서 파는 과자를
사서 먹었다. 아이들이 좋아하는 벌꿀이나 나무열매, 치즈가 들어간 롤빵과 파이가
잘 팔렸다.

아이들은 점심때 집에 가서 식사를 한 뒤 다시 학교에 돌아갔다. 정해진 것은 아니
었고 아침이나 점심식사를 먹는 것은 각자의 자유였다.

저녁 외의 식사는 가볍게 먹는 것이 사회의 상식이었기 때문에 우등생이라면 낮에
는 가능한 한 아무것도 먹지 않았을 지도 모른다.

용어해설
● 백성→귀족, 평민, 노예의 인구비율은 1:3:6 정도. 노예에도 계층이 있었다.

고대의 공중목욕탕은 찜질방

로마가 자랑하는 공중목욕탕에서는 식사도 가능했다. 식사시간이 정해져 있지 않았기 때문에 음식은 언제 어디서나 팔고 있었다.

● 모임에 초대받기 위해 배회하는 시간

로마인의 식사횟수는 시대에 따라 다르지만, 3회 정도이다. 그중 하루에 한 번은 『케나』(정찬)라고 하여 제대로 된 식사를 하였다.

케나는 처음에는 점심식사였지만 점심때는 더위로 식욕이 없어지기 때문에 저녁에 하게 되었다. 케나 이외의 식사는 가벼운 식사나 간식을 의미했다. 배고플 때 어쩔 수 없이 먹거나 일하는 사이에 잠깐 휴식을 취하는 것 정도였던 것이다.

로마인들은 지금처럼 하루의 식사시간을 정해 두지 않았다. 또한 상류계급이라 하더라고 케나 이외에는 간단하게 먹는 것이 자랑스러운 일이었다. 절약이 미덕이었기 때문이다.

케나가 저녁에 있었을 시절, 점심식사는 『브란디움』이라고 불렸다.

메뉴는 빵, 콩이나 죽, 차가운 고기나 생선, 전날 남은 음식, 계란, 올리브, 과일, 치즈 등이었다. 집에 가지 않고 식당을 이용하는 사람들도 많았다.

로마의 시민들은 오후에 『시에스타』라고 하여 낮잠을 잤고 일어나면 **공중목욕탕**에 갔다. 공중목욕탕에는 욕탕이 있는 게 당연하지만 그 외에 마사지나 게임, 운동설비 등이 마련돼 있었다. 현대의 찜질방 같은 것으로, 독서나 대화로 시간을 때우는 사람도 있었다.

공중목욕탕에서는 비스켓, 기름에 튀긴 스낵, 야채 마리네, 과일이나 말린 과일, 고기완자나 생선파테, 소시지 등을 팔았다.

실은 공중목욕탕은 즐기기 위해서만 가는 게 아니라 각각의 목적이 있었다. 시민들은 여기에서 부자들과 알게 되어 케나에 초대받는 걸 기대했다. 초대를 받을 때까지 목욕탕에 드나드는 사람도 있었다.

의원이나 귀족 등, 초대하는 쪽의 입장에서는 투표권을 가진 시민을 초대하는 건 지명도나 인기를 높이는 의미가 있는 일이었다.

브란디움(점심식사)

점심식사는 먹고 싶은 사람만 먹는다.

집에 가지 않고 식당을 이용하는 사람들도 많았다.

점심메뉴

빵 콩 죽
차가운 고기나 생선
전날 남은 음식
계란   올리브
과일 치즈 등.

시에스타(낮잠)과 공중목욕탕

오후에는 낮잠을 자는 게 당연했다.
그 후에는 공중목욕탕에 갔다

공중목욕탕의 설비

게임장
욕탕
가벼운 식사
체육관
마사지

목욕탕의 식당에서
살 수 있었던 것은

비스켓

기름에 튀긴 스낵

야채 마리네

과일이나 말린 과일

고기완자나 생선파테

소시지

등

저녁식사를 노린 욕탕방문

시민은 목욕탕에서 부자와 알게 돼 정찬에 초대받는 걸 기대했다. 공짜로 귀한 음식을 마음껏 먹을 수 있었기 때문이다. 초대받을 때까지 목욕탕에 드나드는 사람도 있었다.

용어해설
● 공중목욕탕→로마 시내에는 크고 작은 1000개 이상의 목욕탕이 있었다고 한다

로마의 부자는 누워서 식사를 한다

로마의 식사풍경이라고 하면 긴 의자에 누워서 먹는 모습이 떠오른다. 그러한 자세는 편했을지도 모르지만 규칙은 엄격했다.

●정장으로 누워서 먹는 것은 부유층의 특권

로마의 부유층은 전용의 긴 의자 『트리크리니움』에 누워서 식사를 하는 특이한 습관이 있었다. 원래는 소아시아의 습관으로, 눕는 것은 매장 시의 시체의 모습을 흉내 내었다고 한다. 그것이 그리스나 에트루리아에 전해지고 로마에서도 유행했다. 누운 자세에서 먹는 건 불편했지만 귀족들의 지위를 상징하는 것으로 각국에 채용되었다.

트리크리니움의 재질은 목재, 청동, 상아, 은 등으로 위에 쿠션이나 깔개를 깔아 사용했다.

작법으로는 왼쪽 어깨를 아래로 해 누워 왼쪽 팔꿈치로 몸을 지탱하고, 오른손으로 테이블에서 음식을 가져다 먹는다. 식사 중에는 왼손을 사용해도 상관없다.

긴 의자 하나는 3인용으로 테이블을 ㄷ자로 감싸는 것처럼 3대를 놓았다. 그렇기 때문에 케나의 출석자수는 9명, 조금씩 붙어 누워도 10명 전후였다.

좌석에는 상석과 하석이 있어서 사회적 지위에 따라 앉는 위치가 엄격하게 정해져 있었다. 지키지 않으면 참가자가 화를 내고 돌아가는 경우도 있었다. 참고로 주빈은 『집정관의 자리』라고 하는 제일 좋은 자리를 사용하였다. 만일 여자가 손님으로 참가하는 경우에는 눕지 않고 앉았다.

또한 케나의 참석자들은 정장을 입어야 했다. 그것이 『토가』라고 하는 하얗고 가느다란 털실로 짠 옷이다. 로마의 원로원 의원들이 입었던 천을 둘둘 감은 것 같은 의상이다. 폭이 넓은 천은 신장의 세배나 되었다. 로마인들은 평상시에는 『튜니카』라고 하는 짧은 옷을 입었고, 토가는 그 위에 걸치는 것이었다. 하지만 튜니카만으로는 참가할 수가 없었다. 토가는 고가였기 때문에 가지고 있지 않은 손님은 초대한 사람에게 빌렸다. 나중에는 토가와 비슷한 형태의 좀 더 편안한 『순테시스』를 입기도 했다. 이것은 식사용의 일회용 옷으로 여러 가지 색이 있었다.

트리크리니움

로마의 부유층들 사이에서는 식사용의 긴 의자 트리크리니움(그리스어로 3대의 침대라는 뜻)을 사용해서 만찬을 여는 것이 유행했다.

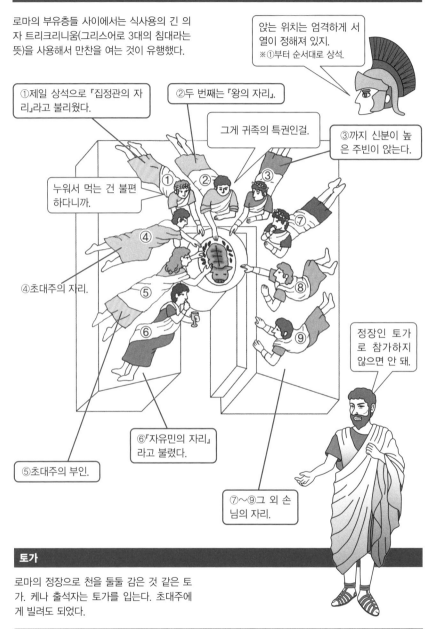

앉는 위치는 엄격하게 서열이 정해져 있지.
※①부터 순서대로 상석.

①제일 상석으로 『집정관의 자리』라고 불리웠다.

②두 번째는 『왕의 자리』.

그게 귀족의 특권인걸.

③까지 신분이 높은 주빈이 앉는다.

누워서 먹는 건 불편하다니까.

④초대주의 자리.

정장인 토가로 참가하지 않으면 안 돼.

⑥『자유민의 자리』라고 불렸다.

⑤초대주의 부인.

⑦~⑨그 외 손님의 자리.

토가

로마의 정장으로 천을 둘둘 감은 것 같은 토가. 케나 출석자는 토가를 입는다. 초대주에게 빌려도 되었다.

용어해설

● ⊏자→나중에는 ⊏자나 사람들이 부채꼴로 누워있는 원형의 의자도 만들어졌던 것 같다.

로마의 정찬—식전주에서 전채까지

로마의 만찬이라고 하면 화려한 요리가 테이블에 가득 늘어선 모습을 상상할지도 모른다. 하지만 실은 코스요리가 순서대로 나왔다.

●현대의 서양 코스요리의 원형

케나의 기원은, 의식에서 신에게 바치는 제물의 고기를 우두머리가 모두에게 배분하던 전통에서 유래된다. 권력자가 손님을 불러 진수성찬을 대접하는 것은 전통을 따르는 존경받는 행위였고, 그러면서도 초대주 자신은 검소하게 사는 것이 이상으로 여겨졌다. 요리를 혼자서 차려놓고 먹거나 하루 종일 홀짝홀짝 음식을 먹는 행위는 비판을 받았다.

케나의 메뉴나 작법에 대해서는 미식가인 **아피키우스**의 『요리서』에 쓰여져 있다. 거기에 의하면 케나는 현대의 코스요리처럼 여러 가지 요리가 순서대로 나온다.

기본은 식전주, 전채2종, 메인 요리인 생선, 고기, 그리고 디저트였다. 빵은 언제나 테이블에 있고 요리와 함께 먹거나 요리 사이사이에 먹었다. 근대나 현대의 코스요리는 케나의 식사스타일과 비슷하다(좀 더 복잡하지만).

먼저 대야에 손을 씻고 자리에 앉으면 놓여진 신상에 짧게 기도한다. 방에 신상을 놔두면 신과 함께 식사를 하는 거라고 믿었다.

식전주는 와인이거나 허브가 들어간 와인 또는 벌꿀주였다. 이것을 참석자들이 돌려 마시면 처음에 나오는 것이 가룸(NO.046참조)을 뿌린 **삶은 계란**이었다.

계속해서 나오는 전채가 문어나 굴, 야채의 마리네였다. 그 외에도 양파, 컬리플라워, 버섯, 아스파라거스, 성게나 식용달팽이가 조리되어 나오기도 했다.

두 번째 전채는 그리스인들이 좋아했던 **산쥐의 벌꿀구이**였다. 또는 올리브열매와 석류이거나, 아니면 게나 새우, 후추가 뿌려진 가재로 만든 경단이 나오기도 하였다. 후추는 인도에서 수입되어 굉장히 비쌌다.

로마의 풀코스 요리1(전채까지)

1 손씻기
대야에 손을 씻고 자리에 앉는다.

2 기도한다
놓여진 신상에 짧게 기도한다.
신상을 놔두면 신과 함께 식사를 하는 거라고 믿었다.

3 식전주
참석자들이 돌려 마신다.
식전주는 와인이나 허브가 들어간 와인 또는 벌꿀주.

4 계란
처음에 가름을 뿌린 삶은 계란을 먹는다.

5 전채①
마리네가 정석. 문어나 굴, 야채의 마리네가 많았다. 그 외에는 양파, 컬리플라워, 버섯, 아스파라거스. 성게나 식용달팽이 등의 요리.

6 전채②
제일 인기가 있었던 게 산쥐의 벌꿀구이. 그리스인이 좋아하던 음식이었다. 또는 올리브열매와 석류나, 게나 새우, 후추가 뿌려진 가재로 만든 경단

음식의 거인 아피키우스

아피키우스는 기원전 80년경부터 기원후 40년경까지 산 대부호이다. 미식을 너무 추구하는 바람에 재산을 탕진해 마지막에는 공복을 두려워한 나머지 음독자살을 했다고 하는 식도락가이다.

아피키우스는 각국의 식재료나 조리법을 소개하여, 여러 가지 새로운 요리들을 만들어냈다. 로마 식문화에 크게 공헌한 식의 거인이라 할 수 있다. 갑각류, 그중에서도 갯가재를 좋아해서 배를 전세내 찾으러 다닐 정도였다.

하지만 아피키우스가 실존인물인지 여부는 확실하지 않다. 이 이름은 당시의 식도락가에 대한 경칭이나 애칭으로도 사용되었던 것 같다. 또한 저서인 『요리서』에 대해서도 230년경의 요리사 세리오가 『아피키우스』라는 필명으로 발표한 것이라고 전해지기도 한다.

로마의 정찬―식후의 과자까지

케나에서는 다 먹지 못할 양의 식사가 나왔을지도 모르지만 양보다는 질이 우선되었을 거라고 추측한다.

●식사는 『계란에서 사과까지』

로마 요리의 기본은 구이, 올리브유를 사용한 튀김, 찜 등이었다. 나중에는 다른 요리법도 더해졌고 불을 사용하는 조리법은 정성스럽게 이루어졌다.

야채는 불을 사용하지 않고, 샐러드를 만드는 경우도 있었다. 로마인들은 『야채는 태양이 조리한다』고 생각했다.

케나의 첫 번째 메인요리는 생선이었다. 광어, 숭어, 철갑상어, 굴, 문어 등의 어패류가 나왔다. 로마에서는 **고기와 생선**이 동급으로 취급받았고 생선은 신선하고 간단한 요리가 좋다고 생각했다.

다음에는 고기요리가 나온다. 멧돼지 통구이가 많았고, 어린 양이나 어린 염소가 나오기도 했다. 로마인들은 소고기를 먹지 않았고 기원전 3세기까지는 소를 죽이는 게 금지돼 있었다. 하지만 그것도 풍요로워지면서 완화되어 소고기요리가 식탁에 오르게 되었다.

메인이 끝나면 일단 식사가 끝나 손을 씻는다. 하지만 디저트를 위해 다시 자리로 돌아왔다.

마지막의 디저트는 사과인 경우가 많았다. 케나에서는 처음에 계란이 나오고 마지막에 사과가 나오는 게 상식이었다. 그래서 로마에서는 『처음과 끝』을 의미하는 **『계란에서 사과까지』**라는 표현이 있었다.

사과가 아닌 경우에는 석류, 자두, 대추야자 등의 과일, 또는 소맥분을 우유와 올리브유에 반죽해 구워 벌꿀을 바른 포카치아 같은 과자가 나오는 경우도 있었다.

흔히 말하는 것처럼 로마에서는 『배가 부르면 토한 뒤 다시 먹는다』 하는 경우도 확실히 있었다. 하지만 자주 있는 일은 아니고 월에 1~2회 정기적으로 하는 것이 올바르다고 생각했다. 토하는 건 일종의 건강비결로 상류층의 예의범절이었다. 토할 때에는 구토효과가 있는 약초를 사용했다.

로마의 풀코스 요리2(디저트까지)

※전전 페이지에서 계속

7 메인요리①
생선요리
로마에서는 고기와 생선이 동급으로 취급받았고 생선은 신선하고 간단한 요리가 좋다고 생각했다.

광어, 숭어, 철갑상어, 굴, 문어 등

8 메인요리②
고기요리. 멧돼지 통구이가 많았다.

어린 양이나 어린 염소가 나오기도 했다.

로마인들은 소고기를 먹지 않았으며 기원전 3세기까지는 소를 죽이는 게 금지돼 있었다. 하지만 그것도 풍요로워지면서 완화되어 소고기요리가 식탁에 오르게 되었다.

9 식후의 손씻기
일단 식사를 종료하고 더러워진 손을 씻은 뒤 다시 자리로 돌아온다.

케나에서는 처음에 계란이 나오고 마지막에 사과가 나오는 메뉴가 많았다. 로마에서는 『처음과 끝』을 의미하는 『계란에서 사과까지』 라는 표현이 있었다.

10 디저트
사과가 대부분으로 그 외에 석류, 자두, 대추야자 등의 과일, 또는 소맥분을 우유와 올리브유에 반죽해 구워 벌꿀을 바른 포카치아 같은 과자가 나오는 경우도 있었다.

용어해설
● 고기와 생선→로마는 내륙에 있어서 신선한 생선을 구하기 어려웠다. 그렇기 때문에 고기보다 싼 생선이 동격으로 취급되었다. 소금절임이나 말린생선은 가치가 낮았다.

No.030

로마의 귀족은 노예의 머리카락으로 손을 닦았다

케나에서는 커다란 접시에서 먹고 싶은 걸 덜어 먹었다. 귀족들은 더러워진 손을 냅킨이나 빵, 노예의 머리카락으로 닦았다.

●로마의 식기와 잔

요리는 커다란 접시에 담긴 걸 각자 덜어서 먹는 형식이었다. 접시는 은이나 금, 청동으로 만들어진 값비싼 것으로 동물이나 꽃, 신들이 그려져 있었다. 커다란 접시는 초대자의 지위나 권세를 나타내는 것으로 때에 따라서는 다른 곳에서 빌려오는 경우도 있었다고 한다.

국물이 있는 음식은 조리한 냄비째로 가져왔다. 이 냄비들은 청동이나 도자기로 만들었다.

덜어먹는 접시는 저렴한 질그릇으로 1~2번 사용하고 버렸다. 납작한 무발효빵을 접시 대신 사용하기도 했다.

로마인들도 기본은 그리스인들처럼 맨손으로 먹고 그 외에는 국물용의 숟가락을 사용하는 정도였다. 고기요리의 접시에는 나이프나 꼬치가 딸려왔는데 요리의 종류가 많아지면서 특정 요리에 사용하는 도구도 고안되었다. 예를 들어 식용달팽이를 껍질에서 빼내는 스푼, 국물요리를 섞기 위한 막대기 등이 있었다.

맨손으로 식사를 하는 문화였기 때문에 방에는 향수가 들어간 대야가 놓여 있었다. 일일이 일어나서 손을 씻는 게 불편한 경우에는 테이블보나 냅킨으로 손을 닦았다. 냅킨은 각자가 가지고 오는 게 당연한 것으로 사용할 일이 없어도 언제나 가지고 다녔다고 한다.

초대손님은 더러워진 손을 노예의 머리카락으로 닦는 경우도 있었다. 그걸 위해 길게 머리를 기른 나이 어린 노예가 배치됐다. 빵으로 손을 닦는 사람도 있었다.

그리고 당시 식사할 때의 필수품으로는 파리채가 있었다. 공작의 깃털로 만들어진 것도 있었다고 한다.

정찬 후의 주연에 사용되었던 잔은 부조가 들어간 화려한 것으로 도자기나 **납**으로 만든 것이 일반적이었다. 그 외에 대부호는 금이나 은으로 만든 컵을 사용했다. 이러한 호화로운 잔들은 매장 시의 부장품으로도 사용됐다.

로마의 식기

요리들은 은이나 금이나 청동으로 만들어진데다 그림까지 그려진 값비싼 큰 접시에 담겨 참석자들이 덜어 먹었다.

주연에 나오는 잔은 도자기나 납, 금이나 은으로 만들어졌다.

국물이 있는 음식은 냄비째로 나와 숟가락을 사용해 먹었다.
덜어먹는 그릇은 질그릇.

맨손으로 식사를 하는 문화로 식당에는 대야가 놓여 있었다. 테이블보나 냅킨, 빵으로 손을 닦거나, 길게 머리를 기른 나이 어린 노예의 머리카락으로 손을 닦는 사람도 있었다.

✤ 술잔의 모델은 가슴?

그리스의 전설에 의하면 술잔은 미녀의 가슴을 모델로 만들어졌다고 한다. 트로이에 헬레네라고 하는 미녀가 있었다. 그녀는 여신 아르테미스에게 금으로 만든 잔을 바치려고 했을 때 자신의 가슴을 모델로 했으면 좋겠다고 이야기했다고 한다.

시대를 불문하고 비슷한 이야기가 몇 개인가 있다. 로마의 설화에는 실존인물이 연관돼 있다. 카이사르의 후계자인 마르크스 안토니우스는 연인인 클레오파트라의 가슴을 모델로 한 잔을 몰래 가지고 다녔다고 한다. 클레오파트라도 절세의 미녀이며 이집트 왕국 최후의 여왕이었다.

후세에는 프랑스의 왕비 마리 앙투와네트의 왼쪽 가슴을 모델로 한 유리잔이 만들어졌다고 전해진다. 이게 현대에도 사용되고 있는 샴페인을 마시는 쿠프글라스가 되었다고 한다.

이 이야기들은 어디까지나 설화이며, 실화라고 확인된 것은 아니다.

용어해설
●납→납은 와인을 달콤하게 하는 효과가 있었다. 하지만 납에서 독이 나와 위험하다.

로마의 평민과 빈민의 저녁식사

호화로운 요리가 가득한 이미지의 케나이지만 호화로운 식사를 하는 것은 귀족들뿐이었다. 하지만 평민들에게도 저녁식사가 중요한 것은 변함이 없었다.

●평민들은 저녁을 먹으면 바로 잤다.

로마에서는 누구나 저녁을 든든하게 먹었다. 사람들은 케나(정찬)를 오후 4~5시부터 시작해 날이 밝을 때 먹고 해가 지면 잠자리에 들었다. 등불에 사용되는 기름이 비쌌기 때문이다. 서민들은 일찍 잤지만 부유층은 신경 쓰지 않고 밤이 되어도 케나를 계속했고, 뒤이어 코밋사티오(주연)를 열었다.

케나는 원래는 축제나 제사가 있을 때의 식사를 의미했다. 그렇기 때문에 상류층만이 아닌 평민도 동료들끼리 모여 만찬회를 열었다. 물론 그 내용은 귀족들의 케나와는 비교가 안 되는 소박한 것이었다.

평민들은 트리크리니움(긴 의자)를 사용하지 않고, 마루에 앉거나 테이블을 둘러싸고 케나를 즐겼다.

빈민들은 스페르트 소맥으로 만든 『폴렌타』(죽)나 병아리콩, 제비콩, 완두콩 등을 끓인 수프, 그리고 가끔씩 『플멘타리아』(말린 고기)를 먹었다. 바르(경식당)에서 음식을 사서 가져오는 경우도 있었다.

케나가 낮에 열렸던 옛날에는 저녁은 『웨스베나르』라고 불렸다. 케나를 저녁에 하게 되면서 웨스베나르는 야식을 의미하게 되었다. 케나 후에는 주연이 열렸고 그 후에 다시 식사를 하는 것이 야식이었다. 새벽까지 연회가 열리면 새벽에 식사가 나오는 경우도 있었다.

파트로누스(평민을 보호하는 귀족)는 친구나 동창 외에 보호하고 있는 평민을 불쌍히 여겨 초대하는 경우도 많았다. 초대되면 평민들은 가능한 한 많이 먹고 돌아가거나, 가족을 위해 음식을 가져가기도 했다.

평민과 부유층의 저녁식사

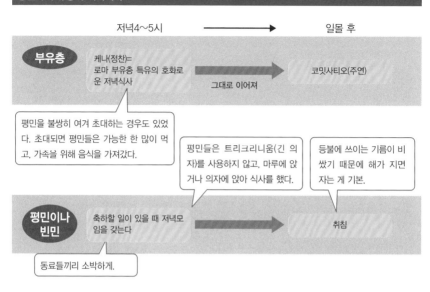

저녁4~5시 ⟶ 일몰 후

부유층

케나(정찬)= 로마 부유층 특유의 호화로운 저녁식사

그대로 이어져

코밋사티오(주연)

평민을 불쌍히 여겨 초대하는 경우도 있었다. 초대되면 평민들은 가능한 한 많이 먹고, 가속을 위해 음식을 가져갔다.

평민들은 트리크리니움(긴 의자)를 사용하지 않고, 마루에 앉거나 의자에 앉아 식사를 했다.

등불에 쓰이는 기름이 비쌌기 때문에 해가 지면 자는 게 기본.

평민이나 빈민

축하할 일이 있을 때 저녁모임을 갖는다

취침

동료들끼리 소박하게.

빈민의 평일 저녁식사 메뉴

스페르트 소맥으로 만든 「폴렌타」(죽)

병아리콩, 제비콩, 완두콩 등을 끓인 수프

가끔씩 「플멘타리아」(말린 고기)

경식당에서 음식을 사서 가져오는 경우도 있었다.

빵이나 반찬이 배급되던 시대도 있었다.

시대의 변모에 따른 식사명칭의 변화

아침식사	이엔타쿰		이엔타쿰
점심식사	케나	세월이 지나…	브란디움
저녁식사	웨스베나르		케나
야식	—		웨스베나르(새벽에 나오기도 했다)

용어해설

● 파트로누스→로마의 귀족들은 모두들 막대한 부를 지니고 있어 평민들을 보살펴 주었다.

그리스·로마의 주연

시대에 따라서도 달라지지만 그리스의 주연과 로마의 주연은 분위기가 달랐다. 로마는 기본적으로 조용한 분위기였다.

●배부르게 먹은 후에는 연회를

『코밋사티오』 또는 『콘비비움』은 그리스에서 로마에 전해진 **저녁식사 후의 주연**이었다. 케나가 끝난 후 별실에 모여 술을 마시는 모임이었다.

그리스에서는 『**심포시온**』이라고 불렸으며 『**안드론**』이라고 하는 남성전용의 방에서 열렸다. 안드론은 집의 한가운데에 위치했으며 이곳만이 마루가 돌바닥이었다. 청소를 하기 쉽게 방 중앙으로 경사가 난 경우도 있다.

그리스인들끼리 싸웠던 펠로폰네소스 전쟁 때까지는 이웃 간에 친목을 다지는 의식적인 집회였지만 전쟁 후에는 모여서 즐기는 오락요소가 강해졌다.

원래 이 주연은 왁자지껄한 분위기가 아닌, 지적인 대화를 하는 자리였다. 하지만 그리스에서는 『술을 마시는 자에게는 주신이 내려온다』라고 하는 신앙이 있어, 꽤나 떠들썩하게 술을 마시는 경우도 흔히 있었다. 그에 비해 로마의 주연은 건전함과 이성이 중시되었다. 그렇기 때문에 저녁식사로 더러워진 옷을 갈아입고 주연에 참가하는 사람들도 있었다.

코밋사티오 초기에는 노예가 돌아다니며 술을 따랐지만 트리크리니움(긴 의자)을 사용하는 시대에는 참가자가 시계방향으로 술잔을 돌렸다. 이것도 의식의 일종으로 잔을 넘길 때 넘치는 와인은 신에게 바치는 공물이었다. 마루가 젖으면 톱밥을 뿌렸다.

참가자들은 술을 마시며 신에게 바치는 노래를 합창했다. 담소를 나누거나, 수수께끼를 풀거나, 철학을 논하거나 시를 지었다.

지적이고 학식이 있는 사람, 게임을 잘 하는 사람, 시나 노래를 잘하는 사람은 신분에 관계없이 주연에 초대되었다. 또한 여흥거리로 곡예사나 기예사, 배우나 **악사**도 불렀다. 검투사들이 서로 간에 목숨을 걸고 싸우는 경우도 있었다.

심포시온(그리스의 주연)

원래는…

- 이웃 간에 친목을 다지는 의식적인 집회.
- 지적인 대화를 하는 자리.

펠로폰네소스 전쟁을 계기로…

이렇게 변했다.

- 친한 사람들끼리 모여 즐기는 오락.
- 왁자지껄한 자리.

코밋사티오(로마의 주연)

케나 뒤에 열렸다.

이성이 중요시되는 자리. 저녁식사로 더러워진 옷을 갈아입고 주연에 참가하는 사람들도 있었다.

술을 마시며 신에게 바치는 노래를 합창했다.

담소를 나누거나, 수수께끼를 풀거나, 철학을 논하거나 시를 지었다.

술잔을 돌렸다. 의식의 일종으로 도중에 넘치는 와인은 신에게 바치는 공물.

코밋사티오의 인기인

지적이고 학식이 있는 사람   게임을 잘 하는 사람   시나 노래를 잘하는 사람

이러한 자들은 신분에 관계없이 주연에 초대되었지.

여흥으로 곡예사나 기예사, 배우나 악사, 검투사도 불렀다.

화관을 쓰고 사랑의 주술을 즐겼던 남자들

그리스도, 로마도 주연에 참가할 수 있는 건 남성뿐이었다. 이 주연에서는 남자답지 않은 풍습이나 노래가 유행했다.

●술안주는 연애이야기?

그리스, 로마의 주연 참가자들은 신을 찬양하기 위해 화관을 썼다. 꽃향기는 몸에 좋고, 신의 가호로 **여러 가지 효과**를 얻는다고 믿었다. 신에게 바쳐진 식물이 정해져 있었지만 후에 로마에 기독교가 퍼지면서 화관은 금지되었다.

참가자들은 향수를 뿌리거나 방에 향을 피우기도 했다. 꽃과 같이 향은 건강에 좋고 머리를 냉정하게 해 준다고 여겨졌다.

주연에 나오는 와인은 도자기로 된 항아리인 『**안포라**』에 들어 있었다. 항아리에서 긴 국자로 와인을 퍼서 여과기로 걸러 잔에 따랐다.

술안주는 『트라게마다』라고 불렸다. 누에콩이나 이집트콩, 볶은 밀알, 말린 과일, 과일, 달콤한 과자 등이었다. 그 외에 서민들은 생양파, 아몬드 등을 먹었다.

주연에서는 체커, 백개먼, 주사위놀이 같은 놀이도 했지만 돈을 거는 것은 교양이 없다고 여겼다.

별난 놀이로서 사랑을 이루어지게 하는 주술이 있었다. 참가자 중에서 사랑을 하는 남자가 있을 때 행해졌다. 원 한가운데에 그릇을 놓고 거기에 사람들이 순서대로 **와인을 뿌린다**. 용기에 와인이 들어가면 사랑이 이루어진다고 생각했다. 여기서 발전하여 물을 넣은 용기에 띄운 접시에 와인을 뿌려 가라앉히는 놀이가 유행했다. 또한 막대기 위에 원반을 돌리고 와인을 뿌려 소리를 즐기는 놀이도 있었다. 이런 게임에서 진 사람은 어딘가에 체력을 쓰는 벌칙이 주어졌다.

지적이거나 유쾌한 놀이가 많았지만 (특히 그리스에서는) 무리지어 거리에 나와 시끄럽게 떠돌며 동네 한 바퀴를 달리는 경우도 있었다. 이러한 소동은 그룹의 세력이나 결속력을 알리기 위한 행위였다.

주연에서의 놀이

화관　주연 참가자들은 신을 찬양하기 위해 화관을 썼다.

화관의 효능과 효과

장미, 제비꽃

두통을 치유한다.

포도

취기가 잘 돈다. 바쿠스의 화관.

연꽃, 파피루스

이집트의 신을 찬양하기 위한 것.

개암나무, 크로커스

최면효과. 정신안정. 취해서 폭언하는 걸 방지한다.

담쟁이덩굴

주정방지. 바쿠스의 화관.

망가진 화관

사랑을 하고 있다는 사인.

사랑의 주술

사랑을 이루어지게 하는 주술놀이가 유행.

· 놓여진 용기에 와인을 뿌린다.

· 물을 넣은 용기에 띄운 접시에 와인을 뿌려 가라앉힌다.

술안주

· 볶은 밀알
· 말린 과일
· 과일
· 달콤한 과자

서민은 생양파, 아몬드 등을 먹었다.

유희

· 체커
· 백개먼
· 주사위놀이

❖ 안포라

　그리스 로마의 다용도 항아리로 중세 유럽의 나무통과 비슷하며, 오랫동안 이 지역에서 사용되었다. 와인을 넣거나 가름 등도 안포라에 담은 채로 운반되어 그대로 거래되었다. 항아리 옆면에는 병에 담은 날짜와 양조장소가 새겨져 있다. 그렇기 때문에 안포라는 고고학적으로 출토품의 연대를 밝히는데 활용되고 있다.

용어해설

● 여러가지 효과→일반적으로 믿었던 설과는 달리, 아리스토텔레스는 화관의 시작이 숙취해소에 있다고 말했다. 옛날 일본에서도 두통이 심할 때 수건을 감기도 했다. 그것과 같은 이유이다.
● 와인을 뿌린다→그리스에서는 이 주술놀이를 「코타포스」라고 불렀다

아스타로스는 사령을 달래기 위한 것

로마문화는 대범하여 금기가 거의 없다. 사람들은 뭐든지 먹고 인생을 찬미했다. 하지만 그러한 그들도 사령은 두려워했다.

●거의 없는 금기 중 하나

고대 로마의 저택, 특히나 식사나 주연에 사용되는 방바닥에 모자이크가 그려져 있는 경우가 있다. 이 모자이크는 예쁜 무늬가 아니라 뼈나 조개껍질, 과일의 씨 등의 음식찌꺼기 같은 것들이다.

이것은『아스타로스』라고 하는 것으로 로마인들의 금기와 관련이 있다.

식사나 주연에서 바닥에 떨어진 음식은 부정하게 여겨져, 주우면 안 된다고 여겨졌다. 주우면 악한 사령(레무르스)에게 저주를 받게 된다.

그 옛날 죽은 가족은 집의 마루 밑에 묻었다. 그렇기 때문에 집의 마루는 사령으로 변한 자들의 영역이라고 여겨졌다. 시간이 지나 죽은 자의 무덤은 교외에 만들게 되었지만 이 미신은 잊혀지지 않았다. 아이들이나 노예가 죽으면 예전처럼 마루 밑에 매장했기 때문이다.

이러한 이유 때문에 노예나 애완동물, 가축들까지 바닥에 떨어진 것을 먹는 걸 금지했다

바닥에 음식을 떨어뜨리면 불길한 것으로 만일 떨어뜨리면 빗자루로 쓸어 난로에 태웠다.

언젠가는 누군가가 **방바닥**을 쓸지 않으면 안 되는데, 이런 바닥청소조차 좋지 않은 행위로 여겼으며, 사령의 원한을 살 것이라 믿었다.

그래서 죽은자의 영혼을 달래는 의미에서 아스타로스가 그려지게 된 것이다.

다른 고대문명 사회에서는『먹으면 안 되는 것』이 정해져 있었지만 로마는 그런 것이 없었다. 그들은『모든 먹을 수 있는 것들은 신, 또는 자연이 인간에게 준 것』이라고 생각했다.

그 외에는 굉장히 한정된 금기로 주신 쥬피터의 사제는 생고기나 **빵** 반죽을 만지면 안 된다는 관습이 있었다.

로마인들의 음식에 대한 금기

식사나 주연에서 바닥에 떨어진 음식은 부정한 것으로
주우면 안 된다.

옛날 죽은 가족은 집의 마루 밑에 묻었다. 집의 마
루는 사령의 영역으로 바닥에 떨어진 음식은 사령의
것이 된다.

마루에 음식을 떨어뜨리
는 것 자체를 불길하게
여겼어.

그렇기 때문에

• 주우면 악한 사령에게 저주받는다.
• 애완동물이나 가축도 바닥에 떨어진 것을 먹는 것은 금지.
• 바닥을 청소하는 것도 사령의 원한을 산다.

아스타로스

아스타로스는 동물이나 생선의 뼈나 조개껍질. 과일의
씨 등의 음식찌꺼기를 그린 모자이크화. 죽은 자의 영을
달래기 위해 식당의 바닥에 그렸다.

용어해설
● 방바닥→바닥을 경사지게 만들어 쓰레기가 아래쪽에 모이도록 한 방도 있다. 청소 횟수를 줄이기 위해서이다.

로마에서 중요하게 여겨졌던 딱딱한 빵

번영기에는 미식을 즐겼던 로마인이지만 중기 이후 결국 제일 많이 먹었던 건 주식이었던 파니스(빵)였다.

●빵과 케이크의 구분이 없었던 시대

로마에서 빵의 제조가 시작된 건 기원전 2세기경으로, 기원전 70년경에는 거리에 빵집이 많이 생겼다. 이 사이에 주식이 밀죽에서 빵으로 바뀌고 무발효빵을 거쳐 이스트로 발효시킨 빵이 주류가 되었다. 이 빵이 맛있었기 때문에 처음에는 건강에 나쁠 거라고 걱정하거나 멀리하는 사람도 있었다고 한다.

빵은 직인의 손에 의해 만들어졌으며(실제로는 빵 굽는 노예) 일반 가정에서 빵을 굽지는 않았다. 하지만 빵가마를 가지고 있는 부자의 저택에서는 빵을 구웠다. 부유층만이 빵을 굽는 것은 중세 유럽도 마찬가지였다.

로마에서는 빵을 『**파니스**』라고 불렀다. 여러 종류가 있었지만 반죽에 다른 것을 섞는 것이 유행했으며, 올리브유나 베이컨, 버터 등의 유지를 즐겨 섞었다. 포도즙이나 와인, 우유, 계란 등을 섞어 맛을 높이기도 하였고, 후추, 커민, 양귀비열매, 회향풀 등의 스파이스도 사용되었다.

빵 제조 기술은 점점 발전하여, 돌가마나 청동 화덕에서 구워졌다. 납작한 무발효빵은 숯 위에서 굽고, 숯 속에 묻거나 꼬치에 꿰어 굽기도 했다.

로마 특유의 빵으로 『**파니스 무스타케우스**』라는 것이 있다. 과즙, 치즈, 허브 등이 들어간 도넛 모양의 빵으로 월계관을 씌어 굽는다. 이것은 웨딩케이크처럼 결혼식에 먹는 축하음식이었다.

『**파니스 비켄티노**』는 굉장히 딱딱해 술이나 우유에 적셔 먹었다. 이것은 질냄비에 반죽을 넣어 가마에 구운 것으로 질냄비가 깨질 때까지 열을 가하여 만들었다. 수고를 들이는 만큼 비쌌던 빵으로 단단한 빵은 로마에서 인기 있는 하나의 현상이었다.

로마의 빵

로마에는 많은 종류의 빵이 있었다.

일상적인 빵 · 조리빵

파니스 비켄티노

만드는데 손이 많이 가는 비싼 빵. 굉장히 단단하여 술이나 우유에 적셔서 먹었다. 적셔서 먹는 딱딱한 빵은 인기가 있었다.

긴 롤빵

달다

건포도 즙이 들어갔다

파니스 아디파토스

베이컨 조각과 지방이 들어간 피자의 일종. 납작한 빵도 인기가 있었다.

의식용 빵 · 과자빵

파니스 무스타케우스

결혼식 때 잘라 참석자들에게 나눠줬다.
웨딩케이크와 비슷할지도?

반죽에 과즙, 치즈, 허브 등을 넣는다

월계관을 씌어 굽는다.

도너츠 모양

파니스 · 파르레움

스페르트 밀가루로 만든 빵. 신혼 초야에 부부끼리 나눠 먹는다. 선조에 대한 감사의 마음과 함께 부부끼리 서로 나눈다는 의미가 아니었을까.

병량 · 휴대용 · 비상용 빵

파니스 밀리타리스

병량. 건빵이나 비스켓 같은 빵으로 대단히 딱딱하다.
먹을 때는 물에 담가 부드럽게 한다. 항해용의 파니스 나우티크스도
이것과 비슷한 빵이었다.

로마에서 즐겨 먹었던 식재료들

여기에서는 부유층 사이에서 유행했던 진귀한 재료가 아닌 즐겨 먹었던 식재료를 해설한다. 하지만 이 중에는 평민이 먹어보지 못한 고급 식재료도 포함돼 있다.

●새고기에 관심이 많았던 로마인

로마에서는 다양한 종류의 식재료가 소비되었다. 미식가가 많았기 때문인지, 식재료를 어떻게 요리해야 맛있어지는지에 대한 연구도 진행되었다.

고기는 모든 종류의 가축과 근처에 생식하는 야생동물을 먹었고, 특히 돼지고기는 쪄서 먹는 경우가 많았다. 돼지고기는 양념국물이 스며들면 부드럽고 맛있어진다.

햄은 로마시대에 식민지인 갈리아인이나 게르만인이 발명했다고 추측된다. 북쪽에서 가져온 식재료로 귀하게 여겨졌다.

우유의 대부분은 로마의 명물이기도 한 **치즈**가 되었다. 그대로 먹거나 훈제하거나, 또는 말린 과일과 와인을 곁들여 가열하거나, 갈아서 마늘과 스파이스를 섞었다. 전자는 『이포트리마』, 후자는 『모리튐』이라는 요리이다. 버터도 있었지만 올리브유가 선호되었다.

새고기도 종류가 다양하다. 모든 가금류는 물론, 산메추리, 산비둘기, 타조, 호로새, 부엉이, 휘파람새, 앵무새, 참새 등을 먹었다. 카이사르에 의하면 식민지인 브라타니아인들은 가금류를 경원시해 먹지 않았다고 한다.

아피키우스가 문헌에서 계란 요리를 많이 소개한 것으로 보아 계란도 있기가 있었던 것 같다. 또한 아피키우스는 커스터드 푸딩의 발명자이기도 하다.

어류로는 다랑어, 노랑촉수, 숭어 등을 먹었고 특히 다랑어는 높게 평가되었다. 생선은 흔히 소금절임을 하였다.

조개류는 옛날부터 먹었지만 생선보다 쉽게 썩기 때문에 내륙지방에서는 기피대상이었다. 그렇지만 로마인들은 굴을 좋아했었던 듯, 로마 군대에 소금에 절인 굴이 납품되었다는 기록도 있다. 식탁에서 생굴은 박하와 파슬리가 들어간 벌꿀에 담가 먹었다.

그 외에도 대하, 창오징어, 성게 등도 메뉴에 나온다.

로마에서 자주 먹었던 식재료

육류

뭐든지 먹었고, 특히 야생조류를 좋아했다.

돼지

햄

찌는 경우가 많다(지방이 양념국물에 녹아 부드럽고 맛있어진다).

갈리아인이나 게르만인이 발명한 햄을 수입했다.

치즈

인기가 있었다. 우유의 대부분은 치즈로 가공되었다.

먹는 법
- 그대로 먹거나 훈제한다.
- 이포트리마 : 치즈에 말린 과일과 와인을 곁들여 가열한 요리.
- 모리툼 : 갈아낸 치즈에 마늘과 스파이스를 섞은 요리.

어패류

다랑어와 굴이 사랑받았다.

그 외에 노랑촉수, 숭어, 대하, 창오징어, 성게 등. 생선은 흔히 소금절임이 되었다. 생굴은 박하와 파슬리가 들어간 벌꿀에 담가 먹었다.

야채류

양배추, 아스파라거스, 순무, 래디쉬, 양상추, 콩류, 양파, 마늘은 서민이 주로 먹고 부유층은 피하는 경향이 있었다.

로마의 소스

조리에 있어서 소스는 중요했다. 향신료나 허브 외에 여러 가지 조미료와 식재료를 재료로 사용했다. 벌꿀 양념을 생선이나 햄에 바르기도 했다.

조미료

- 버터나 짐승의 기름보다는 올리브유를 선호했다.
- 향신료와 허브류는 후추, 커민, 코리앤더, 샐러리, 사프란, 타임, 파슬리 등.
- 전통적인 조미료로는 졸인 포도즙이 있다. 사바, 데프르툼, 카로에누스 등(농도가 다르다).
- 그 외
  가름, 벌꿀, 식초, 올리브유, 계란노른자, 건포도.

로마에서는 와인에 물과 아스팔트를 섞었다

그리스, 로마에서는 와인이 풍부하게 생산되어 식문화에서 중요한 역할을 맡았다. 와인은 문화인의 증거였다.

●물을 탄 와인과 첨가물

그리스, 로마에서는 와인을 물에 타서 마시는 것을 당연하게 생각했다. 그대로 마시는 건 야만적이라고 여겼다. 그대로 마셔도 되는 것은 술의 신뿐으로, 물에 타지 않고 마시면 흉폭해지거나 발광한다고 여겨졌다. 다른 이유로는 당시의 와인은 달콤했고 증발로 인해 쉽게 진해졌기 때문에 많은 양의 술을 마시는 것을 과시하기 위한 것이었다는 등 여러 가지 설이 있다.

와인에 물을 타는 것이 예법으로, 물에 와인을 넣지는 않았다. 그 비율은 2:1, 5:2, 3:1, 4:1, 중 하나로 비율에 따라 도수가 달라졌다.

와인은 발효작용을 이용하는 술이기 때문에 언제나 정상적으로 숙성되지는 않는다. 그리고 제대로 보관하지 않으면 변질돼서 시큼해진다. 로마시대에는 장기보존이 불가능했다. 그렇기 때문에 변질을 늦추고, 맛을 속이기 위해 여러 가지 첨가물을 넣었다.

탁한 느낌을 내기 위해 계란 흰자나 석회를 넣었고, 색을 내기 위해 알로에, 사프란을 넣었다. 달콤한 와인을 만들려고 물을 섞은 과즙을 넣기도 하였다. 향을 내는 용으로는 허브나 향신료가 사용되었고 특히 이것은 『그리스 와인』이라고 불렸다.

벌꿀, 수지, 바닷물, 눈 등은 그리스 시절부터 전통적으로 사용되어온 첨가물로, 양조과정에서 첨가물을 섞기도 했다. 때로는 특이하게 아스팔트(역청)를 섞기도 했다.

와인에 첨가물을 넣는 것은 로마시대뿐만이 아닌 중세 말기까지 이어졌다. 현대에는 양조과정에서 대부분의 와인에 산화방지를 위한 첨가물을 넣거나 보다 좋은 향을 내기 위해 나무통에 담아 나무향이 나게 한다.

로마인들은 첨가물이 들어간 와인을 마실 수밖에 없었지만, 첨가물이 없는 와인이 이상적이라고 생각했다.

물에 타서 마시는 와인

아니, 이사람 와인을 그냥 마시잖아!

어? 어? 어라?

허, 이사람 물에 와인을 넣잖아!

어? 어? 어라라?

그리스와 로마에서는 와인은 물에 타서 마시는 게 상식.

그대로 마시는 건 야만적.
물에 타지 않고 마셔도 되는 것은
술의 신뿐이라 생각했다.

와인에 물을 넣는 게 예법.
물에 와인을 넣지는 않았다.

와인에 물을 타서 마시는 이유

· 그대로 마시면 몸에 좋지 않다고 생각했다.
· 물에 타지 않고 마시면 술주정을 하게 된다.
· 물에 타지 않으면 흉폭화, 발광하게 된다.
· 제조방법상 너무 달아지기 때문에.
· 질항아리에 보관했기 때문에 수분증발로 인해 진해져서.
· 대량의 술을 마시는 것을 어필하기 위해 물을 탔다.

와인의 첨가물

와인에는 여러 가지 첨가물이 들어갔다.
이것은 중세시대까지 계속되었다.

사실은 첨가물이 없는 와인을 이상
적이라고 생각했다.

· 발효를 멈춘다	수지, 바닷물
· 탁한 느낌을 낸다	계란흰자, 석회
· 색을 낸다	알로에, 사프란, 나무열매, 아스팔트(역청)
· 풍미나 단맛을 내기 위해	물을 섞은 과즙, 벌꿀, 눈
· 향을 내기 위해	장미, 제비꽃, 코리앤더, 샐러리, 아몬드, 후추, 계피

용어해설

● 물 섞기→그 외에도 포도즙을 섞는 경우도 있었고, 찬물이 아닌 더운물을 섞기도 했다.

최고의 와인과 최악의 와인

로마에서는 브랜드가 생길 정도로 와인을 즐겨 먹었다. 중세에는 쇠퇴했지만 제조기술은 현대에까지 이어졌다.

●영웅과 폭군에게 헌상되었던 걸작 와인들

그리스에서는 일찍 딴 포도로 만든 산미가 강한 와인을 선호하였다. 로마인들은 초기에는 잘 익은 포도로 만든 달콤한 것, 후기에는 강하고 떫은맛이 있는 것을 선호하였다. 당시에는 레드와인보다 화이트와인이 인기가 있었다.

로마에서는 오랜 기간 동안 제조기술이 발달해 더욱더 품질이 좋고 알코올도수가 높은 와인이 만들어지게 되었다. 로마시대 후반에는 와인에 물을 타지 않고 마시는 사람들도 나오기 시작했다. 그들은 순수한 로마인들이 아니라 식민지에서 유입된 **게르만민족**이었다.

로마의 와인들 중에서도 평가가 높았던 것은 이탈리아 캄파니아 지방의 『**팔레루눔**』이었다. 네아폴리스(현재의 나폴리) 남쪽의 팔레루누스 산의 경사에서 딴 포도로 만든 와인만이 이 브랜드를 사용했다. 그중에서도 산중턱에서 수확할 수 있는 『**파우스티안 팔레루눔**』이 최고급으로 여겨졌다. 최소 10년 동안 숙성시켜 황금빛이 나는 화이트와인이었다.

역사서의 기록에 따르면 기원전 121년에 만든 『**오피니안 팔레루눔**』이 걸작으로, 기원전 100년에 카이사르가 즐겨 마셨다. 그 후 39년에 칼리굴라 황제에게 진상되었지만, 이미 와인자체가 수명이 다해 마시지는 못했다.

그 외에 와인브랜드로서 『**카에쿠붐**』『**스렌티누스**』『**세티누스**』 등이 있었다. 또한 와인의 아종으로서 『**팟슴**』이라고 하는 술도 있었다. 건포도로 만드는 달콤한 와인이다. 농축된 당분이 알코올로 변하기 때문에 보통의 와인보다 강한 술이었다.

그럼 반대로 로마에서 제일 최악의 와인은 무엇이었을까. 그것은 『**로라**』이다. 와인을 짜고 남은 찌꺼기에서 만든 노예용의 자가제 와인이었다. 로마에서는 노예들도 와인을 마셨던 것이다.

로마의 와인브랜드

최고급 브랜드 팔레루눔

이탈리아 캄파니아 지방에서 생산된다. 팔레루눔이라고 할 수 있는 것은 네아폴리스(현재의 나폴리) 남쪽의 팔레루누스 산의 경사에서 딴 포도로 만든 와인뿐.

 그중에서도

산중턱에서 수확할 수 있는 것이 최고급으로 여겨졌다. 그 이름은 「파우스티안 팔레루눔」. 화이트와인이지만 10년 동안 숙성시켜 황금빛이 났다.

그중에서도 더더욱

기원전 100년에 카이사르가 즐겨 마셨다고 전해진다.

「오피니안 팔레루눔」이 베스트 오브 베스트. 팔레루눔 중에서도 역사에 남는 걸작 와인이 기원전 121년에 만들어졌다.

39년에 칼리굴라 황제에게 진상되었다(하지만 와인 수명이 지나 있었다).

그 외의 와인 브랜드

카에쿰
스렌티누스
세티누스
건포도로 만드는 팟슘은 와인보다 달고 강한 술

최저급 와인인 「로라」

와인을 짜고 남은 찌꺼기에서 만들었다.
노예용의 자가제 와인.

레드와인보다 화이트와인이 인기.

로마 사람들의 와인 취향은 잘 익은 포도로 만든 달콤한 와인. 나중에는 강하고 떫은맛이 있는 와인을 선호하게 되었다.

그리스인들의 취향은 일찍 딴 포도로 만든 산미가 강한 와인.

용어해설

● 게르만족 → 용병으로 활동했고, 시민권을 얻어 로마에 영주하는 외국인들도 많아졌다.

로마의 음료 이것저것

그리스, 로마 사람들은 와인을 일상적으로 마셨지만 그 외의 술이나 맥주, 주스, 우유, 식초를 탄 물 등의 음료도 마셨다.

●로마에서 맥주는 제일 하찮은 술이었다.

로마에서 와인 다음가는 술은 벌꿀주일 것이다.『**아쿠아 무루사**』라고 부르는 것이 일반적이다. 이것은 물과 벌꿀과 이스트균을 섞어 발효시켜 만든다. 벌꿀주는 와인에 못 미친다고 여겨 시골사람들이 주로 마시는 술이었다. 여기서 시골이라는 것은 북방에 살고 있던 유럽인을 가리킨다. 와인은 포도가 자라는 따뜻한 지방이 아니면 만들 수 없지만 벌꿀주는 북방에서도 만들 수 있었기 때문에 유럽에서는 인기가 있었다.

맥주는 로마에서도 있었지만 노예용의 와인인『**로라**』보다도 질이 낮은 음료로 가격은 로라의 절반이었다. 로마에서는『**아리카**』라는 이름으로 불리었다. 간단히 만들 수 있는 맥주는 고대세계 각지에서 사랑받았지만 그리스, 로마인들은 맥주를 마시는 사람을 야만인으로 여겼다.

『**테후루툼**』은 과즙을 졸여 만든 시럽으로 로마 어린이들의 음료였다. 물이나 식초에 타서 마셨다.

『**포스카**』는 물을 탄 식초로 향신료나 벌꿀을 넣기도 했다. 특히 여행 시에 이용되었다. 여행자들은 식초를 가지고 다니며 생수에 섞어 마셨다고 한다. 그렇게 하면 생수를 마시는 것보다 배탈이 잘 나지 않는다. 예수가 십자가형에 처했을 때, 병사가 마시게 했던 것이 포스카라고 한다. 식초는 와인의 마지막 단계로 와인이 있는 곳에서는 쉽게 구할 수 있었다.

『**메르카**』는 양이나 염소젖으로 만든 요구르트다. 소화를 돕는다고 여겨져 건강식품으로 이용되었다. 후추나 가름을 뿌리거나, 코리앤더와 소금을 넣어 먹었다.

우유는 아이들의 음료로 어른들은 좋아하지 않고 의사들이 약으로 처방하는 정도였다. 아침에 한 잔을 마시는 게 일반적으로 허브를 섞기도 했다.

로마의 음료

아쿠아 무루사(벌꿀주)

물과 벌꿀과 이스트균을 섞어 발효시켜 만든다.

와인 다음으로 대중적인 술

와인을 만들 수 없는 지방에서 중요시되었지만, 시골사람들의 술이라고 생각되었다.

테후루툼

과즙을 졸여 만든 시럽.

어린이들의 음료

물이나 식초에 타서 마셨다.

아리카(맥주)

가격은 최저의 와인인 로라의 절반이었다.

최저의 와인보다 저급의 술

포스카

물을 탄 식초.

특히 여행 시에 활용

물
+
식초

향신료나 벌꿀을 넣기도 했다.

메르카

양이나 염소젖으로 만든 요구르트다.

소화를 돕는 건강식품

후추나 기름을 뿌리거나, 코리앤더와 소금을 넣어 먹었다.

끓이는 요리의 국물이나 고급요리의 맛내기에도 사용되었다.

우유

건국신화에 관련이 있어 어린이들의 음료로 여겨졌다. 어른은 아침에 한 잔을 마시는 게 일반적으로 허브를 섞기도 했다. 의사들이 약으로 처방해 자양강장의 약으로 활용하기도 했다.

용어해설

● 우유―염소, 양, 말, 당나귀의 젖이 선호되었고 소젖은 인기가 없었다. 그리고 귀하게 여겼던 게 낙타의 젖이었다.

폭군 네로도 드나들었던 로마의 대중식당

로마에는 오늘날에도 있는 노점이나 패스트푸드점, 패밀리 레스토랑, 부페, 선술집, 고급요리점까지 있었다.

●로마의 식당 이것저것

로마의 가정집들 중, 연회를 할 수 있는 저택에는 훌륭한 부엌과 커다란 빵가마가 있었다. 중정(中庭)이 부엌으로, 비를 피할 수 있는 지붕이 붙어 있는 곳도 있었다.

하지만 귀부인들은 요리를 하지 못했고, 요리나 음식을 나르는 건 노예 요리사들에게 맡겼다. 상류계층의 남성들은 취미로 요리를 하는 경우도 있었던 것 같다. 유명한 집정관 **카토**도 텃밭에서 기른 야채를 조리하는 취미가 있었다.

그에 비해 빈민의 집은 수도도 가마도 없어 찜이나 볶음을 할 수 없었다. 그렇기 때문에 일상적으로 외식을 했다. 빈민뿐만이 아니라 로마 사람들은 집에서 먹는 것보다 밖에서 먹는 것을 선호하였고 외식은 큰 산업이었다.

로마에서는 『바르』라고 하는 경식당과 『포피나』라고 하는 **여관**이 있었다. 포피나에서는 식사와 술 이외에 매춘이나 도박도 이루어졌다. 지방도시 폼페이에는 118개의 바르와 20개의 포피나가 존재했다.

『타베르나』라고 하는 선술집도 인기가 있었지만 이곳은 가게의 구성이나 메뉴가 바르와 거의 같았다.

바르나 타베르나처럼 점포가 많지는 않았지만 배부르게 식사를 내오는 가게인 『구르구스티움』이 있었고, 더 많이 먹을 수 있는 가게는 『가네아』라고 한다.

그 외에 『케나티오』라는 고급요리점도 있었다. 정원이나 연못이 있는 가게였다. 이러한 부유층을 위한 가게에서는 트리크리니움(긴 의자)에서 식사를 할 수 있었다.

부유층 사이에서는 음식의 양이 많은 가게일수록 품위가 떨어진다고 생각했다. 하지만 그들도 몰래 서민의 음식점이나 여관에서 식사와 밤의 여흥을 즐겼다. 폭군 네로도 변장을 하고 밤의 로마에서 술을 마셨다고 한다.

로마의 음식점

바르

경식당, 패스트푸드점과 비슷하다.

타베르나

선술집.

포피나

여관. 매춘이나 도박도 OK.

구르구스티움

식당, 패밀리레스토랑?

가네아

음식이 많이 나오는 가게. 부페식당?

케나티오

고급요리점.

가정에서의 요리

부유층 가정.

요리나 음식을 나르는 건 노예 요리사.
여성이 가사를 하지 않는다.
남성들은 취미로 요리를 즐겼다.

일반가정.

주부가 요리를 한다.

빈민가정

수도나 가마가 없어 끓이거나 볶지를 못했다. 일상적으로 외식을 했다.

용어해설

● 카토→기원전 234-149. 카토는 통칭으로 본명은 마르쿠스 포르키우스 카토 켄소리우스. 공화정 로마 시대의 정치가로 집정관과 감찰관을 역임했다. 엄격하고 청렴하며 언변이 뛰어나 카르타고 원정이나 농업대책에 힘을 쏟았다.
● 여관→여관은 그리스에서는 없었지만 로마에는 존재했다.
● 타베르나→그리스에서도 타베르나라고 한다. 타베르나는 오늘날에도 두 나라에서 경식당을 의미한다.

미식을 위한 사육과 양식

로마는 식재료로 인기 있는 동물들이 사육되거나 양식되었다. 수요에 맞춰 공급이 이루어졌던 것은 오늘날과 마찬가지이다.

●산쥐와 공작과 식용달팽이

로마에서는 귀중한 식재료는 사육이나 양식을 통해 구했다.

제일 유명한 것은 **산쥐**일 것이다. 산쥐를 벌꿀에 절여 구운 요리는 전채의 기본이었다. 이 작은 동물은 『**그리라리움**』이라고 하는 안이 나선형으로 돼 있는 항아리에 가둬서 길렀다.

산에 가면 잡을 수 있는데도 양식을 하는 이유는 동면을 방지하기 위해서였다. 산쥐는 동면을 하면 살이 빠져 맛이 떨어진다. 그렇기 때문에 살을 찌운 다음 먹었다.

산쥐는 중세 유럽에서도 즐겨 먹었지만 페스트의 유행으로 기피하게 되었다. 페스트를 퍼뜨리는 쥐와 닮았기 때문이다. 사육항아리에서 도망친 산쥐는 유럽에서 다시 야생화되었다.

푸아그라를 먹기 위해서, **거위**는 고대 이집트에서부터 사육되어 로마에서도 널리 퍼져 살을 찌우게 하였다.

인도가 원산인 **공작**은 그 모습 때문에 고가에 거래되었고, 수요가 많아 로마에서 양식이 이루어졌다.

식용달팽이는 양식 기록이 기원전 50년까지 거슬러 올라간다. 로마에서는 부유층들의 식재료였다.

해산물이나 민물고기 중 굴, 장어, 도미, 곰치는 양식을 하였다. 로마 교외에 『티베리우스 황제의 동굴』이라는 양식장 유적이 남아 있다.

양식은 아니지만 시장에서는 해수어용과 담수어용의 수조가 있었다. 살아 있는 채로 시장까지 운반하는 건 힘들었고, 그렇기 때문에 도시에서는 신선한 생선을 고급품으로 여겼다.

야생동물도 야산에서만 잡았던 건 아니다. 귀족들은 자신의 땅에 멧돼지, 사슴, 야생돼지 등을 풀어놓았다. 이곳은 보호구역이자 수렵장으로 야생동물의 고기가 안정적으로 공급되는 곳이었다.

미식을 위한 사육과 양식

산쥐와 그리라리움

산쥐를 벌꿀에 절여 구운 요리는 전채의 기본메뉴.
그렇기 때문에 전용항아리인 그리라리움에서 사육
하였다.

일부러 양식을 하는 이유
는 동면을 방지하기 위해
서. 살이 쪄 맛있어진다.

그리라리움
안이 나선형으로 돼 있는
특수한 항아리

거위와 푸아그라

고대 이집트에서도 먹었다. 고대세계에서도
유명한 진미.

겨울이 오기 전의 거위의 비대
해진 간이 맛있었기 때문에 사
육하여 살을 찌웠다.

해산물

굴, 장어, 도미, 곰치도 양식장
에서 양식을 했다. 시장에는 수
도도 있었고 내륙지방에서는 어
패류가 고급품이었다.

공작

맛은 없지만 모습이 아름다워 연회에
사용되었다.

깃털을 장식품으로
사용하는 경우도
있어 로마에서는
흔히 사육되었다.

식용달팽이도 기
원전 50년이라는,
오래전부터 양식
이 되었다.

돼지의 유방과 플라밍고의 혀

맛있는 요리 다음에 진귀한 음식을 원하는 건 자연스런 흐름일지도 모른다. 진미는 맛이 있나 없나 보다는 귀한 게 중요시되었다.

●흔히 먹을 수 없으니까 가치가 있다

절정기의 로마에서는 똑같은 조리에 질린 부유층들이 진미를 찾게 되었다. 비록 맛이 없어도 신기하거나 귀하고 비싼 것이라면 좋았고 먹으면 병에 걸리지 않는다고 생각했다.

진미를 구해 손님을 기쁘게 하면 주인의 인기가 올라가고 존경받는 풍조도 있었다. 그렇기 때문에 사람들은 진미에 열광했다.

맛있는 음식과 진미는 의미가 다르기 때문에 따로 분리해서 생각을 해야 한다. 하지만 실제로 구분하는 것은 어렵기 때문에 실태는 불분명하다. 자주 먹을 수 없었던 것이나 구하기 힘들어 인기가 있었던 식재료들은 다음과 같다.

돼지의 유방은 우유에 끓이면 절품이었다. 그리고 무화과로 살을 찌운 돼지의 간, 우유로 살을 찌운 식용달팽이도 인기가 있었다.

살아있는 닭에게서 자른 볏, 술에 취하게 한 돼지의 간, 낙타의 발굽, 백조도 신기하게 여겼다. 플라밍고의 혀는 역대 황제가 좋아했다고 한다.

공작은 겉모습만 아름답고 맛은 별로였지만, 로마시대에서 유럽 중세기까지 부유층의 만찬에서는 빼놓을 수 없는 식재료였다.

오늘날에도 귀하고 맛있게 여겨지는 것은 푸아그라(거위의 간)이다. 로마에서는 무화과로 살을 찌워 간을 빼갔다. 로마가 시칠리아와 전쟁을 했던 것도 **무화과가 필요했기 때문이다.**

철갑상어는 제정기에는 최고의 생선으로 칭송받았다. 철갑상어의 알, 캐비어도 알려져 있었지만 당시에는 가치가 없었다. 철갑상어를 해체한 뒤의 찌꺼기로 가난한 어부들이 먹었다고 한다.

아피키우스의『요리서』에는 지금까지 거론한 것 외에도 두루미, 거북이, 메추리, 종달새의 혀, 잉꼬, 산비둘기, 성게, 해파리 등이 있었다.

로마의 진미

절정기의 로마는 늘 먹는 음식에 질린 부유층들이 진미를 찾게 되었다.

인기 있는 진미

우유에 끓인 돼지 유방

무화과로 살찌운 돼지간
이나 푸아그라

우유로 살찌운 식용달팽이

귀하고 진기한 고가의 음식이라면 뭐든지 좋았고,
병에도 걸리지 않는다고 생각했다.

그 외의 신기한 식재료

낙타의 발굽

살아 있는 닭에게서 자른 볏

플라밍고의 혀

공작

잉꼬

철갑상어

돌고래

성게

해파리

용어해설

●무화과가 필요했다→집정관 카토의 연설에 의한다. 물론 비유적인 표현이었다.

날개를 붙인 토끼로 만든 페가서스 구이

호화로운 요리나 진미에도 질린 로마의 부유층 사이에서는 호화롭거나 신기함을 뛰어넘는 요리도 등장했다. 깜짝요리와 모방요리이다

●손님을 놀라게 하지 않으면 마음이 놓이지 않았던 주인

날개를 붙여 페가서스처럼 보이게 한 토끼구이, 살아 있는 개똥지빠귀가 들어 있는 멧돼지 통구이, 후추로 만든 소스 속에서 헤엄치는 것처럼 장식된 생선찜, 60kg은 족히 될 듯한 송아지 통구이―이것들은 풍자소설『**사튜리콘**』에 등장하는 연회 메뉴의 묘사이다. 로마에서는 손님을 놀라게 하기 위한 화려한 장치가 유행했다.

동시에 **모방요리**도 유행했다. 생선으로 닭고기를 표현하거나, 모양을 본떠 다른 재료로 요리를 만드는 것이다. 그러한 것도 여흥으로 즐겼다.

사튜리콘에는 자두에 가시를 박아 성게를 표현하거나 돼지고기만을 사용해서 오리통구이 등의 조류요리나 생선요리를 본뜬 것이 나온다. 여기까지는 가공의 이야기로 예전에 검투사였던 부자 토르마키온이 만들게 한 요리이지만, 현실에서도 카에키리우스라고 하는 남자의 기록이 있다.

카에키리우스는 애호박을 사용해 생선, 버섯, 과자나 소시지 등을 만들게 했다. 요리를 모방하기 위해 요리사는 식재료에 다른 음식의 형태를 새긴다거나 동물의 통구이처럼 보이는 구이틀을 준비했다. 증거로서 동시대의 유적에서 닭, 돼지, 토끼 등의 구이틀이 출토되고 있다.

형태만이 아닌 **맛을 모방**하기도 했다. 오늘날의『오이에 꿀을 바르면 메론맛』같은 것이라 할 수 있다. 대용품으로서의 고민이 아닌 맛의 탐구가 놀이로 행해진 것이다.

미식가인 아피키우스도『레몬의 잎과 벌꿀을 섞으면 로제와인 맛이 난다』라고 기록했다.

취향을 살린 스페셜 요리

음식을 담는 신기한 방법 · 깜짝 놀라게 하기 위한 장치

요리에 장치를 하여 초대자들을 놀라게 하거나 기쁘게 하는 여흥이 유행하였다.

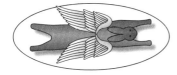

날개를 붙여 페가서스처럼 보이게
한 토끼구이

내장으로 보이게 소시지를 채운
돼지 통구이

살아 있는 개똥지빠귀가 들어 있는
멧돼지 통구이

후추로 만든 소스 속에서
헤엄치는 것처럼
장식된 생선찜.

60kg는 족히 될 듯한
송아지 통구이

요리의 모방

식재료에 다른 음식의 형태를 새긴다거나 동물의 통구이
처럼 보이는 구이틀을 준비했다.

자두에 가시를 박아 성게를 표현
애호박만을 사용한 생선, 버섯, 과자나 소시지 등
안쵸비 대용으로 해파리를 사용한 안쵸비 오믈렛

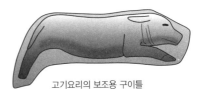

고기요리의 보조용 구이틀

맛의 모방

대용품으로서의 고민이 아닌 맛의 탐구가 놀이로 행해진
것이다.

> 아피키우스도 「레몬의 잎과 벌꿀을 섞으면
> 로제와인 맛이 난다」라고 기록했다.

용어해설

●「사튜리콘」→황제 네로 밑에서 일했던 페트로니우스가 쓴 소설.

한번의 식사에 수천만원

로마인들은 전통적으로 검소한 걸 미덕으로 여겼다. 하지만 번영이 계속되면서 과거의 전통은 잊혀지고 아무도 지키지 않게 되었다.

●엄중한 제재도 효과가 없었던 낭비

번영기의 로마에서는 사치가 횡행했다. 국민의 낭비벽을 고치고자 하는 정치가는 많았고, 때로는 『낭비금지법』이 발효되기도 하였다. 굵직한 것들을 꼽자면 기원전 161년에 판니우스법에서 기원전 1년의 아우구스투스법까지 6번이나 법령이 제정되었다. 생활 속의 여러 가지 것들에 대한 제재로 역시나 먹는 것에 대한 금지사항이 많았다.

서민대상의 법령은 바르(경식당)에서 나오는 메뉴의 제한, 부유층에 대해서는 값비싼 식재료에 대한 금지 등이 있다. 하지만 부유층은 금지품이나 바다의 진미를 밀수로 손에 넣었다. 당시에는 돌고래나 황새치가 몰래 거래되었다.

하루 식사에 들어가는 비용이 제한된 적도 있었다. 예를 들어 아우구스투스법에서는 『중요한 축제일의 요리에 노예 한 명분 이상의 돈을 들이면 안 된다』라는 것이 있다. 계산해 보면 당시의 노예 한 명은 현대로 따지면 자동차 한 대분의 가격이다. 이러한 제재가 있었다는 것은 반대로 말하면 저녁식사 한 번에 2~3000만원의 돈을 쓰는 사람이 적지 않았다는 것이다.

하지만 이러한 제재는 별다른 효과가 없었다. 위정자 중에서도 엄청난 돈을 쓰는 사람이 있었으니 무리도 아니다.

기행으로 유명한 황제 엘라가발루스(재위 218-222)는 도를 넘은 요리로 신하와 손님을 대접했다. 10일간 계속해서 1일 30마리의 돼지고기요리(진미로 여기는 유방과 자궁이 딸린 고기), 금가루와 보석가루가 뿌려진 콩요리, 진주가루가 뿌려진 버섯요리를 대접하거나, 한 번의 식사에 600마리의 타조의 뇌를 제공하기도 했다. 진주가 들어간 밥이 나왔을 때는 손님의 그릇에 진주가 들어 있으면 집으로 가져가도 되었다. 이런 식으로 돈을 너무 낭비한 것이 재앙이 되어 황제 엘라가발루스는 불과 수년만에 암살당했다.

이것이야말로 낭비?

 소년황제인 엘라가발루스는 유명한 암군이었기 때문에 얼마 안가 암살당했으나 그나 내온 요리는 굉장했다.

한 번의 식사에 600마리의 타조의 뇌

30마리의 돼지고기요리가 10일간 연속으로 나옴 (진미로 여기는 유방과 자궁이 딸린 고기)

금가루와 보석가루가 뿌려진 콩요리

진주가루가 뿌려진 버섯요리

집으로 가져가도 되는 진주가 들어간 밥

사치 금지법

음식점의 요리는 밀죽만 가능!

다채로운 요리가 팔렸다. 노점에서 팔면 그렇게 눈에 띄지 않는다.

하지만 실제로는

 값비싼 식재료는 수입금지!

비싼 돌고래나 황새치가 밀매되었다.

결국에는

 1회의 식사에 노예 한 명분 이상의 돈을 쓰면 안 된다!

노예 한 명의 가격은 오늘날의 2000~3000만원 상당. 자동차 한 대 값이다.

가게에서 파는 음식과 케나의 선물

로마의 식문화는 굉장히 광범위하다. 여기에서는 대중식문화의 발신지였던 경식당과 연회 뒤에 나눠줬던 선물에 대하여 소개하겠다.

●바르(경식당)의 모습

서민들이 자주 이용했던 바르 앞에는 돌이나 시멘트로 만든 L자 형의 카운터가 있었다. 여기에는 도자기로 만든 항아리가 묻혀 있었는데 벽돌이 단열재 역할을 해 안의 음식들이 보온이나 보냉이 되었다. 항아리 대신에 오븐이나 냄비가 놓여 있는 가게도 있었다. 가게 안에 공간이 있으면 테이블이나 의자가 놓여 있었지만 없으면 손님들은 음식을 사서 서서 먹었다. 대표적인 음식들로는 옛날부터 먹었던 콩이 들어간 『프르스』(소맥으로 만든 죽)다. 그 외의 음식은 판매가 금지됐던 시대도 있어 거리에서 몰래 팔기도 했다.

프르스 이외에 인기가 있었던 것은 삶은 돼지고기이다. 그 외에 돼지의 허벅지나 머리의 꼬치구이, 장어, 올리브, 무화과, 소시지, 생선경단, 고기경단, 샐러드, 닭고기, 야채 마리네, 치즈, 계란, 오믈렛 등이 있었다. 그 외에 와인을 제공하는 가게나 뜨거운 물을 내오는 가게도 있었다. 차나 커피는 아직 역사에 등장하지 않는다.

●가족들이 고대하는 아포포레타

『아포포레타』는 케나(정찬)에 초대된 손님이, 돌아갈 때에 주인에게 받는 선물을 이야기한다. 집에서 기다리고 있는 손님의 가족은 선물을 고대했다고 한다.

손님이 받는 것은 음식, 일용잡화, 장난감 등이지만 사람마다 받는 게 달랐다. 우선 용기에서 제비를 뽑는데 거기에는 수수께끼 같은 시나 말장난이 적혀 있었다. 그리고 문장에 대응하는 물건을 받았다. 마치 오늘날의 빙고게임 같다. 1세기 후반의 시인 마르티아리스는 이러한 뽑기용의 짧은 시들을 모은 시집을 몇 권이나 발표했다. 시를 하나하나 생각하는 게 귀찮은 경우에는 이 시집을 사서 인용하면 되었다.

바르(경식당)

로마시대에 제일 많았던 식당의 형태

도자기로 만든 항아리가 묻혀 있다. 항아리는 벽돌로 열이 보존되어 안의 요리들은 보온이나 보냉이 되었다.

항아리 대신에 요리가 들어간 오븐이나 냄비가 놓여 있는 가게도 있었다.

돌이나 시멘트로 만든 L자 형의 카운터

테이블과 의자

바의 메뉴

콩이 들어간 『프스』(소맥으로 만든 죽)	올리브	고기경단	치즈
삶은 돼지고기	무화과	샐러드	삶은 계란
돼지의 허벅지나 머리의 꼬치구이	소시지	닭고기	오믈렛
장어	생선경단	야채 마리네	등

아포포레타

케나(정찬)에 초대된 손님이, 돌아갈 때에 주인에게 받는 선물.
내용은 음식, 일용잡화, 장난감 등, 하지만 각각 내용물이 달랐다.

손님은 용기에서 제비를 뽑는다. ▶ 수수께끼 같은 시나 말장난이 적혀 있다. ▶ 문장에 대응하는 물건을 받았다.

값비싼 만능조미료 가름

로마의 식문화를 말하는 데 있어 가름의 존재는 빼놓을 수 없다. 가름은 사람들에게 사랑받았으며 로마의 영광에 큰 역할을 담당했다고도 한다.

●로마 문명을 지탱해준 마법의 액체

『가름』은『리쿠아멘』이라고도 불렸다. 그 정체는 생선을 발효시킨 조미료로 일본에서는 어장으로 알려져 있다. 일본인들의 어장과 같을 정도로 **로마인들에게 사랑받았고**, 부자들은 소금보다도 자주 이용하였다. 서양에서는 중세기에 없어졌지만 동양에서는 비슷한 조미료가 각지에 존재한다.

가름의 원조는 그리스로, 그리스에서는『가론』이라고 불렸다. 이 문화를 이어받은 로마인들은 각지에 공장을 만들어 가름의 수출로 부를 쌓았다. 출토품으로 보아 늦어도 기원전 500년에는 판매되었다고 한다.

소금에 절인 생선을 태양 아래에서 부패시키면 내장에 포함된 소화효소가 생선의 단백질을 아미노산으로 분해한다. 이게 감칠맛의 기본이 된다. 암모니아 등의 악취를 누그러뜨리기 위해 주정이나 향신료를 더하는 경우가 많다.

로마에서는 커다란 항아리에 허브, 생선, 소금을 켜켜이 쌓아 도합 8개월 정도 숙성시켜 마지막에 걸러낸 액체가 가름이 되었다. 만드는 중에 지독한 악취가 나기 때문에 시내에 가름 공장을 세우는 것은 금지되었다.

가름은 원료인 생선을 바꾸거나 여러 가지 향신료나 첨가물을 더해서 만들었기 때문에 수많은 종류가 있었다. 그중에서도 최고급 가름의 하나인『하이마티온』은 다랑어의 내장, 아가미, 피와 체액을 재료로 사용했다고 한다.

고급 가름은 향수와 비슷한 정도의 가격이었다. 기록에서 현재의 금액으로 환산해 보면 약 3리터에 700만원 정도였지만 그 정도의 가치가 있다고 여겨졌다. 조미료뿐만이 아니라 영양제나 약품으로서의 효능도 있다고 생각되었고 미용수로도 인기가 있었다. 실제로 가름에는 위장조정작용, 강장작용이 있고 비타민B군과 미네랄이 풍부하다.

또한 제조 도중에 나오는 가름을 짜고 남은 찌꺼기는『아렛크』라고 하여 가난한 가정에서는 훌륭한 식재료였다.

만능조미료 가름

가름은 그리스 · 로마의 감칠맛 조미료. 또는 약으로도 사용되었다.

| 가름은 | 몇 방울을 넣는 것만으로도 수프가 맛있어진다.
위장약, 이질이나, 궤양약.
미용수로 탈모나 주근깨 제거에 사용된다. |

가름의 종류

피가 섞인 가름은 고급품.

무리아	메기의 가름
가름 스콘브리	고등어살, 피, 알
가름 소키오름	가름 속에 빠진 생선으로 만든다
가름 카스티모니아름	유대교인용의 가름
히드로가름	물을 탄 것, 로마 병사에게 배급된 음료
오에노가름	와인을 탄 것, 소스의 재료로 동로마에서 귀하게 여겨졌다
오레오가름	기름을 탄 것
오키시가름	식초를 탄 것

로마의 가름 만드는 법

생선을 햇볕에 썩힌다.
재료는 청어, 멸치가 일반적. 고등어, 연어, 장어 등의 기름기가 많은 생선이 최고라고 여겼다. 그 외에 참치, 가다랑어, 도미, 굴.

30리터 용량의 항아리에 허브, 썩은 생선소금을 2cm씩 간다. 이 세가지 층을 켜켜이 쌓는다. 항아리가 꽉 차면 뚜껑을 덮는다. 허브는 회향, 샐러리, 코리앤더, 운향, 박하, 민트, 타임 등.

풀풀~

앗 칙

7개월 동안 놔둔다.
그리고 20일 간 내용물을 섞어주면서 숙성시키면 완성. 위에 뜬 액체, 또는 짜내거나 걸러낸 액체가 가름이 된다. 제조에는 수분이나 알코올이 20%이상 필요하다.

용어해설

● 로마인들에게 사랑받았고→열광적인 지지를 받았지만 로마 멸망 후에는 거의 만들어지지 않았다. 주변각국 사람들의 입맛에는 맞지 않았던 것일까.

식민지가 가져온 번영과 빵의 배급

로마 자체는 크게 번영하였지만 시민 중에는 몰락한 자도 많았다. 하지만 빵의 배급이 있었기 때문에 굶어 죽지는 않았다.

●시대에 농락당한 자유시민들

원래 로마 지역에는 소밀과 와인과 올리브 정도밖에 없었다. 소박하게 살아온 그들의 식탁을 풍요롭게 해준 것은 식민지의 특산품이었다.

사실, 로마의 오랜 세월의 번영은 외국에서 이루어진 착취에 의해 유지되었다. 그 대신 로마인들은 관개기술과 문화를 주었다.

로마는 시민들에게 **빵을 배급**했다. 정부는 시민의 생활을 보호하는 것이 당연한 것이라고 여겼고 후기에는 의원이나 황제가 인기를 얻기 위해서나 수도의 치안을 안정시키기 위해 배급이 이루어졌다.

배급제가 있었기 때문에 곡물의 가격이 변동된다거나 곡물생산이나 매매로 돈을 벌거나 잃는 일은 없었다. 물론 배급은 식민지에서 막대한 세금을 걷었기 때문에 가능한 제도이다.

로마는 풍요로운 사회였지만 노예가 저렴한 가격에 안정적으로 노동력을 제공하게 되자 자유시민은 일자리를 잃고 생활이 어려워졌다.

어떻게든 **자급자족**을 하고 있는 농원주라도 『빈곤』하다고 여겨질 정도였다. 배급이 없으면 살아갈 수 없는 자는 『비참』하게 여겨졌고, 사람 취급을 받지 못했다. 로마 특유의 가치관이었다.

빈민은 배급 받는 빵이나 스포르툴라(귀족의 선물)로 연명했지만, 생선을 잡을 수 있는 환경이 되면 생선도 공짜로 구할 수 있었다. 사냥을 할 수 있는 건 자유시민뿐으로 고기는 누구나 얻을 수 있는 것이 아니었다.

부유층은 시민이나 노예에게도 은혜를 베풀었으나 세월이 지나 인플레이션이 진행되면서 로마는 경제적으로 막다른 골목에 몰렸고 결국 쇠락의 길을 걸었다.

또한 3세기 이후에는 원래는 생활필수품이 아니었던 돼지고기, 기름, 와인도 배급이 되었다. 이러한 변화는 북방의 게르만족이 로마에 침투하여 그들의 식습관이 섞였기 때문이다.

로마에 모이는 특산품

로마에는 각지에서 특산품이 운반되었다.

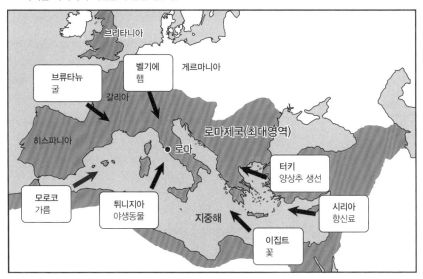

로마 시민의 배급과 사회의 변화

배급품의 변화

3세기 이후에는 황제가 인기를 끌기 위해
여러 가지 것들을 배급하였다.

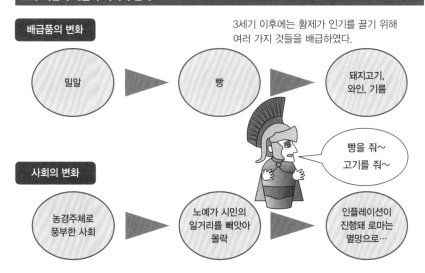

● 빵의 배급→초기에는 밀알이 배급되어 시민들은 죽을 만들어 먹거나 가루를 내어 빵을 만들어 먹었다.
● 자급자족→로마인들은 원래 농경민족이었기 때문에, 농원을 경영하여 자급자족을 하는 시민은 보호받았다.

로마병사의 식량사정

용맹함으로 알려진 로마군이지만, 그들은 어떤 식생활을 하였을까. 그들에게는 음식도 엄격하게 통제되었다.

●사기를 유지하기 위한 절제

전쟁 시에는 기본적으로 모두에게 식량이 배급되었다. 하루에 800g에서 1kg 정도의 빵이 배급되었다. 시대나 원정지에 따라 다르지만 물에 적셔서 먹는 건빵이나 납작한 무발효빵, 또는 밀죽을 먹었다. 어느 쪽이든 간에 거리에서 팔고 있는 폭신한 발효빵은 취급되지 않았다.

지도자들은 병사의 사기를 높이기 위해 전쟁중의 낭비를 줄이는 데 힘썼다.

예를 들어 **율리아누스 황제**는 전장에서는 병사들과 같은 걸 먹었다.

스키피오는 병사에게 구이용 꼬치와 냄비를 지급해 아침에는 조리가 안된 식재료를 서서 먹고 점심때는 고기를 꼬치에 꿰어 굽거나 냄비에 끓여서 먹도록 했다. 정해진 조리법 외에 다른 방법으로 고기를 먹으면 안 되었다. 병사들은 튀기거나 소스를 뿌려 굽는 등 공들인 조리법을 알고 있을 터였다.

그리고 전장에서는 빵집에서 구운 빵, 불을 사용한 음식의 판매가 금지되었다. 매춘부와 점술가도 추방되었다.

체벌을 받는 병사의 식사는 대맥으로 바뀌었다. 로마인들은 버석버석한 대맥빵과 대맥죽을 주식으로 삼았던 그리스인들을 업신여겼다고 한다.

로마군의 원정 덕분에 각지에 확대된 식재료도 있다.

카이사르는 브리타니아(오늘날의 영국)에 주둔하는 로마병사들을 위해 포도와 호두, 무화과, 올리브 등을 옮겨 심게 했다. 그 외에 당근, 렌즈콩, 샐러리, 배, 복숭아, 회향, 코리앤더도 있었다. 이것들 중 기후에 맞는 많은 농작물들이 현지에 자라게 되었다.

참고로 공작, 토끼, 꿩, 닭 등은 원래는 외국에서 가져온 동물들로 로마에서 가축화되었다. 주둔지나 식민지에도 기르다 도망간 것들은 다시 야생화되었고 특히나 토끼는 유럽에 뿌리내리게 되었다.

장군은 병사의 식사에 신경을 썼다

같은 식사를 한다

율리아누스 황제는 전장에서는 병사들과 같은 걸 먹었다.

빵집의 빵을 먹는 건 금지

또한 스키피오는 빵집에서 구운 빵, 불을 사용한 음식의 판매를 금지했다.

먹는 법을 지도한다

스키피오는 병사에게 구이용 꼬치와 냄비를 지급해 아침에는 조리가 안 된 식재료를 서서 먹고 점심때는 고기를 꼬치에 꿰어 굽거나 냄비에 끓여서 먹도록 명령했다.

❖ 군대가 브리타니아에 뿌리내리게 한 동식물들

카이사르는 브리타니아에 주둔하는 로마병사들을 위해 포도와 호두, 무화과, 올리브, 당근, 렌즈콩, 샐러리, 배, 복숭아, 회향, 코리앤더를 옮겨 심게 했다. 기후에 맞는 많은 농작물들이 현지에 자라게 되었다. 토끼나 꿩 등 가져온 동물들도 영국만이 아닌 유럽에서 다시 야생화돼 뿌리를 내리게 되었다.

용어해설

● 율리아누스 황제→재위 361?-363, 프라비우스 클라우디우스 율리아누스. 게르만족 상대로 선전해 영웅시 된 황제.
● 스키피오→기원전 236?-183? 후세의 동명인과 구분해 대(大)스키피오라고도 한다. 공화제 로마 시기의 군인, 정치가. 제2차 포에니 전쟁 후기에 활동하여 카르타고의 장군 한니발을 물리쳐 전쟁을 끝냈다. 원로원 의원을 하기도 했다.

갈리아 전기에서 보는 카이사르의 식량조달

2000년 전의 전쟁을 지금에 전해주는 『갈리아 전기』에서는 카이사르가 원정지에서 어떻게 군대의 식량을 손에 넣었는지가 기록돼 있다.

●공출과 약탈 그리고 초토화 전술

지금으로부터 2000년 전 로마제국의 카이사르는 대군을 이끌고 갈리아로 가서(오늘날의 프랑스), 여러 가지 수단을 동원해 식량을 조달하였고, 드디어 정복에 성공했다. 상세한 내용은 『갈리아 전기』에 기록돼 있다.

카이사르는 자신의 임지에 있는 갈리아 남부(오늘날의 마르세이유)에서 보충을 받을 수 있었지만 이 시대에는 원정지까지 식량을 보내는 건 불가능했다. 원정군이 가지고 있는 식량도 적에게 포위되었을 때와 같은 긴급상황에 사용하기 위한 것이었다. 필연적으로 물자는 진군한 곳에서 조달하는 수밖에 없었다.

그는 우선, 갈리아 부족의 일부를 자기 편으로 삼아 충의의 표시로 식량을 공출했다. 적대부족은 토벌해 가며 식량을 빼앗는다. 토벌이 끝난 후에는 복종의 의미로 인질과 함께 식량을 공출한다.

이러한 수법이 통용되었던 것은 당시의 갈리아가 약 400만명의 인구를 먹여살릴 수 있을 만큼의 높은 농업생산력을 가지고 있었기 때문이다. 빼앗을 수 있는 식량이 있기 때문에 침략이 가능했다고 할 수 있다. 후에 카이사르는 게르만에도 침공했지만 풍요롭지 않다고 여겨 바로 철수한다.

갈리아 정복의 클라이막스는 카이사르의 식량조달수법을 알게 된 갈리아인 웨르킨게트리쿠스에 의한 봉기였다. 그는 그들의 토지나 밭을 태워버리는 **초토화작전**으로 로마군을 굶주림에 몰아넣으려고 했다. 하지만 전략이 철저하지 못해 패배하였다.

원정지에서 군대의 편을 든 자로부터 식량을 공출하는 수법은 약탈보다도 효율적이고 희생이 적다. 일본의 전국시대에는 우에스기 켄신이 이 수법으로 라이벌이었던 다케다의 영지와 칸토우에 『현지세력의 요청을 받은 원정』을 되풀이했다.

갈리아 전기에서 보는 카이사르의 식량조달

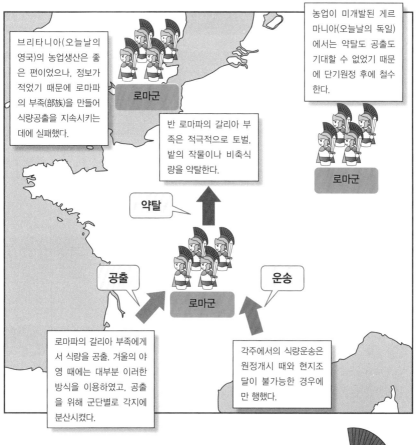

브리타니아(오늘날의 영국)의 농업생산은 좋은 편이었으나, 정보가 적었기 때문에 로마파의 부족(部族)을 만들어 식량공출을 지속시키는 데에 실패했다.

로마군

농업이 미개발된 게르마니아(오늘날의 독일)에서는 약탈도 공출도 기대할 수 없었기 때문에 단기원정 후에 철수한다.

로마군

반 로마파의 갈리아 부족은 적극적으로 토벌, 밭의 작물이나 비축식량을 약탈한다.

약탈

공출

운송

로마군

로마파의 갈리아 부족에게서 식량을 공출. 겨울의 야영 때에는 대부분 이러한 방식을 이용하였고, 공출을 위해 군단별로 각지에 분산시켰다.

각주에서의 식량운송은 원정개시 때와 현지조달이 불가능한 경우에만 행했다.

아바리쿰(오늘날의 브르고뉴)

웨르킨게트리쿠스는 초토화 작전에 의해 로마가 식량을 얻지 못하게 해 카이사르를 힘들게 했지만 정치적인 이유로 아바리쿰을 태울 수 없었다. 카이사르는 이곳을 점령. 약탈하여 충분히 식량을 얻은 뒤 반격을 하여 갈리아 정복을 이루었다.

곤충은 식재료로서 적합한가?

인류는 여러 가지 것들을 먹어 왔지만 선호되지 않는 식재료도 있다. 곤충은 그중에서도 최고라고 할 수 있다. 하지만 겉보기나 맛 때문이 아닌 많이 잡는데 손이 가기 때문에 식용으로 하기힘들었다. 곤충을 즐겨 먹는 지역에서는 대량으로 잡히면 다른 식재료 없이 곤충만을 먹는 경우도 있다. 하지만 역시나 포획수가 불안정하고 변동이 많기 때문에 원주민이나 농민의 기호품으로 즐겨 찾는 경우가 많다.

사실 중국, 동남아시아, 아프리카에서는 충식(蟲食)은 일반적이었다.

전문가의 평가에 의하면 특히나 유충이나 흰개미 같은 경우에는 생으로도 먹을 수 있고 단백질 등의 영양소도 높다. 하지만 기생충이나 박테리아가 있기 때문에 불에 익히는 것이 좋다고 한다. 실제로 세계 여러 곳에서 먹는 곤충들은 굽거나 튀기거나 볶아 먹는다. 날개나 다리는 소화가안되기 때문에 떼어내는 게 좋고 겉모습이나 식감에 저항감이 있을 때에는 으깨서 다른 요리에섞는다.

중국 내륙지방의 농민들은 누에의 번데기, 귀뚜라미, 매미, 물방개, 잠자리 등을 먹었다. 태국에서는 개미알, 귀뚜라미, 잠자리는 날로 먹거나 튀겨서, 바퀴벌레나 물장구는 삶아서 양념식초와 같이 먹는다. 라오스는 바퀴벌레의 알, 거미, 잠자리를 튀겨먹는다. 그 외에 동남아시아의 산악지대에는 물방개, 흰개미, 개미, 나비, 매미 등을 먹는다.

뉴기니아에서는 하늘소의 유충과 대벌레를 먹는데 대벌레는 새우맛이 난다고 한다. 오스트레일리아의 에보리진은 투구풍뎅이의 알, 모기의 유충과 성충을 먹는데 모기에서는 나무열매 맛이난다고 한다. 또한 그들은 물속에서 개미를 으깨 새콤한 청량음료를 만든다.

동아프리카의 흰개미는 날계란 노른자 맛이 난다고 하며, 열대지방의 피그미는 흰개미, 나비나 모기의 유충, 갑충을 먹는다. 사막의 부시맨은 우기에는 흰개미나 모기의 유충을 즐겨 먹지만평상시에는 18종류나 되는 벌레를 먹는다고 한다.

신대륙으로 눈을 돌리면 캐나다에서는 말파리의 번데기를 먹었다.

그리고 일본에서도 메뚜기, 하치노코(땅벌의 유충, 번데기), 잠자리 유충 등이 특산품으로서 알려져 있다. 맛은 순서대로 보통, 맛있다. 독특하다라는 평가이다. 그 외에도 하늘소, 투구풍뎅이, 사슴벌레의 유충과 번데기, 누에의 번데기나 매미 등을 먹었다는 기록도 있다.

개미에 대해 이야기하자면 2차 세계대전 이후에 『초코개미』라는 상품명으로 개미가 들어간 초콜렛을 만들어 팔았다. 이 초코개미는 미국에 강심제로 수출되었다고 한다.

미개지에서 곤충을 주로 먹는다는 인상이 있지만, 고대 그리스의 철학자 아리스토텔레스는 매미를 좋아했다. 그는 탈피직전의 유충이나 교미 후의 알을 밴 암컷이 맛있다고 기록했다. 곤충연구로 유명한 파브르도 이 이야기를 듣고 매미를 먹어 봤지만 별로 맛이 없었다고 적고 있다. 매미는 사실은 맛있는 곤충으로 파브르가 요리를 못했다는 게 진실인 것 같다.

제3장

중세~근대
유럽의 음식

고기를 숭배했던 게르만 민족

유럽전역에 자리잡고 로마의 문화적 자손이 된 게르만인들은 가능한 한 언제나 고기를 먹는 걸 선호했던 것 같다.

●고기를 위해 생활을 압박했던 사람들

번영을 누리던 로마는 3세기경 경제위기로 쇠퇴하여 이후 유럽은 게르만족의 지배 하에 들어간다.

로마인과 게르만인들은 서로 경원시했기 때문에 중세인들은 로마문화를 모두 **받아들이지 않았다.** 혼란으로 지역이 분단되어 이국의 물품들의 유통이 단절되고 사람들은 집락 단위로 자급자족을 하는 생활로 돌아갔다.

원래 게르만인들은 고기를 먹음으로써 영양과 전투능력을 얻는다고 믿고 있었다. 로마인들의 빵에 해당하는 음식이 게르만인들의 고기였던 것이다.

로마 말기의 게르만인 황제 막시미누스는 육식주의자로, 야채를 전혀 먹지 않았다. 그의 아들인 소 막시미누스도 야생동물의 고기를 좋아하여 사냥한 동물밖에 먹지 않았다고 한다. 후세의 학자인 안티무스나 시에나의 귀족인 아르드브란디노는 『**고기는 힘의 원천**』이라는 말을 남겼다.

중세 초기의 유럽은 숲이 많아, 사냥이나 방목으로 쉽게 고기를 얻을 수 있었다. 인구도 적었기 때문에 식량사정은 양호했다. 서민에 해당하는 **농민전사**도 일반적으로 고기를 먹었을 거라고 추측된다.

하지만 13세기에 걸쳐 인구가 폭발적으로 증가하고 개척이 이루어진다. 각지의 영주는 숲과 고기를 보호하기 위해 출입을 금지시키고 동물을 풀어놓았다. 농민은 밭을 경작하기만 하는 존재로 지위가 격하되고 식생활은 채식 중심이 되었다. 유럽은 점점 더 상황이 악화되어 인구는 300~400년간이나 계속해서 줄어들었다. 일설에 의하면 농민의 4분의 1이 굶어 죽었다고 한다.

널리 퍼진 기독교는 정신적으로 사람들을 구원하기는 했지만 성직자가 운영하는 수도원은 서민의 재산을 쥐어짰다. 빈부의 차는 심해져, 마음껏 먹어보는 게 서민의 소원이었다.

중세의 시작과 음식환경의 변화

게르만 민족의 대이동과 중세의 개막

유럽인들은 로마의 영향을 받으면서도, 민족이동 등의 혼란 때문에 모든 로마 문화를 계승하지는 못했다. 3세기에 로마가 쇠퇴해 중세로 넘어가지만, 초기 중세인들은 집락 단위로 원시적인 생활을 했다.

숲의 자원과 생활의 추이

중세초기.
사냥이나 방목으로 쉽게 고기를 얻었다.
인구도 적어서 식량사정은 좋았다.

13세기까지 인구의 폭발적인 증가.
개척이 진행되어 숲은 영주가 보호.
농민의 지위격하, 채식 중심으로.

홀쩍

인구는 300~400년간이나 줄어들어
서민의 4분의 1이 아사.
빈부의 차가 커서, 서민의 꿈은 배부르게 먹는 것.

● 받아들이지 않았다→로마의 식문화 중 고기요리는 왕후귀족이 이어받고 빵, 와인, 기름 등의 제조법은 수도원이 계승했다.
● 고기는 힘의 원천→하지만 기독교에서는 흥분과 음욕을 관장하는 악의 원천이라고 여겼다. 이면성이 있는 식재료지만 서양인들은 고기에 대한 집착을 버리지 않았다.
● 농민전사→8~9세기까지 사회의 중심이 되었던 사람들. 문자 그대로 농민이면서 전사였다.

게르만사람들의 음주습관과 맥주의 진보

유럽에 널리 퍼진 게르만족은 식문화를 견인했다. 마실 수 있는 술의 종류는 살고 있는 지역의 기후에 따라 달라졌다.

●살아남은 와인과 사랑받은 맥주

로마에 정복당하기 전의 게르만인들은 와인에 송진을 섞거나 허브로 향을 내서 마셨다. 그들은 푸짐하게 먹고 마셨지만 식사를 할 때도 무기를 손에서 떼지 않았으며, 음식을 서로 쟁탈하기 위한 싸움도 많았다.

와인을 따르는 잔은 은잔부터 시작해 동물의 뼈나 두개골, 또는 자신의 선조나 쓰러뜨린 적의 두개골을 사용했다. 부유한 집에는 유리잔도 있었다. 나중에는 로마 문화를 본떠 모래시계형이나 인형 등의 **예술성이 높은 잔**도 만들었다.

건배는 옛날부터 유럽에 있던 관습으로 원래는 손님을 환영할 때 자신의 잔을 보여줘 같은 내용물이라는 걸 전하기 위한 행위였다. 잔을 가슴이나 뺨의 위치로 올리는 방법도 있었고, 북유럽에서는 서로 팔짱을 끼고 마주본다. 원래는 잔을 서로 부딪치지 않았으나 1552년에 **라블레**가 장난으로 잔을 부딪쳤던 것이 계기로 일반화되었다.

와인은 로마제국의 단계적 붕괴 속에서 사라져갈 가능성이 있었다. 주역이었던 북방의 게르만족은 맥주를 좋아하고 북방의 기후는 포도의 생산에 적합하지 않았기 때문이다. 하지만 기독교가 퍼진 덕에 이 의식에 사용되는 와인은 계속 이어져 널리 사랑받게 되었다.

와인 대신으로 북방에서 마셨던 **옛날식 맥주**는 오래전부터 자가제가 상식이었지만 나중에는 곡물이 모이는 수도원에서 만들어지게 된다. 820년 스위스의 상트갈렌의 수도원에서 세계 최초의 수도원 맥주가 만들어졌다.

맥주는 8세기에 극적인 개량이 이루어졌다. 호프를 더해 양조과정에서 발포시킨 새로운 맥주야말로 오늘날과 같은 맥주이다. 호프는 향과 쓴맛을 더해주고, 잡균을 억제하며, 거품이 잘 생기게 한다. 맥주가 맑아지고 품질도 안정되었다. 호프가 들어간 맥주는 16세기에 각 도시의 부르주아층이 대량생산해 일반화되었다.

건배

유럽에서 옛날부터 있었던 습관

원래는 손님을 환영할 때 자신의 잔을 보여줘 같은 내용물이라는 걸 전해주는 행위.

여러 가지 건배방법

건배~

잔을 가슴이나 뺨의 위치까지 올린다.

빠안히~

팔장을 끼고 마주본다.

SINCE 1552

헤헤헤 하하하

잔을 서로 부딪친다.

와인보다 더 많이 마시게 된 맥주

6~9C

북방의 기온은 포도 생산에 적합하지 않았다.

그렇기 때문에 맥주가 널리 사랑받았다.

8세기
호프를 더해 양조과정에서 거품이 생기게 하는 혁명적인 개량이 이루어졌다.

16세기
호프가 들어간 맥주는 도시의 부르주아층이 대량생산하여 일반화되었다.

호프
· 향과 쓴맛을 더한다.
· 잡균을 억제한다.
· 거품이 잘 나게 한다.
· 맥주를 맑게 한다.
· 품질을 안정시킨다.

10~12C

♣ 에일

지금도 영국에 남아 있는 에일은 맥주의 친구로, 보다 원시적인 음료이다. 옛날에는 신에게 바치는 음료로 축제날에는 가난한 사람도 과자와 함께 에일을 마셨다. 한 때는 맥주보다 격이 높은 음료로서 인기도 있었지만 14세기부터 격렬한 점유율 쟁탈전 후, 대량생산된 맥주에게 패해 쇠퇴하였다.

용어해설
● 예술성이 높은 잔→당시 프론티누스라고 하는 이름 있는 장인이 있었다.
● 라블레→프랑소와즈 라블레, 1483?-1553. 프랑스 르네상스를 대표하는 인물로 「가르강튀아 이야기」의 작자.
● 옛날식 맥주→빵이나 밀을 물에 담그는 옛날식 제조법으로 만들어진다. 오늘날에도 제조되고 있는 음료로 러시아의 크와스, 핀란드의 사하티가 있다.

네가지 체액설에 지배된 중세인의 건강

고대 그리스에서 시작된 『사체액설』과 기독교적 세계관에 기반하는 『존재의 대연쇄』. 중세식 문화의 기반은 이 두 가지에 묶여 있었다.

●식재료도 조리법도, 향신료도 소스도 먹는 순서가 정해져 있다

인체에 흐르는 액체에는 혈액, 점액, 황담즙, 흑담즙의 네 가지 액체가 있어, 이 균형이 무너지면 몸 상태가 나빠지거나 우울증, 불면증을 초래하게 된다. 그리고 모든 식재료도 네 가지 체액에 대응한 한온, 건습의 성질을 가졌다고 생각했다. 또한 식재료는 **조정(粗精)**으로도 나뉘어졌다.

여러 가지 식재료를 균형 있게 사용한 요리를 먹는 것이 건강을 유지하는 비결이라고 중세사람들은 생각했다. 그 때문에 요리사들은 사체액설을 자세히 알고 있었으며 귀족에게 초대받은 의사가 요리를 감수하거나 요리책을 쓰기도 했다.

사체액설은 음식을 균형 있게 갖추는 것만이 아닌 조리법이나 먹는 순서에까지 영향을 미쳤다. 소재의 성질에 맞지 않는 조리법은 허가되지 않았고 적절한 순서로 먹지 않으면 소화불량을 일으킨다고 생각했다. 후일 유럽요리에서는 소스가 발전되는데 원래는 식재료의 성질을 조정하기 위함이었다.

그리고 중세에 귀하게 여겨진 향신료는 식재료의 성질을 가감하기 위한 것이었다.

실은 사체액설은 고대 그리스의 **히포크라테스**가 제창하고 로마시대에 널리 실천되었다. 유럽에서는 중세시대부터 17세기까지 이 설을 근거로 하여 음식이 조리되었다.

사체액설에 과학적인 근거가 없다는 것이 판명된 것은 19세기였다.

비슷한 학설은 **세계 곳곳에** 있었고, 각각의 주변지역에 퍼져 있다. 예를 들어 중국에는 **냉온설**이 있었다. 중국인은 식재료를 냉과 온으로 나누어 균형 있게 먹어 몸을 너무 차게 하거나 덥게 하지 않도록 주의했다. 고기나 지방이 많은 식재료가 온, 야채나 유제품은 냉에 대응한다. 그렇기 때문에 중국의 요리사는 의사와 동등한 역할을 하였고 높은 지위를 차지했다.

히포크라테스의 사체액설

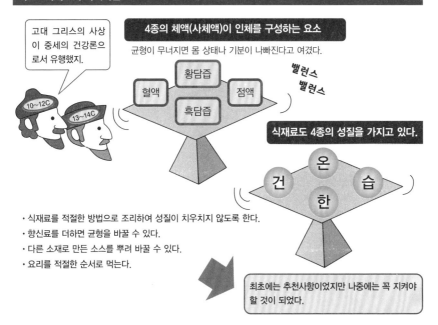

고대 그리스의 사상이 중세의 건강론으로서 유행했지.

10~12C
13~14C

4종의 체액(사체액)이 인체를 구성하는 요소

균형이 무너지면 몸 상태나 기분이 나빠진다고 여겼다.

황담즙
혈액
점액
흑담즙

밸런스
밸런스

식재료도 4종의 성질을 가지고 있다.

온
건 습
한

· 식재료를 적절한 방법으로 조리하여 성질이 치우치지 않도록 한다.
· 향신료를 더하면 균형을 바꿀 수 있다.
· 다른 소재로 만든 소스를 뿌려 바꿀 수 있다.
· 요리를 적절한 순서로 먹는다.

최초에는 추천사항이었지만 나중에는 꼭 지켜야 할 것이 되었다.

사체액설에서 퍼져나온 논리와 습관·미신

식재료를 생으로 먹으면 소화불량이 된다. 생야채나 과일, 날생선은 먹지 않는다.

몸 상태는 계절에 좌우되기 때문에 식사나 행동으로 균형을 잡는다. 「식량생애」라는 달력에 월별로 추천 식재료나 추천하는 행동이 표시되었다.

조리열과 위에서 일어나는 소화의 2단계에 의해 식재료의 소화가 가능해진다.

하지만 귀족은 맛있는 과일 등은 의사의 제지를 뿌리치고 먹었다.

16~17C

사체액설은 17세기까지 믿어왔다.

과학적인 근거가 없다고 알게 된 것은 19세기가 되면서부터이다.

19C

용어해설

● 조정(粗精)→거친 것(粗)과 세밀한 것(精). 거친 것은 서민 대상, 귀족들에게 맞는 섬세한 식재료가 세밀한 것.
● 히포크라테스→기원전 460?-375? 의사를 미신과 주술에서 분리시킨 그리스의 의사. 「의학의 아버지」.
● 세계 곳곳→고대 중남미에서도 식재료는 열, 냉, 중성의 세 종류로 나뉘어져, 거기에 맞춰 먹는 것에 있어서는 사체액설이나 냉온설보다도 엄격했다.
● 냉온설→음양오행설과 연계되어 아시아 전역에 퍼진다.

4대원소의 화신이 된 식재료들

생물, 식재료를 분류하여 계층화시키는 것을 『존재의 대연쇄』라고 한다. 이것도 중세인들의 가치관의 근간이 되는 철학이었다.

●식재료에는 속성과 순위가 있었다.

중세의 철학자들은 생물에 순위를 매겼다. 이것이 『존재의 대연쇄』이다. 모든 것의 창조주인 신이 이 서열을 정한 것으로 되어 있다.

높은 순서대로 새, 동물, 물고기, 식물로 여기에 식재료로서의 귀천을 그대로 연관지었다. 예를 들자면 닭고기가 돼지고기보다 고급, 돼지고기는 다랑어보다 고급이라고 생각하면 된다.

식물이 어째서 하위인가 하면 지면에 자라서 움직이지 않기 때문이다. 거기에 더해서 땅, 물, 공기, 불의 네 가지 원소도 연쇄에 집어넣었다. 흙이 식물, 물이 생선, 공기가 새로, 불에는 실제로 존재하지 않은 **환수**가 들어가 있다. 이렇게 하면 **동물**은 들어갈 장소가 없기 때문에 새와 생선 사이에 넣어 해결했다.

식물 중에서도 근채류는 하위, 나무에 열리는 식물은 상위였다. 바다생물의 경우 바다 밑에서 거의 움직이지 않는 조개류는 최하위지만 돌고래나 고래는 가끔씩 물위에 얼굴을 내밀기 때문에 고급품으로 여겨져 중세귀족들이 즐겨 먹었다. 하지만 먹지 못하는 생물도 있다. 상위에 있는 독수리 등의 맹금류는 귀족이 애완동물로서 길렀다.

계급사회였던 중세에서는 사회신분에 맞는 걸 먹는 게 좋다고 하였고, 분수에 맞지 않는 걸 먹으면 몸이 나빠진다고 생각했다.

거기에 **사체액설**이 더해져 흙은 한과 건, 물은 한과 습, 공기는 습과 온, 불은 온과 건의 성질이 있다고 여겨졌다.

이 법칙과 식재료의 특징으로부터 성질이 정해졌으며, 조리에 참고로 삼았다. 예를 들어 소는 지상에 있기 때문에 건조하고 차며, 거위는 물가에 있기 때문에 춥고 습하다는 것이다. 인간의 성질은 습하고 따뜻한 것으로 여겨졌기 때문에 여기에 맞추어 향신료를 더해 요리를 하면 소화가 잘 된다고 생각했다.

4대 원소와 식재료

중세의 철학자는 4대 원소와 생물을 연결시켜 피라미드형의 계층으로 서열을 매겼다.

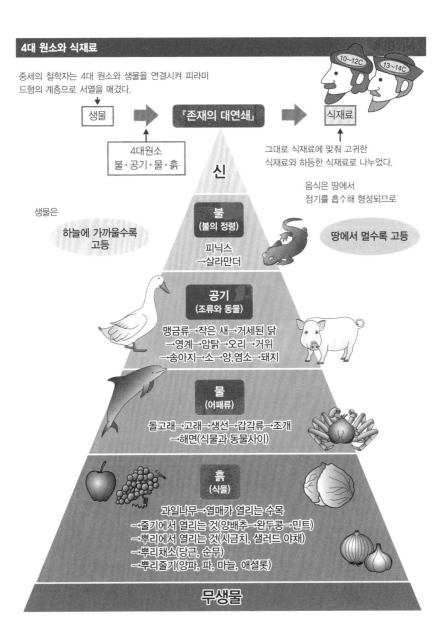

생물 ➡ 『존재의 대연쇄』 ➡ 식재료

4대원소
불·공기·물·흙

그대로 식재료에 맞춰 고귀한
식재료와 하등한 식재료로 나누었다.

음식은 땅에서
정기를 흡수해 형성되므로

생물은

하늘에 가까울수록
고등

땅에서 멀수록 고등

신

불
(불의 정령)

피닉스
→살라만더

공기
(조류와 동물)

맹금류→작은 새→거세된 닭
→영계→암탉→오리→거위
→송아지→소→양,염소→돼지

물
(어패류)

돌고래→고래→생선→갑각류→조개
→해면(식물과 동물사이)

흙
(식물)

과일나무→열매가 열리는 수목
→줄기에서 열리는 것(양배추→완두콩→민트)
→뿌리에서 열리는 것(시금치, 샐러드 야채)
→뿌리채소(당근, 순무)
→뿌리줄기(양파, 파, 마늘, 애설롯)

무생물

용어해설

- 환수→피닉스나 살라만더 등, 불에 관련된 상상 속의 생물이 여기에 위치해 있었다
- 동물→보통은 소가 최상위이고 돼지가 최하위이지만 양이 최상위이고 소가 최하위인 자료도 있다. 그 외에도 고기의 양이 많은 동물이 최상위이거나 소금에 절인 돼지가 최하위가 되기도 하는 등, 지역이나 시대에 따라 차이가 있다.
- 사체액설→흙은 가을과 흑담즙, 물은 겨울과 점액, 공기는 봄과 혈액, 불은 여름과 황담즙에 대응하고 있다.

왕족과 귀족의 정체성과 조리법

고기를 사랑하는 게르만 민족은 사냥한 짐승을 귀하게 여겼고, 그 조리법에까지 공을 들였다. 또한 심약한 귀족은 고기를 먹는 게 금지되었다.

●용맹하고 호쾌하지 않으면 귀족이 아니다!

중세의(기사를 포함해) 귀족들은 숲에서 하는 사냥을 전쟁 훈련의 일환이라고 보았다. 그렇기 때문에 사냥해서 잡은 짐승은 전사의 긍지로, 맛은 차치하고 가치가 있는 식재료라고 생각했다.

카를 대제도 매일, 야생동물의 꼬치구이를 먹었다. 그는 다른 요리보다도 이러한 사냥한 짐승을 즐겨 먹었다고 한다.

샤를 6세도 30여명의 사냥꾼을 둘 정도로 야생동물 고기를 좋아했다. 그의 요리사였던 타이유방은 30종류 이상의 야생조류 요리법을 남겼는데, 매일 어떤 동물이 잡힐지 모르기 때문이 아니었을까 싶다.

귀족들은 봄에는 토끼, 가을에는 사슴, 가을에는 멧돼지를 잡았다. 겨울에는 여흥으로 매를 사용해 왜가리나 학, 들오리를 잡았다.

고기의 조리법은 중세 초기부터 귀족과 농민 간에 커다란 차이가 있었다. 농민은 실리를 위해 삶고, 귀족들은 정체성과 권력의 상징으로 구워 먹었다. 농민들처럼 고기를 삶아먹으면 영양분이 풍부해지고 육즙도 잃지 않는다. 질긴 고기라도 맛있게 먹을 수 있었을 것이다. 반면에 귀족들처럼 석쇠나 꼬치에 구워먹으면 야생에서 잡은 이미지를 그대로 살린 와일드한 모습으로 식욕을 돋군다. **카롤링거 왕조시대**에는 큰 실수를 저지른 자나 심약한 자는『평생 고기 금지』라는 벌을 받았다. 이것은『무기소지금지』라는 벌과 같이 내려져 귀족의 신분을 박탈한다는 의미였다.

귀족들은 많이 먹는 게 좋다고 여겼다. 북유럽신화나 유럽의 민화에서는 신이 엄청나게 많은 음식을 먹거나 먹기대결을 하는 이야기가 종종 나온다.

반대로 대식가가 아닌 자는 권력에 다가갈 수 없었다. 고대에서 중세 사이의 유럽에서는『지위가 높은 사람일수록 식욕이 왕성하다』라고 여겨졌다.

귀족과 음식

귀족의 벌과 출세는 음식에 있다.

무기소유금지

- 큰 실수를 저지른 귀족
- 심약한 귀족

→ **벌** →

평생 고기금지 ＝귀족 신분의 박탈을 의미

짝짝짝

오오~
멋져요~

- 많이 먹는 귀족
- 술을 많이 마시는 귀족

→ **출세** →

「지위가 높은 사람일수록 식욕이 왕성하다」 라는 풍조

귀족과 서민은 고기의 조리법이 다르다

귀족

사냥으로 고기를 잡는다.
긍지와 위엄을 위해 석쇠나 꼬치에 직화구이로.
야생적으로 보여 식욕을 돋군다.

농민

실리를 위해 냄비에 삶는다.
감칠맛과 영양분이 많아지고, 육즙도 잃지 않는다.
질긴 고기라도 맛있게 먹을 수 있다.

✤ 게르만인의 신성한 버터

유럽인들의 주류인 게르만계 사람들은 고대로부터 고기를 먹었고, 마시는 건 유청이었다. 거기에 더해 버터나 라드 등의 동물성 지방을 사용하는 등 고기위주의 식생활을 해왔다.

버터는 특히 북유럽이나 영국에서 즐겨 먹는데 최초에는 주술에 사용되는 신성하고 마술적인 식재료로서 몸에 발랐다. 프랑스에서는 버터를 병자 옆에 놓으면 병을 흡수한다고 여겨 병자와 함께 이장했다.

참고로 인도나 티베트에서도 버터는 성스러운 의식용의 식재료로 여겨진다. 티베트의 것은 치즈에 가까운 산화버터로 라마승의 시체는 방부처리 전에 버터에 삶는다.

용어해설

- ●카를 대제→재위768-814. 프랑크 왕국의 국왕. 카롤링거 왕조의 시조인 피핀 3세의 아들로 카를 1세라고도 한다. 800년에 서로마 황제를 지칭했다. 평생 동안 53회의 군사원정을 일으켰다.
- ●샤를 6세→재위1380-1422. 프랑스 발루아 왕조의 4대 국왕. 「친애왕」,「광기왕」으로 불리운다.
- ●카롤링거 왕조→8~9세기, 프랑크 왕국 두 번째의 왕조.

중세 중기까지의 영주의 식탁

중세 초기에는 느긋한 분위기였기 때문에 영주와 하인은 같은 테이블에서 식사를 했다. 권력자는 좋은 의미로 힘을 나타내는 게 요구되었다.

●저택의 하인은 가족과 동등

6세기에서 14세기까지의 지방영주는, 하인들과 **같이 식사**를 하는 게 일반적이었다. 그 후에 저택의 주인은 혼자서 식사를 하게 된다.

중세 초기에는 식사내용은 모두 같았지만, 점점 높은 지위의 사람들만 앙트르메(No.058 참조)라는 특별요리를 먹게 된다.

중세 초기의 주요 메뉴는 향신료가 들어간 소스를 곁들인 구운 고기, 생고기가 없으면 소금에 절인 고기를 삶은 것, 콩으로 만든 포타쥬 등으로 그 외에 와인이나 빵이 있었다. 고기 중심의 식사로 변비나 담석, 신장결석으로 고생하는 사람들도 많았다.

중세의 요리는 양이 많은 게 특징으로 그래야 진수성찬이라고 생각했다. 그것도 시대가 변하면서 요리의 질이 높아지고 세련되어졌다.

주인은 최하급의 하인들보다 16배의 양이 나오는 관습이 있다. 당연히 전부 다 먹을 수 없었고 아랫사람들이 남은 것들을 먹는다. 식탁 위에는 먹고 남은 것들을 담는 배모양의 용기 『네후』, 그리고 은으로 만든 소금그릇이 놓여 있었다. 아니면 남은 음식은 창밖에 던져 개에게 주기도 했으나, 세련된 브르고뉴 궁정에서는 그런 무례한 행동을 금지하였다.

동물이나 닭의 통구이가 나오는 경우에는 주인은 어깨살 등의 맛있는 부위를 잘라먹고, 하인들은 남은 근육부위나 발 등을 먹었다. 고기를 자르는 일은 명예로운 일로 여겨져, 나중에는 주인의 아들이나 젊은 기사 등의 신분이 높은 자가 하게 되었다.

신하와 식사를 나누는 풍습이 있었기 때문에, **뚱뚱한 영주**가 환영받았다. 실제로도 영주가 살이 쪘다면 그 지역의 백성들도 유복한 생활을 하고 있는 것을 의미했다.

지위와 부가 과시되면 사람들은 안심하였고 통치도 편해졌다.

저택에서의 식비는 수입의 3분의1로, 가계부를 보면 의외로 향신료의 지출이 적었다. 왕족이나 대귀족을 제외하고는 영주들도 연회 이외에는 향신료를 사용하지 않았던 것으로 보인다.

같이 식사를 한 주인과 하인

6세기에서 14세기까지,
왕이나 지방영주도, 저택의 주인은 하인들과 같이 식사를 했다.

6~9C · 10~12C

메뉴는 모두 같고,
양이 다르다.

주인은 최하급의 하인보다 16배의 양이 나온다.

×16

아랫사람들은 윗사람이 먹다 남은 것을 받아 배를 채운다.

네후
주인이 먹고 남은 것들을 담은 배모양의 용기. 이걸로 상급자와 하급자를 구분하기도 하였다.

메뉴는 간단

13~14C

향신료가 들어간 소스를 곁들인 구운 고기나 소금에 절인 고기를 삶은 것

와인

콩으로 만든 포타쥬

빵

중세의 요리는 양이 많았다. 양이 많으면 진수성찬.

신하와 식사를 나누는 풍습이 있었기 때문에, 뚱뚱한 영주가 환영받았다.

⬇

먹는 양이 많아 살찐다.

⬇

영주가 먹는 양이 많으면 신하가 얻는 몫도 크다.

⬇

비만은 부의 상징으로 지위와 부가 과시되면 사람들은 안심하였고 통치도 편해졌다.

동물이나 닭의 통구이가 나오는 경우에는 주인은 어깨살 등의 맛있는 부위를 잘라먹었다.

나중에 고기를 자르는 일은 명예로운 일로 여겨져, 주인의 아들이나 젊은 기사 등의 신분이 높은 자가 하게 되었다.

하인들은 남은 근육부위나 발 등을 먹었다.

용어해설

●뚱뚱한 영주→프랑스의 루이6세는 1일에 8회 식사를 하였고, 영국의 헨리 8세는 걸을 수 없을 정도로 살이 쪘다고 한다.

처음에는 손으로 식사를 했던 중세귀족

16세기 후반에 일본에 방문한 서양인들은 일본인들이 젓가락으로 식사를 하는 것을 보고 놀랐다고 한다. 당시 그들은 손으로 식사를 하였다.

●중세 초기의 연회풍경

중세초기의 식탁은 2명이나 4명이 한 조로 요리가 담긴 접시가 나왔다. 덜어먹는 접시는 없었고, 술잔도 공용이었다. 당시에는 손으로 식사를 하였고 핑거볼의 물은 요리가 나올 때마다 교체되었다. 이 물은 찬물이 아닌 향이 나는 따뜻한 물로 로즈마리, 카밀레, 마조람 등의 허브와, 오렌지 껍질 및 월계수의 잎이 사용되었다.

요리접시는 트랑쇼와르(판자 현태의 단단한 빵)로 국물을 흡수해 말랑말랑해지면 교체된다. 이것은 나중에 와인이나 우유에 담궈 신하나 개에게 주었다.

남녀가 출석하는 연회에서는 여성은 남성의 왼쪽에 앉거나 구석에 모여 앉았다. 남성들만의 혹은 여성들만의 연회도 있었다. 결혼식에서는 신부는 식사를 하면 안 되었고, 몇 시간이고 계속 **앉아 있어야만 했다.** 영국의 술자리에서는 여성은 취하는 것을 방지하기 위해서 1~2잔을 마시면 자리를 떠나야 했다.

중세귀족의 전형적인 식사메뉴는 고기, 와인, **빵**, 그리고 계란이나 치즈였다. 그러던 것이 생활이 풍족해지면서 많은 요리가 식탁을 장식하게 되었다. 디저트에 젤리, 타르트와 파이, 아몬드 페스트리에 사자나 왕관을 장식한 과자 등도 유행했다.

또한 빈부의 차가 생기면서 지위가 높은 사람들만이 전용의 요리를 먹게 되었다. 연회에서도 왕이 식사를 하는 사이에는 동석하는 신하는 먹지 않았다. 연회에서는 음악이 흘렀다.

무알콜 음료는 처음에는 우유와 유청, 버터밀크 등이 있었다. 독일 주변에서는 아몬드밀크를 즐겨 마셨다. 이것은 껍질을 벗긴 아몬드를 푸대자루에 넣고 몇 시간 동안 놔둔 뒤 하얀 액체를 **짜내고**, 물이나 우유를 섞은 것이다. 레모네이드나 **펀치**가 등장하는 것은 근대가 되면서부터이다.

연회의 테이블

2명이나 4명이 한 조로 요리가 담긴 접시가 나왔다.

덜어먹는 접시는 없었고, 술잔도 공용이었다.

요리접시는 트랑쇼와르(판자 현태의 단단한 빵)로 국물을 흡수해 말랑말랑해지면 교체된다.

맛있네~

우적우적

다음엔 저걸 먹어야지

손으로 식사를 하였고 핑거볼의 물은 요리가 나올 때마다 교체되었다.

술 이외의 음료가 나오기도 했다. 우유와 유청, 버터밀크, 아몬드밀크(중부유럽) 등. 레모네이드나 펀치가 등장해 여성들에게 인기를 끈 것은 근대가 되면서부터이다.

손으로 먹는 시대의 테이블매너

당시의 매너집을 보면. 오늘날에는 생각할 수 없을 정도로 예의에 어긋난 행동을 많이 했던 모양이다.

「테이블이나 식기에 손이나 입자국을 남기지 않는다」

「나이프로 이를 쑤시지 않는다」

「먹으면서 술을 마시지 않는다」

「수프는 소리를 내서 마시지 않는다」

「테이블보로 입을 닦지 않는다」

「접시에 손가락이 깊숙이 집어넣지 않는다」

「입에 넣은 것을 접시에 되돌려놓지 않는다」

「한 번 손을 댄 음식을 다른 사람에게 주지 않는다」

「뼈를 빨아먹지 않고, 고기는 가지고 있는 나이프로 자른다」

「먹는 것 이외에 손을 대면 안 되고 머리나 코를 긁지 않는다」

「소금 접시에 고기를 넣지 말고 접시 위의 고기에 소금을 뿌려 먹는다」

「침을 뱉거나, 트림을 하거나, 음식을 식히기 위해 입김을 불지 않는다」

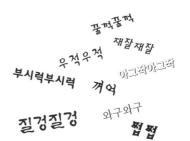

풀쩍풀쩍

재잘재잘

우적우적

아그작아그작

부시럭부시럭

껴억

질겅질겅

와구와구

쩝쩝

● 앉아 있어야만 했다→오늘날의 아랍에도 같은 관습이 있다.
● 짜내다→절구에 아몬드를 빻아 물을 더해, 우유에 담가 걸러낸다. 17세기부터는 서민들도 마실 수 있게 되었다.
● 펀치→설탕물에 레몬이나 향신료를 넣은 칵테일.

진수성찬은 강렬한 색과 느끼한 맛

중세의 왕후귀족들은 사치를 했지만, 맛있는 걸 먹지만은 않은 것 같다. 당시의 요리는 색이 맛보다 중시되었다.

●색이 선명하면 맛있는 것

중세의 궁정요리에서 제일 중시된 건 양, 다음이 색과 향이었다. 당시는 주로 색으로 요리를 판단했다.

색으로는 검정, 녹색, 노란색, 핑크, 갈색, 빨강, 파랑, 하양 등이 있다. 영국에서는 노란색과 빨간색, 대륙에서는 갈색과 흰색이 선호되었다. 식재료의 색이나 착색료 및 향신료에 의존했지만, 특별한 수지로 강한 빨간색을, 해바라기를 사용해 파란색과 붉은색, 사프란으로 강한 노란색이 표현되었다.

●중세만의 맛

맛은 단맛, 매운맛, 신맛의 3가지가 인정되었다. 프랑스는 첫 번째로 신맛, 두 번째로 매운맛을 선호했다. 이탈리아와 영국에서는 단맛이 첫 번째로, 두 번째가 신맛이었다. 당시에는 쓴맛은 좋아하지 않아 조미료로 맛을 조정했다.

설탕이 보급되었던 14세기까지 단맛은 벌꿀이나 건과류(건포도나 대추야자 등)로 냈다. 매운맛은 향신료를 사용했고 신맛은 식초를 사용했다. 남부유럽에서는 신맛을 내는데 레몬을 사용하기도 했다. 소금에는 최대 30%의 무거운 세금이 부과됐기 때문에 짠 요리는 **의외로 적었다.**

조리법도 특이한 것이 많아, 굽기만 한 고기는 야만적이라고 생각되어 삶은 후에 겉을 살짝 굽게 되었다. 이렇게 하면 육즙이나 지방이 빠져 나와 맛이 없어진다. 그래서인지 중세 말기에는 버터를 많이 사용하게 되었다. 나중에 설탕을 구하기 쉽게 되면서 각국에서 강한 단맛을 선호하기 시작했고 시민들에게도 보급되었다. 스페인 사람들은 강렬한 매운맛도 좋아해 당시의 요리는 외국인들이 먹지 못할 정도로 달고 매웠다고 한다.

중세의 미각은 현대와 달라, 현대인들이 맛있다고 생각하는 요리는 15세기가 되어서야 출현한다.

중세 궁정요리의 취향

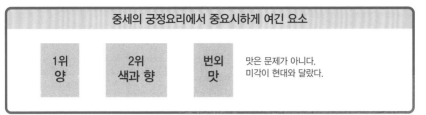

중세의 궁정요리에서 중요시하게 여긴 요소

| 1위 양 | 2위 색과 향 | 번외 맛 | 맛은 문제가 아니다. 미각이 현대와 달랐다. |

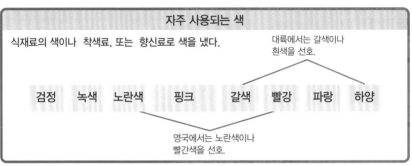

자주 사용되는 색

식재료의 색이나 착색료, 또는 향신료로 색을 냈다.

대륙에서는 갈색이나 흰색을 선호.

검정　녹색　노란색　핑크　갈색　빨강　파랑　하양

영국에서는 노란색이나 빨간색을 선호.

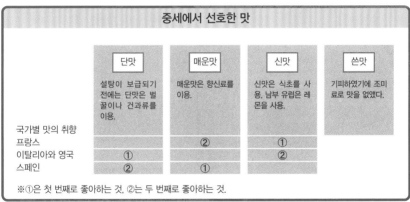

중세에서 선호한 맛

	단맛	매운맛	신맛	쓴맛
	설탕이 보급되기 전에는 단맛은 벌꿀이나 건과류를 이용.	매운맛은 향신료를 이용.	신맛은 식초를 사용. 남부 유럽은 레몬을 사용.	기피하였기에 조미료로 맛을 없앴다.
국가별 맛의 취향				
프랑스		②	①	
이탈리아와 영국	①		②	
스페인	②	①		

※①은 첫 번째로 좋아하는 것, ②는 두 번째로 좋아하는 것.

그 외의 기묘한 습관

굽기만 한 고기는 야만적이라고 생각되어 삶은 후에 겉을 살짝 굽게 되었다.

이렇게 하면 육즙이나 지방이 빠져 나와 맛이 없어지기 때문에 버터를 많이 사용하게 되었다.

야채는 경원시되어 한 달에 1~2회 정도만 먹었다.

용어해설

● 의외로 적었다→물론 때와 장소에 따라 다르다. 궁정에서는 소금을 마음껏 쓸 수 있었고, 빈부의 차이가 커지면서 부자들은 소금을 듬뿍 쓸 수 있었다.

궁정에 등장한 거대한 연출요리 앙트르메

오늘날에도 서양요리에 있는 앙트르메는, 중세에서는 거대한 연출요리를 의미했다. 이것은 여흥이기도 했지만 정치적인 메시지를 담기도 하였다.

●예쁘고 작은 요리에서 과시하기 위한 장식으로 변화

14세기에는 『**앙트르메**』라고 하는 특별한 요리가 나오게 되었다. 초기의 앙트르메는 상석에 있는 사람에게만 나오는 추가요리를 의미했고, 고기요리 등장 사이에 숨을 돌리기 위한 가벼운 메뉴를 가리켰다. 그것들을 색과 향을 더한 소맥이나 콩죽으로, 나중에는 삶은 내장이나 생선을 조려 만든 젤라틴도 나왔다.

오늘날의 코스요리에서 나오는 앙트르메는 이 초기의 앙트르메와 동일한 타이밍에 나오는 입가심이나 식후의 디저트를 말한다. 전자는 샤베트, 후자는 달콤한 과자나 과일이다.

얼마 지나지 않아 중세의 앙트르메는 손님들을 기쁘게 하기 위한 여흥, 과시물, 연출품, 경사로운 것으로 바뀌었다. 메뉴로는 맷돼지의 머리나 공작과 학의 통구이 등, 금박이나 빨갛고 하얀 장식을 하는 경우도 있었다. 어느 것이던 먹을 수 있기는 커녕 배탈이 날 만한 음식들이었다.

놔두는 장소도 귀빈석이 아닌 조금 떨어진 눈에 띄는 장소에 있었다. 공작요리 등은 연회가 끝나면 다른 곳에 팔려 계속 사용되기도 했다고 한다.

그러는 사이에 거의 먹을 수 없는 앙트르메도 등장한다.

성의 모형이나 와인이 뿜어 나오는 분수, 살아 있는 새들을 가둔 단단한 파이 생지로 만든 냄비 등이다. 이렇게까지 한다면 앙트르메는 더 이상 요리가 아니다. 『식재료를 부품으로 사용한 연출품』이 된 것이다.

앙트르메는 부와 권력을 과시하는 도구뿐만이 아니라 정치적인 효과를 노려 나오는 경우도 많았다. 부르고뉴 궁정에서 내온 앙트르메는 십자군 참가자들을 모집하기 위한 연출품이었다고 한다. 그걸 위한 **연회**는 낮부터 저녁까지 또는 저녁부터 밤까지, 적당한 시간에 개최되어 며칠에 걸쳐 계속해서 개최되었다.

앙트르메(연출요리)

예전에는 저택의 모든 사람이 같은 걸 먹었다.

초기의 앙트르메

14세기부터 상석에 있는 사람에게만 추가요리가 나왔다.

고기요리 사이에 나오는 숨을 돌리기 위한 요리

・색과 향을 더한 소맥.
・콩죽.
・삶은 내장.
・생선을 조려 만든 젤라틴.

앙트르메의 변화 1

손님들을 기쁘게 하기 위한 여흥, 과시물, 연출품, 경사로운 것으로 변화.

보고 즐기는 요리
눈에 띄는 장소에 놔둔다

・멧돼지의 머리.
・공작과 학, 백조의 통구이에 금박이나 빨갛고 하얀 장식이 들어간 요리.

앙트르메의 변화 2

더욱 더 대담한 장식물로.

요리가 아닌 식재료를 부품으로 사용한 연출품

부와 권력을 과시하기 위한 도구
정치적인 효과를 노린 여흥

예를 들어
명가의 결혼식의 연출품.
십자군 참가자를 모으는 연회.
주빈의 결의표명의 장.

・성의 모형.
・와인이 뿜어 나오는 분수.
・투구를 쓴 닭.
・살아 있는 새들을 가둔 단단한 파이 생지로 만든 냄비.
・배에 탄 기사의 상.
・성녀의 상.
　등

♣ 공작요리

　공작은 화려하기 때문에 앙트르메에 자주 사용되었다. 고기는 맛이 없지만 중세에서 17세기까지 유럽 귀족들의 연회에 장식되었다. 유럽에서는 극락의 새로 불사의 상징으로 여겨져 썩지 않는다고 생각했다. 아더왕 전설에서도 공작요리가 등장한다.

　껍질을 벗겨 굽고, 속에 다진 고기나 작은 새의 고기를 채워 꼬치나 철사 등을 사용해 포즈를 잡은 다음, 날개를 펼치고 가죽을 씌웠다. 머리와 다리는 따로 빼두고, 나중에 고기에 붙여서 주둥이나 다리에 금박을 입힌다.

　거위를 조리하여 공작의 날개나 가죽 등을 붙여 공작요리인 것처럼 보이게 하기도 했다.

용어해설
●연회→호화로운 요리를 먹거나 소란을 일으켜 당연히 교회에서 미움받는 일이 많았다.

요리책에 남은 호화스러운 앙트르메

연회에 나오는 규격 외의 요리가 된 앙트르메를 위해 요리사들은 조리 외에도 목수나 종이공작 같은 작업을 하게 되었다.

●폭주한 연출품

기록에 남아 있는 연출품 앙트르메의 하나인 『헬멧을 쓴 수탉』은, 구운 돼지 위에 올라타 있는 구운 닭에 종이로 된 헬멧을 씌우고 창을 들려, 금과 은, 흰색, 빨간색, 녹색으로 칠한 것이다. 닭에는 고기가 채워져 있었으나 먹을 수 있었는지는 알 수 없다. 이것도 다른 것에 비하면 소박한 앙트르메다.

1453년의 어느 귀족의 혼례 때 나온 앙트르메는 『백조의 기사』라고 한다. 백조를 안고 있는 기사가 탄 배의 모형으로 모형 안에 사람이 들어가 배를 움직이도록 장치가 돼 있었다. 만드는 방법이 당시의 요리책에 적혀 있는데 백조도 기사도 배도, 양피지와 깃털 및 동물의 털, 목재로 만들어져 먹을 수 있는 부분은 없는 것 같다. 1343년 프랑스의 아비뇽 교외에 법왕 클레멘스 6세가 초대되었을 때에는 『와인의 분수』가 공개되었다. 원주 하나에 분출구가 5개 나 있어 다섯 종류의 와인이 뿜어 나오게 한 것으로 연회에 굳이 나오지 않아도 될 것 같은 물건이다.

15세기 말, 독일의 힐덴스하임 시장의 모임에서 『성』이라고 하는 작품이 전시되었다. 이것은 네 개의 탑을 가진 거대한 성의 모형으로 네 명이 끄는 가마처럼 만들어져 있다.

성의 중앙에는 『사랑의 샘』이라고 하여, 장미수와 와인이 뿜어 나오게 되어 있다. 구운 공작과 백조에 가죽을 씌워 살아 있는 것처럼 보이게 한 것이 얹어져 있고, 모형으로 만든 괴물의 입에서는 장뇌를 사용한 뜨겁지도 않고 옮겨 붙지도 않는 불이 나오게 되어 있다. 거기에 장막 뒤에 숨어 있는 아이들이 악기와 노래로 손님들을 즐겁게 한다. 이 앙트르메는 먹을 수 있는 부분도 있어서 여러 가지 동물을 흉내낸 다진 고기 요리, 메인이라고 생각되는 조리된 꼬치고기 등이 있었다.

힐덴스하임의『성』

15세기 말, 독일의 힐덴스하임 시장의 모임에 등장한 앙트르메.

중앙에는 『사랑의 샘』이라고 하여, 장미수와 와인이 뿜어 나오게 되어 있다.

장막 뒤에 숨어 있는 서너 명의 아이들이 피리와 하프를 연주하거나 노래를 불렀다.

조리해서 다시 가죽을 씌운 공작과 백조가 놓여 불을 뿜는다.

파테로 만든 사과나 항아리, 누에콩도 있다.

투구를 쓴 곰의 머리와 용의 모형이 있어 장뇌를 이용해 불을 뿜게 했다.

무대의 네 구석에는 베로 만든 회색 탑이 있다. 안에는 불이 켜져 있으며 무장한 병사모형이 배치되었다.

구이 | 조림 | 튀김

불이 닿는 장소에 꼬리부분은 튀기고, 배 부분은 조리고, 머리는 구운 커다란 꼬치고기가 놓여져 있다. 먹는 것도 가능.

넓은 정원인 받침대에는 조리한 새끼돼지와 고슴도치, 틀로 만든 야생토끼, 멧돼지, 돌고래, 가재, 야생메추리의 케이크가 놓여졌다.

베이스는 네 명이 지는 가마. 장막이 쳐져 있어 성을 지고 있는 사람들은 감춰져 있다. 장막에는 파도와 거품이 그려져 있고, 파도 사이에는 여러 종류의 물고기와 성을 공격하려고 하는 갤리선도 그려져 있다.

와인제조를 독점한 수도원

와인은 최초는 자가제였고 특히 산지라면 누구나 포도밭을 가지고 있었다. 그러다 이윽고 수도원이 와인을 대량생산하게 되었다.

●물 대신 술을 마셨던 중세인들

11세기 이후, 와인은 각국의 수도원에서 만들게 된다. 영지에는 포도를 심고, 양조장이 만들어졌다. 의식에 필요한 와인 생산이 사업화되는 건 필연이었다. 수도원에서는 치즈와 버터의 생산, 양봉도 이루어졌다.

당시의 교회는 유럽 전역을 석권하는 일대 세력으로 영지의 백성들에게서 세금을 걷었다. 사업의 기반이 잡혀있는 데다가 와인이나 치즈를 팔아 돈을 벌기 때문에 당시에 돈을 제일 많이 가지고 있는 조직이었다. 12세기 말의 교회에서는 수도승에게 하루에 250ml의 와인을 지급했다고 한다.

그렇다고 해도 수도승들이 술에 취해 있었던 건 아니다. 원래 유럽의 생수는 몸에 좋지 않아 와인은 물 대신으로 마셨다. 적어도 18세기 후반에 가격이 상승하기 전에는 농민도 와인을 마셨다.

아이들은 물을 타서 연하게 한 와인을 마셨고, 고용인은 와인을 만들고 남은 찌꺼기에 물을 탄『피케트』를 마셨다.『멜 구드』는 포도즙이나 통에서 넘친 와인을 말한다. 크리스마스용으로는 벌꿀과 향신료가 들어간『넥타르』가 있었고 약초가 들어간 와인은 약으로 이용되었다.

특수한 곰팡이가 핀 포도로 만든 달콤한 귀부와인은 독일과 프랑스와 헝가리의 일부 지역에서만 생산되는 귀중품이다. **샴페인**은 17세기 말, 시행착오 끝에 완성시킨 발포 와인으로, 샹파뉴 지방 이외에서 만들어진 와인은『뱅 무스』라고 부른다.

주조기술이 미숙했기 때문에 당시의 와인은 장기보존이 불가능했다. 1년이 넘으면 다음해의 와인에 섞거나 향신료나 허브를 섞어서 마셨다. 놔두면 식초가 되어 그건 그것대로 사용할 수 있었다. 또한 와인통을 지하에 놔둬 따뜻하게 함으로써 달게 만들거나 도수를 높이기도 하였다.

와인과 수도원

11세기부터

와인 제조는　　자가제조 ➡ 수도원

의식에 필요한 와인 생산이 사업화되는 건 필연입니다.

10~12C

생수는 몸에 나쁘다　그러니까　와인은 식수 대용

누구나 마시고 있던 『생활필수품=마시는 물』을 교회가 장악하게 되었다.

여러 가지 와인

어린이용	물을 탄 와인
고용인용	와인을 만들고 남은 찌꺼기에 물을 탄 피케트
병자용	약초를 넣은 와인
크리스마스용	벌꿀과 향신료가 들어간 넥타르

고급스러운 특이한 와인

발포와인	상파뉴 지방의 샴페인
귀부와인	특수한 곰팡이가 핀 포도로 만든 달콤한 와인

❖ 소믈리에의 기원

　와인의 맛을 평가하는 소믈리에가 태어난 곳은 나폴리이다. 당시에는 음식에 독을 몰래 넣어 암살하는 것이 빈번했기 때문에, 소믈리에의 제일 큰 목적은 와인의 관리였다.

　독을 판별할 때는 『유니콘의 뿔』과 『뱀의 혀』가 사용되었다. 유니콘의 뿔은 바다생물인 상광어의 뿔로, 독이 들어가 있으면 와인에 거품이 난다고 여겨졌다. 뱀의 혀는 뱀가죽으로 만든 칼로 뱀의 독에 반응한다고 믿었다.

　당시의 와인은 점성이나 산미가 있어 지역이나 시대에 따라 물에 타서 마셨다. 또한 참석자는 각각 좋아하는 와인을 고르기 때문에 각각의 독을 판별할 필요가 있었다.

용어해설

●샴페인→최고급의 샴페인으로 알려진 돔 페리뇽은 샴페인을 발명한 피에르 페리뇽에서 유래된다.

야생미 넘치는 지비에와 거세한 닭

야생동물의 고기는 『지비에』라고 불리며 오늘날의 일본에도 인기가 있다. 중세 초기의 사람들은 야생동물을 가축과 비슷할 정도로 먹었고 독특한 맛이 있는 고기를 좋아했다.

●야생의 고기를 배불리 먹었던 중세귀족

10세기까지는 누구나 사냥을 할 수 있었지만 나중에는 귀족의 특권이 된다. 사슴, 들토끼, 멧돼지, 말코손바닥사슴, 영양, 야생양, 야생염소, 곰, 대형과 소형 새들이 사냥의 대상으로 특이한 것으로는 황새와 수달이 있다. 모두 비슷하게 조리했지만 야생 동물의 고기에는 **흥분작용과 강장작용이 있다**고 여겨졌다.

사냥을 할 때 개에게 쫓게 하는 것은 사냥감을 지치게 해 고기를 부드럽게 하기 위해서였다. 가축이 아닌 동물의 고기는 질기다.

또한 유럽에서는 전통적으로 사냥으로 잡은 커다란 동물은 하루쯤 지난 뒤에 먹는다. 도망가는 짐승의 근육에는 유산이 다량으로 함유되어 있어, 중독을 일으킬 우려가 있기 때문이었다. 시간이 지나면 유산은 증발하고 숙성된 고기도 맛있어진다. 하지만 새고기는 수분이 많아 죽은 뒤 바로 부패가 시작되기 때문에 빨리 먹는 게 좋다.

중세에는 제대로 피를 빼는 습관은 없었기 때문에 고기는 오늘날에 비해 누린내가 나고 맛이 없었을 거라 생각된다. 거기다가 1300년 전후의 요리책에서 고기의 풍미를 강하게 하기 위해 며칠 동안 방치해 썩게 하거나, 고기에 닭이나 거세한 닭의 피를 바르도록 하라는 지시가 있다.

●거세한 닭은 최고의 진미

거세한 수탉은 부유층이 즐겨 먹었던 가금류이다. 병아리 때에 정소를 없애버리면 살집이 잘 붙는다. 지비에와 대조적으로 사람의 손으로 만든 식재료이지만 건강에 좋고, 성격도 좋아지고, 한센병에 효과가 있으며, 뇌를 먹으면 코피가 멎고, 사람의 뇌를 성장시키는 데다, 감각을 날카롭게 하는 등의 효과가 있다고 믿었다. 거세한 동물은 일본에서는 찾아보기 어렵지만 유럽에서는 지금도 인기가 있는 식재료다.

야생동물(지비에)와 게세한 닭

야생동물(지비에)

흥분작용과 강장작용이 있다고 여겨졌다.

개에게 사냥감을 쫓게 하는 것은 지치게 해 고기를 부드럽게 하기 위해서였다.

도망가는 짐승의 근육에는 유산이 다량으로 함유되어 있어, 먹으면 중독을 일으킨다.

경험에 의해 고기는 하루쯤 지나고 나서 먹었다. 시간이 지나면 유산은 증발하고 숙성된 고기도 맛있어진다.

피빼기와 풍미

중세에는 제대로 피를 빼는 습관은 없었다.
그렇기 때문에 고기는 오늘날에 비해 누린내가 나고 맛이 없었을 거라 생각된다.
하지만 당시의 요리책에는 다음과 같이 써 있다.

고기를 며칠 동안 방치해 썩게 해서 풍미를 강하게 한다.
닭이나 거세한 닭의 피를 고기에 바르면 맛이 깊어진다.

➡ 고기의 풍미는 더욱더 강해졌다.

거세한 닭

거세한 수탉은 부유층이 즐겨 먹었던 가금류이다. 거세를 하면 살이 찌기 쉬워지고 살집이 잘 붙는다.
유럽에서는 지금도 인기가 있는 식재료.

믿고 있었던 약효들
· 건강에 좋다
· 성격이 좋아진다.
· 한센병에 효과가 있다.
· 뇌를 먹으면 코피가 멎는다.
· 사람의 뇌를 성장시킨다.
· 감각을 날카롭게 한다.

✤ 중세귀족들의 소동과 향신료에 관한 이야기

중세의 귀족들은 떠들썩한 소동을 일으키고 식사 때 비싼 향신료를 물처럼 쓰는 일도 있었다. 당시는 전염병이나 굶주림, 전쟁 등으로 쇠퇴하여 모두가 공포나 사회 불안을 안고 있었다. 그래서 귀족들은 소동을 일으켜 불안감을 없애려 했다고도 이야기한다. 그리고 중세인들은 향신료에 대해 동화 같은 이야기를 지어냈다.

후추알이 까만 것은 탔기 때문이라는 이야기이다. 산지에서 후추나무는 뱀이 지키고 있어 뱀을 퇴치하기 위해 불을 질러 후추도 탔다는 이야기이다. 또한 계피는 피닉스의 둥지에 있다고 여겨졌다.

용어해설

●흥분작용과 강장작용이 있다→이 생각은 옳다.

유럽의 계란 요리법과 점

닭이 있으면 쉽게 구할 수 있고 여러 가지 요리에 이용할 수 있는 계란은 중세에서도 인기로, 오늘날과 거의 다르지 않게 사용되었다.

●손쉽고 폭넓게 사용되는 식재료

계란은 영양가가 높은 인기식재료였다. 하지만 닭 자체가 고급식재료였기 때문에 계란도 싸지는 않았을 것이다. 또한 닭 이외의 새의 알도 식탁에 올라왔다.

계란요리는 삶거나, 계란후라이를 만들거나, 스크램블에그 등은 물론, 다진 고기나 생선이나 건포도를 넣은 오믈렛, 계란 흰자만을 사용한 팬케이크가 꼽힌다. 좀 더 손이 가는 요리라면 사프란으로 색을, 세이지로 향을 더해, 닭뼈로 국물을 내고 잘게 찢은 빵, 계란이 들어간 고기완자에 계란을 풀어 넣은 수프가 알려져 있다. 계란 노른자는 꼬치구이의 고기에 윤기를 내거나 과자에 노란색을 낼 때에도 사용되었다. 커스터드 크림이나 수플레 같은 계란과자도 의외로 옛날부터 있었다.

●계란점

중부 유럽에 잘 알려진 풍습으로 계란을 사용한 여러 가지 점이 있다. 생명을 암시하는 알이었기 때문에 점에도 사용되었던 모양이다.

예를 들어 연간 날씨점이 있다. 크리스마스 이브에 12개의 계란껍질에 1~12의 숫자를 써놓고 소금을 채운다. 이걸 다음날까지 방치하고 소금이 젖으면, 그 계란의 숫자가 적힌 달은 비가 올 거라고 여겼다.

크리스마스 미사의 교회 종이 울리는 사이에, 개울에서 떠온 물을 넣은 냄비에 알을 깨서 넣는 방법도 있다. 떠오른 생란의 형태로 앞날을 점친다. 크리스마스 이브의 계란점 중 그날에 먹는 계란의 노른자가 쌍란이라면 행운이 온다는 간단한 점도 있었다.

바바리아 지방에서는 어린 암탉이 처음으로 낳은 알을 차가운 물 속에 깬다. 노른자의 형태가 딸의 결혼상대를 암시한다고 생각했다.

중세의 계란 조리법

• 다진 고기나 생선이나 건포도를 넣은 오믈렛.
• 계란 흰자만을 사용한 팬케이크.

• 스파이스와 허브로 맛을 낸 고기완자가 들어간 계란 수프.

• 삶은 계란.
• 계란후라이.
• 스크램블에그.

자, 바를게.

• 계란 노른자를 요리에 바른다. 꼬치구이의 고기에 윤기를 내거나 과자에 노란색을 낸다.

• 커스터드 크림, 수플레 같은 과자.

계란점

계란을 사용한 여러 가지 점. 중부 유럽에서 퍼진 풍습.

●연간 날씨점

크리스마스 이브에 12개의 계란껍질에 월을 나타내는 1~12의 숫자를 써놓고 소금을 채운다. 다음날까지 방치해서, 소금이 젖은 계란의 달은 비가 올 거라고 여겼다.

●크리스마스의 냄비 계란점

크리스마스 미사의 교회 종이 울리는 사이에, 개울에서 떠온 물을 넣은 냄비에 알을 깨서 넣는다. 떠오른 생란의 형태로 앞날을 점친다.

●크리스마스 이브에 먹는 계란의 노른자가 쌍란이라면 행운이 온다.

좋았어~

●어린 암탉이 처음으로 낳은 알을 차가운 물 속에 깬다.

노른자의 형태가 딸의 결혼상대를 암시한다.

먹으면 안 되는 고기와 단식일

기독교가 지배하는 중세사회에서 사람들을 질리게 한 것이 빈번히 있는 단식일이었다. 이 날은 고기나 유제품을 먹을 수 없었다.

●왕후귀족도 민중도 싫어했던 단식일

기독교는 유대교처럼 금기된 식재료가 많이 있었지만 신자들의 불만이 많아 9세기에는 모든 식재료(특히 고기)의 식용허가가 내려졌다. 유럽 사람들이 **습관적으로 피하는 고기**도 있었다. 개과와 고양이과의 동물 전반, 족제비와 쥐, 원숭이, 코끼리, 맹금류, 까마귀, 말과 당나귀는 따로 금지하지 않아도 먹지 않았다.

기독교는 **단식일**이 있다. 시대와 지역에 따라 다르지만. 사순절, 사계절의 축제일, 축일의 전날, 그리고 매주 금요일이 그것으로 연간 약 93일 정도이다. 이 날은 해가 진 후에만 식사를 할 수 있었지만 동물이나 **새고기**, 유제품, 계란 등은 금지로 사람들은 그 대신 **생선**이나 **채식요리**를 먹었다. 그렇기 때문에 고기를 먹고 싶었던 귀족이나 서민들은 단식일을 싫어했다.

참고로 단식일은 어린이, 노인, 병자, 여행자나 중요한 일을 하고 있는 사람들은 면제가 된다. 기근 시에도 면제된다. 반대로 승려는 1년내내 육류를 먹으면 안 된다. 이러한 종교적인 제약이 중세의 식문화에 영향을 준 것은 말할 것도 없지만 예외적으로 언제나 먹어도 좋은 고기가 있었다.

예를 들어 북유럽에서 독일에 걸쳐 많이 서식하는 비버는 털가죽도 채취하지만 고기는 다랑어와 장어 같은 맛이 나고 꼬리가 특히 맛있다고 한다. 비버는 동물과 물고기의 중간적인 생물이라고 여겨져 특히나 독일에서는 고대로부터 16세기까지 즐겨 먹었고 수도사도 맛있게 먹었다. 또한 북유럽의 검둥오리도 형태가 과실이나 조개와 닮았다고 하여 단식일에 먹어도 되는 고기였다. 실은 억지를 써서라도 고기를 먹고 싶었을 것이다.

후에 르네상스와 종교개혁을 거치면서 기독교의 규범은 느슨해졌다. 특히나 프로테스탄트 국가에서는 단식을 하지 않게 되어, 생선을 전혀 먹지 않는 사람도 많아졌다.

단식일에 먹어도 좋은 것, 안 되는 것

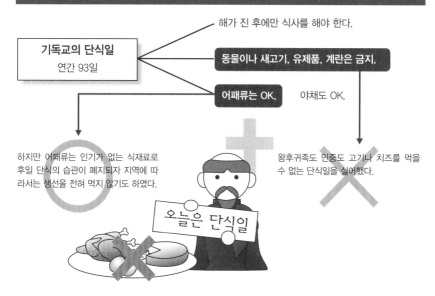

기독교의 단식일
연간 93일

해가 진 후에만 식사를 해야 한다.

동물이나 새고기, 유제품, 계란은 금지.

어패류는 OK.　　　야채도 OK.

하지만 어패류는 인기가 없는 식재료로
후일 단식의 습관이 폐지되자 지역에 따
라서는 생선을 전혀 먹지 않기도 하였다.

왕후귀족도 민중도 고기나 치즈를 먹을
수 없는 단식일을 싫어했다.

오늘은 단식일

단식일에 예외적으로 먹어도 되는 고기

비버
왜냐하면 비버는 동물과 물고기의 중간적인
생물이라고 여겨졌기 때문이다.

북유럽에서 독일에 걸쳐 많이 서식했다. 특히
나 독일에서는 고대로부터 16세기까지 즐겨
먹었고 수도사도 일상적으로 먹었다. 다랑어와
장어 같은 맛이 나고 꼬리가 특히 맛있다(는 것
같다).

검둥오리
왜냐하면 과실이나 조개와 비슷하다고 여겨졌기
때문이다.

삿갓조개가 각도에 따라 거위로 보이는 것에서
『검둥오리는 바다에서 떠도는 나무토막에 붙은
삿갓조개에서 태어난다』라는 전설이 있었다. 또
한 지방의 전설에는 『검둥오리는 물에 떨어진 씨
앗에서 자라난 나무의 과실』이라는 것도 있다.

- ●습관적으로 피하는 고기→맛있는 고기도 있지만 대부분은 『냄새나는 고기』라고 하여 맛없는 고기였다.
- ●단식일→재판에서도 벌로서 특정일에 단식을 하게 하는 경우도 있었다.
- ●새고기→그중에서도 물새는 새와 물고기의 중간적인 동물이기에 먹어도 좋다고 하는 경우도 있었다
- ●생선→단식일은 금욕일에서 유래한다. 생선은 색욕을 불러일으키지 않는다고 하여 먹어도 좋다고 여겨졌다.
- ●채식요리→예를 들어 치즈가 들어가지 않은 『치즈 향의 파이』가 알려져 있다.

서민을 지긋지긋하게 했던 소금절임 청어

중세에서 근대에 이르기까지 많은 사람들이 종교상의 이유로 소금에 절인 청어를 먹고 있었다. 그것을 모두가 지긋지긋해 했다는 기록이 많이 남아 있다.

●생선은 고기보다 못하다고 믿었던 시대

번식력이 강하고 대량으로 잡히는 물고기는, 시대나 지역에 관계없이 서민의 음식인 경우가 많았다. 기독교에서도 물고기는, 성서에서 장려된 식재료로 성직자들은 늘 먹고 있었다. 하지만 일반인들은 좋아하지 않았다.

고기는 사람에게 힘을 준다고 믿고 있었다. 고기의 붉은 살과 지방은 긍정적인 이미지로 먹은 사람의 기분을 좋게 한다. 반대로 생선의 흰 살은 차가운 이미지로 먹은 사람을 우울하게 한다고 여겼고, 의사들도 생선은 영양이 떨어진다고 말했다. 그래서 결국은 유럽에서 생선은 절제와 고행을 의미하게 되면서, 단식일에는 사회 전체가 생선을 먹었다.

처음에는 민물고기와 바다물고기가 있었지만 상황이 변하게 된다. 중세 말에는 어업기술이 발전하여 민물고기는 남김없이 잡아버리게 되었다. 그물의 눈을 크게 하는 등 자원보호를 위한 법률도 시행되었으나 **민물고기는 전멸하여** 엄청난 가격이 되었다. 1260년~1420년 사이에 양고기는 인플레로 75%가 올랐으나 민물고기는 16배나 올랐다.

바다물고기에 의지해야만 했는데 그중에서 유망한 것은 대량으로 잡을 수 있는 청어와 대구였다. 하지만 이 생선들은 잡을 수 있는 기간이 짧고 썩기 쉬웠다.

1350년경, 네덜란드의 어부 뷔렘 붓켈존이 청어를 배 위에서 통에 담아 보존하는 방법을 발명했다. 잡으면 바로 내장을 제거하여 소금물에 담그는 이 방법은 옛날에도 쓰였던 방법으로 재발견되었다고 할 수 있다. 이렇게 해서 북해와 대서양의 소금절임이나 훈제 청어, 노르웨이의 말린 대구, 거기에 아드리아해의 소금에 절인 장어 등의 해산물이 내륙까지 운반가능하게 되어 이것들은 긴 단식일의 주요한 식재료가 되었다.

또한 **생선의 소금절임**을 먹으면 목이 말라지기 때문에 선술집이 번창하게 되었다. 단식일에 향신료나 과자, 당류, 술을 섭취하는 건 문제가 없었다.

투덜거리며 생선을 먹었던 중세인?

중세인은 대체로 생선보다 고기를 좋아했다.

고기는 힘이 난다.

기분이 좋아진다.

붉은 살, 지방

생선은 차가운 느낌

우울해진다

13~14C

흰 살

하지만 고기는 구하기 힘들고 단식일
에는 먹으면 안 된다.
그래서 생선을 먹었다.

의사도 생선은 영양이
떨어진다고 말했다.

소금에 절인 청어

민물고기를 너무 많이 잡아서 전멸.
잘 잡히는 바다물고기에 의지해야 했다.

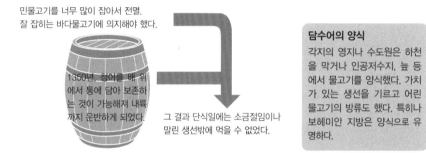

1350년, 청어를 배 위
에서 통에 담아 보존하
는 것이 가능해져 내륙
까지 운반하게 되었다.

그 결과 단식일에는 소금절임이나
말린 생선밖에 먹을 수 없었다.

담수어의 양식

각지의 영지나 수도원은 하천
을 막거나 인공저수지, 늪 등
에서 물고기를 양식했다. 가치
가 있는 생선을 기르고 어린
물고기의 방류도 했다. 특히나
보헤미안 지방은 양식으로 유
명하다.

왕후귀족이 먹었던 생선과 생선요리

서민은 소금에 절인 청어와 말린 대구를 지긋지긋하게 먹었지만 부유층은 맛있는 생선이나 지방이 많은 생선을 먹었
다. 생선구이, 생선조림, 배를 채운 생선요리, 튀김을 만들어 계란이나 후추로 맛을 내었다.

철갑상어	소나 말의 가격의 반 가격에 거래.
은대구	가격은 청어의 30배. 오늘날은 저렴하다.
고래의 지방	동물성지방을 사용할 수 없는 단식일에 중요.
지중해의 다랑어와 황새치	다랑어에서는 알, 붉은 살, 얇게 저민 살 순서로 비쌌다.
장어	선도가 떨어지기 쉽기 때문에 중요. 우유에 조리는 요리가 유명하다.
굴	프랑스에서 즐겨 먹었다. 빼낸 살을 소금물과 식초에 담가 각지에 운반한다. 하지만 생굴을 14~18세기에는 전혀 먹지 않았다.
진미	고래의 혀나 바다표범, 이국의 진미로서 세르비아의 『생선젤리 곁들임』, 알바니아의 숭어알 절임.

용어해설

● 민물고기는 전멸했다→강에 진흙이 끼어 물 흐름이 느려져 수온이 올라 물고기가 일시적으로 줄었다고도 한다.
● 생선의 소금절임→ 주로 머스터드와 함께 먹었다. 다른 향신료는 사용하지 않았다.

중세 사람들의 식사횟수

중세 사람들 하루의 식사횟수는 2회로, 초기 로마처럼 점심식사가 정찬이었다. 하지만 긴 역사 속에서 그 횟수나 시간은 변화해 갔다.

●아침을 먹어도 되는 건 노동자뿐

중세 사람들은 공식적으로는 점심과 저녁, 두 번의 식사를 했다. 예외로는 노인과 어린이, 병자는 아침을 먹어도 되었다.

몇시에 먹는지는 지역에 따라 수시간 정도의 차이가 있지만 점심식사가 정찬으로『디너』라고 불리고 해가 진후에는 가벼운 저녁식사인『사바』를 먹었다.

『디너 타임』은 새벽에서 9시간 후로 정해졌는데 이 기준은 로마 문화에서 익힌 것이다. 처음에는 12시~15시 사이에 예배를 보고 그 뒤에 식사를 했다. 나중에 예배와 식사는 정오로 통일되었다.

사바에서 다음날 디너까지의 시간은『퍼스트』다시 말해『단식』이라고 불렸다. 15세기 이후에 도입된『블랙퍼스트』라는 아침식사는『단식을 그만둔다』라는 뜻의 단어였다.

교회는 과식을 금하는 의미에서 식사를 두 번으로 정했고, 사회적으로도 소식이 좋다고 여겼다. 하지만 노동자나 농민 등의 육체노동자는 몸이 버티지 못하기 때문에 아침에도 식사를 했다. 때로는 4~5회의 식사를 했고 그 때문에 천하다고 멸시당했다. 노동자만큼은 아니지만 서민은 3~4회 정도 먹었던 것 같다. 15세기가 되자 국왕은 공무가 많아짐에 따라 아침식사를 먹게 되었다. 그것을 보고, 사회 전체가 세끼를 공식적으로 먹게 되었다. 실제로는 그 이전부터 왕후귀족도 사이사이에 몰래 식사를 했던 것 같다.

18세기 부유층은 밤에 극장에 가는 것이 일상화되어 야행성 생활을 했다. 그래서 영국, 프랑스, 이탈리아는 사바가 24시, 23시, 21시까지 늦어지게 되었다. 동시에 디너도 18시나 19시로 늦어져 현재의 습관에 가까워졌다.

또한 오늘날 말하는『런치』는 노동자들이 일 사이사이에 쉬는 것을 의미하는 단어였다. 지금도 낮에 디너를 먹는 지역이 있다.

식사횟수와 식사시간

대식을 금하기 때문에 공식적인 식사횟수는 낮과 밤2회.
노인이나 아이, 병자는 조식을 먹어도 되었다.

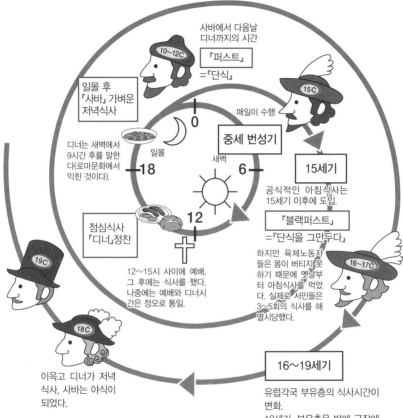

나라	디너	사바
프랑스	18시	23시
영국	19시	24시
이탈리아	14시	21시

영국의 변화는 런던뿐, 지방에서는 11시
였던 디너가 14시로 늦춰졌다. 스페인은
늦춰지지 않았다.

런치는 최후의 변화

오늘날의 점심식사= 런치 는 노동
자들이 일 사이사이에 쉬는 것을 의
미하는 단어였다.
지금도 런치 없이 낮에 디너를 먹는
지역이 있다.

중세의 빵 사정

유럽 사람들의 주식은 물론 빵이었지만 귀족과 서민은 먹는 빵이 달랐다. 북부 프랑스나 영국 등 죽을 주로 먹는 지역도 있었다.

●빵이 식사의 기본이 되었다.

알이 작고 탈곡 등 손이 가는 곡물을 세계의 많은 사람들은 어째서 주식으로 선택했을까. 물론 수확량이 많다는 이유도 있겠지만 끓이면 단맛이 나오기 때문이라는 설도 있다. 인류는 단맛을 얻기 위해서라면 많은 노력을 기울여왔다.

고대 유럽에서는 흉작이 나기 어려운 엠마밀이나 스페르트밀을 주로 재배했지만, 이러한 종류의 곡물은 탈곡작업이 힘들고, 수확량도 반으로 줄어든다. 그래서 소맥이 **주류작물이 되었다.** 농촌에서는 귀리, 라이밀, 대맥, 스페르트밀, 기장, 수수 등을 심었다. 여러 종을 심는 것은 날씨가 나빠졌을 때 살아남는 식물을 늘리기 위해서이다.

켈트인 등 북방 사람들은 전통적으로 기장을 좋아하여, 소맥을 수확하면 팔고 자신들은 오트밀(우유죽) 등을 먹었다.

밀은 죽으로도 먹을 수 있지만 공정을 더하면 빵이 된다. 로마 붕괴의 혼란이 지난 후 빵 직인은 6세기부터 나타나기 시작했다. 빵집을 하기 위해서는 길드의 시험에 합격하여 마스터가 되어야 했다. 빵집은 어부의 마스터나 정육점과 마찬가지로 일정한 사회적 지위가 있었다.

옛날에는 나무와 흙으로 만든 집이 많아 화재를 방지하는 의미로 빵가마는 개천가에 지어졌다. 그렇게 해야 한다는 법률도 있었지만 가루를 빻는 물방앗간도 강가에 있었기 때문에 그것이 합리적이었다. 나중에는 석조건축이 늘어나 1415년에는 빵집과 빵가마, 제분소는 시내에 지어도 괜찮아졌다.

인구나 급격히 늘어나 고기가 유통되지 않게 되자, 사람들은 빵만 먹었다. 1일 최저 400g, 많게는 1kg을 먹었다. 부유층은 빵을 접시로 사용하는 경우도 있어 식용 빵이라도 개나 빈민에게 나눠주었다. 하지만 빵만을 먹게 되자 비타민 부족을 야기하여 눈병, 피부병, 구루병 등이 생기게 되었다.

농촌에서 키웠던 곡물

주력은 **소맥** 제일 맛있고 효율이 좋다.

그 외에도 여러 가지 곡물, 잡곡을 심었다.

귀리, 라이밀, 대맥, 스페르트밀, 기장, 수수

일부러 여러 종을 심는 것은 날씨가 나빠졌을 때 살아남는 식물을 늘리기 위한 것.

죽을 좋아한 켈트인

북방 사람들은 전통적으로 기장을 좋아했다. 소맥을 수확하면 전부 팔고 자신들은 오트밀(우유죽)을 먹었다.

중세 빵 직인의 출현

8세기	빵 직인이 이 시기에 나타났다.
1415년까지	화재방지를 위해 가루를 빻는 물방앗간과 빵가마는 같이 개천가에 지어졌다.

6~9C

15C

길드의 시험에 떨어지면 빵집을 할 수 없다.
빵집은 일정한 사회적 지위가 있었다.

인구나 급격히 늘어나 고기가 유통되지 않게 되자, 사람들은 빵만 먹었다.
빵만을 먹게 되면서 비타민 부족이 일어나 눈병, 피부병, 구루병 등이 생기게 되었다.

❖ 오래된 빵밖에 먹을 수 없었던 농민

시간과 노력과 자원의 절약을 위해 농민은 빵을 아주 가끔씩 구울 수밖에 없었다. 극단적인 케이스로 알프스 근처의 마을에서는 1년에 1~2번 정도만 빵을 구웠다. 커다란 도넛형으로 구워, 두꺼운 껍질로 속을 보호했다. 라이밀을 섞어도 빵은 장기보존을 할 수 있다.

『2주일 전의 빵은 3주일 분의 공복』이라는 속담이 있을 정도로 오래된 빵은 맛이 없었다. 하지만 맛이 없으면 많이 먹지 않아 절약이 되고 돈을 모을 수 있기 때문에 좋게 생각했다. 빵이 딱딱한 것은 오히려 당연하게 여겼으며, 음료에 적셔서 먹는 것이 상식이었다.

16세기 이후에는 빵의 대용품으로 감자, 메밀, 옥수수, 쌀 등이 생산 가능하게 되었다. 기록이 많이 남아 있지는 않지만 세금이 부과되지 않기 때문에 흔히 재배되어 가축의 사료로도 쓰여졌다. 하지만 『빵을 먹지 못하는 사람은 비참하다』라는 인식이 지배적이었기 때문에 대용품을 즐겨 먹지는 않았다.

용어해설

● 주류 작물이 되었다→3세기까지 유럽의 소맥은 로마에 운반되어 소비되었다. 이후에도 한동안은 지역의 부유층만이 소맥을 먹고 서민은 잡곡을 먹었다.

겨울이 오기 전에 만드는 소금에 절인 고기

식량에 여유가 있는 지역이라도 겨울에는 집 안에 틀어박혀 지낼 수밖에 없다. 소금이 싸지는 않았지만, 겨울을 넘기기 위해선 소금에 절인 고기가 필수였다.

●사실 햄과 베이컨은 같은 음식

중세 유럽에서는 겨울에는 가축을 기를 사료가 없기 때문에 가을에 식육으로 만들어 보존했다. 일반적인 것이 돼지로, 해체한 고기를 소금절임하고 내장과 잡고기를 소시지로 만들었다. 이렇게 만들어진 보존식은 겨울 동안의 식료가 되기도 하였고 여행자들이 가지고 다니거나, 배에 실렸다.

참고로 보존식을 만들기 전에 나오는 돼지고기를 삶은 국물을 다른 가축이나 농작물에 주면, 새끼를 많이 낳거나 수확을 많이 한다고 여겼다.

햄이나 소시지를 만들 때에는 살균작용을 위해 향신료나 허브를 사용하기도 하였다. 당시에는 살균작용이 있는 **초석**이 사용되기도 하였다.

햄이나 소시지는 집안의 높은 곳에 매달아 뒀지만 사람이 앉는 장소 위쪽은 피했다. 그 옛날 떨어진 햄에 머리를 맞아 노인이 죽은 일이 있어 돼지의 저주라고 여겨졌다.

햄도 소시지도 오랫동안 장기저장하면 자가소화를 일으켜 액체가 돼 버린다. 이렇게 되면 **쓸 수가 없게 된다.**

중세의 소금에 절인 고기는 오늘날의 햄을 말한다. 하지만 당시의 것은 소금맛이 강하고 단단했기 때문에 끓여서 조리했다. 베이컨은 지금은 훈제고기를 뜻하지만 실은 햄이『허벅지살』, 베이컨이『삼겹살』을 의미하는 단어로 조리법은 같았다. 또한 베이컨은 프랑스어의『밧코』가 어원으로 햄을 지칭하는 말이었다. 베이컨과 햄은 원래는 같은 음식이었던 것이다.

햄은 게르만 민족의 발명품이라고 하지만 프랑스의 피레네지방에는 햄의 기원에 대한 전설이 있다. 그 옛날 소금호수에 돼지가 빠졌다. 빠져 죽은 돼지의 고기를 먹어보니 특히 허벅지살이 맛있었다고 한다. 그때부터 돼지를 소금물에 절여 햄을 만들게 되었다고 한다.

세계의 전통적인 육류 가공식품

소시지

고대부터 각국에서 만들었다. 장에 잡고기를 채워 넣어 밀봉해 부패를 늦춘다. 허브를 사용해 살균하거나 조미를 하기도 한다. 훈제를 하면 더욱더 오래 간다. 피를 채운 소시지를 블랙소시지라고 한다.

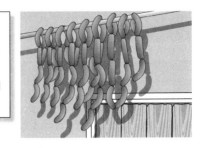

잔다름

프랑스산. 다진 소고기를 틀에 넣어 만든 햄으로 단면은 사각형이다. 다량의 후추를 사용해 강하게 훈제한다.

쵸리소

스페인 특산 파프리카나 고추가 들어간 매운 소시지. 돼지나 소고기로 만들고, 가볍게 건조시키는 경우도 있다.

피가텔루

코르시카 특산의 간소시지. 돼지 간에 소금과 후추를 넣어 다져서 장에 채워 4~5일 훈제한다.

메르게스

북알프스의 특산. 소나 양의 지방과 고기, 고추, 파프리카를 채운 소시지. 유대인도 먹을 수 있다.

처키

미국인디언들이 만들었던 말린 고기. 고기를 띠 형태로 잘라 소금물에 담근 후 햇볕에 말린다. 나중에 비프저키라는 이름으로 알려진다.

보르츠

몽고의 말린 고기, 얼리면서 말린다는 특이한 제조법을 사용한다. 완성된 소 한 마리 분의 말린 고기를 소의 방광에 저장한다. 군대의 식량으로서 중요시되었다.

용어해설
●초석→초석은 발암성물질로, 신선하지 않은 고기의 색을 깨끗하게 유지시켜 주기도 해서, 오늘날에는 사용하지 않는다.
●쓸 수 없게 된다→동양에서는 지역에 따라 녹은 소금절임 고기를 조미료로 사용하기도 했다.

중세시대에 야채도둑은 죄가 되지 않았다

중세인에게 있어서 야채는 친밀한 식재료가 아니었으며, 가난한 사람들이 어쩔 수 없이 먹었던 것이었다. 왕후귀족이 야채의 맛을 알게 된 건 16세기 이후였다.

●시대가 변하게 되어 다시 보게 된 식재료

중세 사람들에게 있어서 야채는 애매한 위치의 식재료였다. 야채는 세금이 부과되지 않는 식재료였기 때문에 농민들은 텃밭에서 재배한 야채를 즐겨 먹었다. 당시의 야채는 모든 **야생초**를 의미하여 독만 없다고 하면 무엇이든 생으로 먹거나 끓여 먹었다. 잡초와 야채의 경계가 애매하던 시기에 야채도둑은 죄가 되지 않았다.

순무, 양배추, 시금치, 무, 샐러드채, 당근, 회향, 래디쉬, 표주박 종류, 양파, 마늘, 쐐기풀, 엉겅퀴, 수영 등을 먹었던 기록이 있고 식재료가 부족한 겨울에 먹을 수 있는 야채도 많았다. 콩류나 메밀은 수확량이 많아 주식 대신으로도 이용되었다.

대항해시대가 되면 옥수수나 감자도 농민의 중요한 식재료가 되었다. 토마토나 고추 등도 나중에 들어온 야채이다. 고추는 스페인과 포르투갈에서만 통용되고 그 일종인 파프리카는 터키를 경유해 헝가리에 들어가 열광적으로 받아들여졌다.

샐러드로 먹을 경우, 양상추 양파, 제비꽃의 화분 등이 재료로 사용되고 식초와 기름과 소금으로 만든 드레싱을 뿌렸다.

수도원에서는 양배추, 시금치, 파, 허브 등의 각종 수프, 그리고 여러 종류의 콩과 양파를 넣은 수프를 먹었다.

부유층이 야채를 거의 먹지 않았던 것에는 이유가 있다. 가난한 농민의 주식이었고, 사체액설(No.052참고)에서는 병자의 음식으로 여겨졌다. 특히나 **생야채**는 손이 가지 않은 요리라 하여 경원시하였다. 그들이 야채를 먹게 된 것은 **음식의 의식개혁**이 일어난 16~17세기부터이다. 고기의 소비도 줄어들었고 이 시기에 맛이 없는 조류나 동물, 고래나 돌고래도 먹지 않게 되었다.

중세의 야채에 대한 개념

야채는
- 농민의 음식 .
- 텃밭에서 기르는 야채와 길가의 잡초.
- 잡초와 야채의 경계가 애매.
- 야채도둑은 죄가 되지 않았던 시대도 있다.

고대~중세의 야채

순무	양배추	시금치	무	샐러드채
당근	회향	래디쉬	표주박	
양파	마늘	쐐기풀	엉겅퀴	수영

야채는 식재료가 부족한 겨울에 중요하게 여겨졌다.
메밀, 콩류는 수확량이 많아 주식 대신으로도 이용되었다.

대항해시대 이후의 야채

옥수수	감자	고구마	호박
토마토	고추	파프리카	
가 더해진다			

부유층의 채식화

16~17세기, 음식의 의식개혁이 일어나 적극적으로 먹게 되었다.
고기의 소비도 줄어들었고 맛이 없는 조류나 동물, 바다동물도 먹지 많게 되었다.

❖ 토마토

1554년 페루에서 이탈리아에 토마토가 전해졌다. 처음에는 『포모도르』(황금의 사과)라는 이름으로 관상용이었다.

이탈리아에서는 곧바로 퍼졌는데, 본고장은 나폴리이다. 노점에서『베르미체리』(가는 면)를 삶아서, 끓인 토마토 즙과 치즈를 얹은 것이 토마토 보급의 시작이었다. 토마토 소스는 남부에서 중부까지 선호되었고 로마 북쪽은 화이트 소스가 선호되었다.

토마토는 유럽 전반에는 18세기까지 통용되었고, 북유럽에서는 19세기까지 먹지 않았다.

용어해설
- 야채→소화가 안 되는 셀룰로오스가 많은 식물은 오늘날에는 먹지 않지만 당시에는 잡초도 먹었기 때문에 배탈이 나는 사람도 많았다고 한다. 그것이 생야채를 싫어하는 원인 중 하나였다.
- 생야채→하지만 생야채는 이탈리아에서는 요리로 인정되었다. 의사 그에나리오는 샐러드는 체내를 정화한다고 하였다.

중세시대의 24시간 영업 레스토랑

당시 시골과 도시는 커다란 차이가 있었다. 시골 사람들은 산지에서 나는 식품을 먹을 수밖에 없었지만 도시에는 24시간 영업하는 경식당이 있었다.

●수요에 대응하는 공급, 남은 것들의 이용

외식산업의 역사는 의외로 오래되어서 중세에서는 런던과 파리의 노점 혹은 경식당이 유명하다. 12세기 후반 런던의 템즈강 한켠에는 이런저런 음식점이 24시간 운영되고 있었다. 부자들을 상대로 한 맛있는 요리부터 빈민들을 상대로 한 저렴한 요리까지, 뭐든지 있었다.

팔았던 요리들은 꼬치에 구운 고기, 튀긴 고기, 삶은 고기, 미트파이, 튀김, 죽, 크고 작은 생선, 와플 등 여러 종류가 있다. 제일 많았던 것은 **파테와 라구**를 파는 가게였던 것으로 보인다. 사슴고기 닭고기, 작은 새 등은 부자를 위한 것이었다.

한편 파리의 음식점에서는 『죽음의 계곡』이라 불리는 고기시장이 근처에 있었다.

당시의 고기 시장은 매일같이 하는 고기의 처리과정 냄새가 진동했기 때문에 그러한 무시무시한 별명이 있었던 것 같다. 당시의 정육점은 악취나 병 등의 공해를 막기 위해 가축을 모아서 거래했기 때문에 모여서 영업을 했다. 시장에서 동물을 해체해 나온 고기를 주변의 경식당에서 조리해서 판매했던 것이다. 아마도 잡고기가 많았을 것이다. 손님들은 시장의 노동자가 많았고 시장이 서는 날에는 시장의 한가운데에 고기를 굽는 노점이 열렸다.

참고로 런던의 음식점은 **1410년의 사건**을 계기로 야간 영업이 금지되었다. 어느 축제일의 밤에 거기서 식사를 하고 있던 영국의 왕자들이 사건에 휘말린 것이다. 신분이 높은 자도 평민이 드나드는 가게에서 식사를 즐겼던 것이다.

중세 초기에는 어느 나라에서도 식품업자라고 하면 **빵집**, 정육점, 방앗간, 와인이나 맥주의 양조업자뿐이었다. 하지만 도심은 눈부시게 발전하여 여러 가지 음식점이 생겼다.

중세의 노점과 경식당

12세기 후반~	런던의 템즈강 한켠에는 음식점 거리가 존재. 부자들을 상대로 한 맛있는 요리. 빈민들을 상대로 한 저렴한 요리. 뭐든지 있었다.
13세기	음식점 거리는 런던의 동쪽, 가난한 독신자들이 모이는 거리로 옮겼다.
1410년	사건 이 일어나 밤의 영업이 금지되었다.

몰래 식사를 하고 있던
영국의 왕자들이 사건에
휘말린 것이다.

덤비라구~

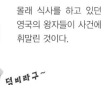

가게에서 팔던 것

꼬치고기	튀긴 고기	삶은 고기
미트파이	튀김	죽
생선	작은 생선	와플
파테	라구	사슴고기
닭고기	작은 새	

♣ 음식점의 부정

　사람들의 도덕의식이 낮아, 중세의 음식점이나 식품산업 관련자는 식품을 속이는 것이 당연하다고 생각했다.

　방앗간은 손님에게 곡물을 받아 가루를 낸다. 곡물을 조금 빼내도 모르기 때문에 속이기 쉽다.

　빵집은 손님에게 밀가루를 받아 빵을 굽지만 방앗간과 동일하게 밀가루를 빼낸다. 악질적인 경우에는 석고나 흙을 섞어서 빵을 굽는다.

　술집에 있는 와인은 상표 그대로가 아닌 싸구려 술을 속인다.

　고기집은 양가죽 밑에 공기를 넣어 부풀어오르게 해 살찐 것처럼 보이게 했다. 거세한 짐승의 고기나 돼지의 귀는 고가였지만 위장해서 팔았다. 다리고기는 말굽을 붙인 채로 파는 등 눈을 속였다.

용어해설
●파테와 라구→파테는 햄버거나 미트볼 같은 다진 고기요리. 라구는 미트소스 같은 음식, 혹은 끓인 요리를 말한다.

RPG에 나올 것 같은 스타일의 여관은 14세기부터

고대 로마 시대에 지어졌던 각지의 여관은 암흑시대에 무너져, 영주가 각자 재건할 필요가 있었다.

●중세 유럽의 숙박실태

고대 유럽에서는 관습으로서 여행자는 어디에 가더라도 3일간은 무상으로 숙박하며 불과 물, 여물 등을 **제공받을 수 있었다.** 고대 로마시대에는 식민지가 된 유럽에도 음식점이나 숙박이 생겼으나 게르만족의 대이동 같은 혼란이 있어 중세에는 완전히 없어졌다. **민박**이 나타난 것은 8~9세기, **공공숙박시설**이 나타난 것은 13세기 이후이다.

가게의 간판은 문맹이나 이방인도 알 수 있도록 그림으로 표시되었다. 녹색 가지, 왕관, 나무통의 테, 깃발 등이 있었고, 가게 이름은 성인이나 동물, 환수의 이름 외에도 여관 주인이 좋아하는 이름이 붙여졌다. 여관에는 와인이나 맥주, 빵, 치즈, 약간의 고기 같은 최저한의 식음료, 말의 여물과 물이 준비되었다.

1층이 식당 겸 주점, 2층이 침대와 장롱이 있는 방, 그리고 마구간도 있는, RPG에 나올 법한 숙박이 등장하는 것은 14~15세기가 되어서부터다. 숙박의 수용인원은 10~20명, 많게는 60명 정도였다.

당시 시골이었던 독일은 16세기가 되어서도 손님은 방 하나에 여러 명이 자야 했다. 숙박이 정비된 것은 선진국의 극히 일부분이었고 발칸제도 같은 변경에서는 19세기에 들어서도 제대로 된 숙박이 없었다.

여관을 이용하는 것은 순례자나 행상인이었다. 특히 이 시대의 행상인은 각국의 물자유통을 담당하는 중요한 존재였다. 여관은 도시에서는 몇 개, 대도시에서는 수십 개나 갖추고 있었다. 그것들은 도시의 입구 근처에 있어, 사람들이 모이기 때문에 환락가가 형성되었다.

이것과는 별도로 시골에서는 포도재배를 겸업으로 하는 작은 여관이 있었다. 시골 여관의 단골은 주변 농촌을 오가는 농민이나 원정 도중의 병사였다.

중세의 여관

중세 초 세계의 혼란에 의해, 그때까지 존재했던 각지의 여관은 소멸했다.

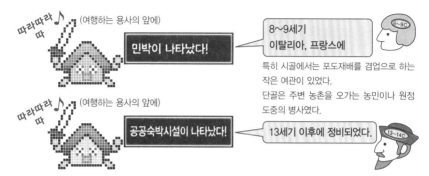

따라따라 따 ♪ (여행하는 용사의 앞에)

민박이 나타났다!

8~9세기
이탈리아, 프랑스에

특히 시골에서는 포도재배를 겸업으로 하는 작은 여관이 있었다.
단골은 주변 농촌을 오가는 농민이나 원정 도중의 병사였다.

따라따라 따 ♪ (여행하는 용사의 앞에)

공공숙박시설이 나타났다!

13세기 이후에 정비되었다.

14~15세기 서구의 여관 모습

도시의 입구 근처에 있어, 사람들이 모이기 때문에 환락가가 형성되었다.

간판은 누구나 알 수 있도록 그림으로 표시되었다.

1층이 식당 겸 주점. 식사는 와인, 맥주, 빵, 치즈, 적은 양의 고기 등 최저한을 준비.

수용인원은 10~20명, 많게는 60명.

이용객은 순례자나 행상인이 많다.

2층은 침대와 장롱이 있는 방.

마구간, 말의 여물과 물 등이 준비되었다.

도시에서는 몇 개, 대도시에서는 수십 개나 여관을 갖추고 있었다.

❖ 여관이 생길 때까지 여행자는 어떻게 했을까?

여행자는 그렇게 수가 많지 않지만 어느 시대에나 존재했다.

그들이 어디에 묵었냐 하면 부자들은 친구들에 의지하고 왕족은 가신을 데리고 다니며 같은 왕족이나 영주의 성을 방문했다.

성직자는 각지의 교회나 수도원 관련시설을 숙박으로 사용했다.

아무런 연고가 없는 평민이나 상인은 민가의 방을 어떻게든 빌리는 수밖에 없었다.

 용어해설

- ●제공 받을 수 있었다→하지만 음식은 일정의 신뢰관계가 있는 여행객이 무언가 교환을 하지 않으면 구할 수 없었다. 이에 반해 이슬람권에서는 여행자는 환영받았고 무엇이든 무조건 제공받을 수 있는 관습이 있었다.
- ●공공숙박시설→유복한 영주나 왕은 유통을 활발하게 하기 위하여 도로 한켠에 여관이나 여행자를 위한 음식점, 주점 등을 만들도록 했다.

집에 식당이 없었던 중세시기

오늘날에는 다이닝룸이 있는 건 당연한 일이지만, 중세 유럽에는 왕후귀족이라 하더라도 식당을 만드는 관습은 없었다.

●식당도 없었고 서민의 집은 굴뚝도 화덕도 가마도 없었다?

18세기까지 유럽의 가정에는 **식당**이라는 게 **없었던 것 같다.** 식사를 하는 테이블과 의자는 습관적으로 매번 정리를 했다.

테이블은 없지만 테이블보와 식기는 재산으로 취급 받아 부유층이 결혼을 할 때 혼수로 포함될 정도였다. 천은 당시 고가로 새하얀 테이블보는 귀중품이었다. 그에 비해 농가는 원래 방이 하나밖에 없었고 식사할 때 테이블과 의자를 펼쳐 식사를 한다. 잘 때에는 같은 방의 침대에 가족들이 전부 맨몸으로 들어가 혼숙을 했다.

식당이 중요시되지 않은 것은 중세 사람들이 바깥에서 주로 식사를 했다는 증거이기도 하다. 적어도 13세기에는 **피크닉**의 습관이 있었다는 걸 알 수 있다. 정확히는 귀족의 사냥에 부인들을 동행시켜 푸른 하늘 아래서 테이블보를 펼쳐 식사를 했던 것이다. 남편들이 잡아오는 사냥감을 기다리며 빵, 닭의 파테, 과자 등의 도시락을 준비했다. 사냥과 점심식사가 끝난 후에는 해가 질 때까지 야산에서 체스와 춤을 즐겼다.

주방은 어떤가 하면, 커다란 집에는 주방이 있고, 테이블 대신에 널빤지가 있었다. 왕궁에서는 화재를 두려워해 주방을 떨어진 곳에 지었기 때문에 요리는 운반하는 사이에 식었다. 그 때문에 후대에는 식당 옆에 요리를 데우기 위한 난로가 지어졌다.

농가는 중세 후기까지 굴뚝이 없어 화덕의 연기가 집안에 자욱했다. 도시에서는 외식을 하는 사람도 많아, 화덕이 있는 집은 40% 정도였다.

빵은 전용의 화덕이 아니면 굽지 못하였다. 농촌에서는 보통 영주의 집에만 있었고 그걸 빌려서 사용했다. 도시에서는 공용의 빵가마에 의뢰해 파이나 빵을 구웠다. 물론 부유층의 집에는 빵가마가 있어 매일 갓 구운 빵을 즐길 수 있었다.

유럽의 식당

식당　18세기 프랑스에서 첫등장

옛날 유럽의 집에는 식사전용의 방＝식당이라는 것이 없었다.
식사를 하는 방의 테이블과 의자는 매번 정리를 했다.

주방

옛날부터 있었고 작업대로서 판자가 있었다.
화재 방지를 위해 주방은 떨어진 곳에 있었다.
근대에는 식당 옆에 요리를 데우기 위한 난로가 지어졌다.
일반 농가는 굴뚝이 없었고 도시의 가정 중 화덕이 있는 집은 40% 정도였다.

피크닉　귀족의 사냥.
남녀가 밖에 나가 사냥만이 아닌
여러 가지 놀이를 즐겼다.

남자들은 사냥감을 잡는다.
부인들은 숲의 나무열매를 줍거나 테이블보를 펼치는 등 식사 준비.

푸른 하늘
아래에서 　→　식사

식후의 여흥으로서 해가 질 때까지 야산에서 놀거나 체스와 춤을 즐겼다.

도시락
• 빵
• 닭의 파테
• 과자

곰보버섯

♣ 유럽의 버섯

　화석으로 남기가 어렵기 때문에, 버섯을 언제부터 먹었는지는 정확히 나오지 않는다. 적어도 이집트인이나 로마인은 즐겨 먹었고 파푸아뉴기니에서는 힘과 용기의 근원이라고 여겨졌다. 맹독을 가진 종류도 있어 독버섯이 암살에 사용되는 경우도 있었다.

　중세인들은 천둥번개에서 버섯이 생긴다고 생각했다. 그들에게 있어서는 『비온 뒤에 성장하는, 꽃도 열매도 없는 신기한 식물』이었다.

　유럽의 숲에서는 여러 종류의 버섯이 채취되었고 특히 고급품으로 여겨진 것은 기원전 5세기의 그리스에서도 먹었던 트뤼플, 곰보버섯, 무스롱 등이다. 고대 파리에서는 말똥을 못자리로 하여 버섯을 재배했다.

용어해설

● 18세기→처음으로 식당이 생긴 것은 프랑스였다.
● 없었던 것 같다→어째서인지는 연구부족으로 알 수 없다. 게르만민족의 대이동 등의 혼란시대가 길었기 때문이라고도 한다.

중세시대 농가의 일상적인 메뉴

기록으로 잘 남아 있지 않은 농민의 생활이지만, 기근 때가 아니라면 빵에 와인, 수프와 치즈 등의 음식은 보장이 되었던 것 같다.

●매일 거의 같은 메뉴로 수프는 돌려가며 먹었다.

신분의 차이가 확실히 정해지면서 농민은 가능하면 숲의 근처에 살면서 곡물, 콩, 야채 등을 재배하고, 숲에서 돼지를 방목해 겨울이 되면 잡아서 먹거나 소금절임 고기를 만들었다.

농가의 식사로는 검은 빵, 와인, 치즈, 콩이나 야채를 끓여 뭉근하게 끓인 포타쥬 수프가 전형적이다. 북방이라면 빵이 죽으로, 와인이 맥주로 바뀐다. 수프에는 생선이나 아주 적은 양의 소금에 절인 고기가 들어 있었을지도 모른다. 허브를 구할 수 있으면 조금은 맛이 좋아졌을 것이다.

농가에서는 수프 등의 따뜻한 음식은 하나의 그릇에 담아 식탁에 올려 가족들이 돌려 먹었다. 15~16세기까지는 숟가락이 없었기 때문에 먹기 쉽게 하기 위해 요구르트 등으로 걸쭉하게 했다. 걸쭉한 요리는 중세요리의 특징 중 하나이다.

농가의 화덕에는 냄비가 항상 걸려 있었고 수프를 다시 데워서 매일 먹었다. 결과적으로는 끈적끈적해졌지만 당시 사람들은 영양부족으로 이가 약하여 부드러운 음식을 선호하였다.

간식은 와인이나 수프에 적신 빵이다. 치즈를 냄비에 녹인 퐁듀에 빵을 적셔 먹기도 했다.

농민들이 먹는 빵은 단단하여 국물에 담그지 않으면 먹을 수가 없었다. 중노동을 했기 때문에 하루에 몇 번이고 먹었고 농부의 체취에는 자주 먹는 식재료인 마늘과 양파냄새가 났다. 이러한 것들은 품위가 없는 것으로 여겨져, 부유층들은 업신여겼다.

농부들은 그 지방의 과일을 자주 먹었다. 유럽에서는 사과, 배, 버찌, 자두 등이 재배되어 중요한 영양공급원이 되었다.

농가의 식사

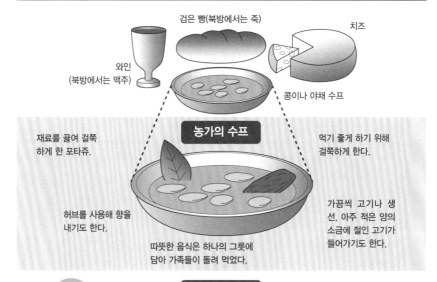

검은 빵(북방에서는 죽)

치즈

와인
(북방에서는 맥주)

콩이나 야채 수프

농가의 수프

재료를 끓여 걸쭉
하게 한 포타쥬.

먹기 좋게 하기 위해
걸쭉하게 한다.

허브를 사용해 향을
내기도 한다.

가끔씩 고기나 생
선, 아주 적은 양의
소금에 절인 고기가
들어가기도 한다.

따뜻한 음식은 하나의 그릇에
담아 가족들이 돌려 먹었다.

농가의 식생활

매일 거의 같은 메뉴.

중노동을 했기 때문에
하루에 몇 번이고 먹었다.

빵은 단단해서 국물에 적시지
않으면 먹을 수 없었다.

마늘과 양파를 자주 먹어
체취가 났다.

간식은 와인이나 수프에 적신
빵이나 냄비에 녹인 치즈에
담근 빵.

사과, 배, 버찌, 자두 등도
있으면 먹었다.

화덕에는 냄비가 항상 걸려
있었고 수프를 다시 데워서
매일 먹었다.

❖ 페스트를 이긴 마늘?

마늘은 『가난한 자의 향신료』『가난한 자의 해독제』라고 취급받았으나 실제로는 모든 계층의 사람들에게 사랑받았다.

1720년 페스트가 유행할 때, 사체에서 의복을 벗긴 4명의 도둑이 잡혔다. 강도들이 페스트에 걸리지 않은 것은 식초에 절인 마늘을 먹었기 때문이라고 여겨졌다. 이후 식초에 절인 마늘액으로 소독을 하거나 마스크에 마늘액을 뿌리기도 했다. 하지만 방역에 효과가 있었던 것은 식초로 마늘이 아니다.

마늘염주를 목에 걸어 수호를 빌기도 하는데, 전염병=악마=흡혈귀와 관련이 있기 때문에 귀신을 몰아낼 때 마늘염주를 사용하는 것도 이 『네 명의 도적의 식초』에피소드와 관련이 있는 것 같다.

경사스러운 날 농가의 음식

최하층의 생활을 강요받은 각지의 농민들이었으나 일요일, 축제일, 결혼식 등 가끔씩은 맛있는 걸 먹을 때도 있었다.

●가끔 있는 농가의 호사

당시의 가족은 대가족이었던 경우가 많아, 식사를 준비하는 주부는 굉장히 바빴다. 가난하고 바쁜 데다가 종교상의 이유로 **수요일과 금요일**에는 식재료가 제한되어 때에 따라서는 단식을 해야 했다. 그 때문에 일주일의 메뉴는 대부분 정해져 있었다.

일요일은 안식일로 조금은 호사를 부리는 게 허용되었다. 평일과 다른 재료를 쓰거나 같은 식재료라도 다른 조리방법으로 변화를 주었다.

영주가 영내의 농부에게 부역을 명할 때에는 성에서 그날의 식료가 배급되는 게 보통이었다. 예를 들어 1268년 프랑스에 있는 농촌의 부역에서 농민 부부가 받았던 식료품은 커다란 빵 한 개, 작은 빵 두 개(합계 2.25kg), 와인 4리터, 고기 200g 또는 계란과 완두콩—이 정도라면 식비는 충당됐을 것이다.

크리스마스는 1년에 한 번 있는 최대의 축제로 서민이라도 우족, 간 푸딩, 돼지코 등을 먹을 수 있었다. 부유층이라면 양념한 멧돼지고기, 계란노른자를 바른 새고기, 과일이 들어간 파이, 소간 등의 호화스러운 음식을 만들었다. 부자는 크리스마스에 2배의 요리를 만드는 게 관습으로 남은 것은 가난한 자에게 나눠주었다. 이렇게 해서 크리스마스에는 모두가 행복하게 먹을 수 있었다.

결혼식은 일생에 한 번 있을까 말까 한 경사이다. 농촌에서는 자택에서 축하연을 열었지만 준비하기가 힘들었기 때문에 **민박**이 생기면서부터는 그곳을 빌려 하게 되었다.

민박의 주인은 마을에서 혼례를 치른 경험이 있고, 접객이나 많은 인원에게 내놓는 요리에도 익숙하였다. 시대가 지나면 이러한 민박을 통해 도시의 유행이 농촌에 전파되기도 하였다.

중세 농촌의 진수성찬

일요일
다른 재료로 평일과 같은 요리를 만들거나, 평일과 같은 식재료라도 다른 조리를 했다.

영주로부터의 배급
부역의 대가인 식량배급. 충분한 빵과 와인, 고기 등을 받았다.

부자는 크리스마스에 2배의 요리를 만드는 게 관습으로, 남은 것은 가난한 자에게 나눠준다.

크리스마스
최대의 축제

서민의 진미	부자의 진미
•우족 •간 푸딩 •돼지코 등	•양념한 멧돼지고기 •계란노른자를 바른 새고기 •과일이 들어간 파이 •소간 등

13~14C

결혼식
일생에 한 번 있을까 말까 한 경사이다.
진미를 대접한다.
자택에서 축하연을 열거나, 많은 인원의 접대에 익숙해져 있는 민박에서 모임을 열었다.

농가의 보존식

훈제	밤, 발판 위에 2개월간 훈제한다.
건조식품	아몬드와 개암나무 열매.
벌꿀절임	마르멜로, 배, 복숭아.
햇볕에 말림	무화과, 말린 후에 로리에와 함께 항아리에 넣는다.
건과류	그 외의 과일. 난방으로 건조시켜 견과류로.
잼 등	그 외의 과일.

13~14C

건과류의 라드절임
따뜻하게 조린다. 곡물을 얻기 어려운 산악지역에서 주식대용으로 쓰였다.

호두의 벌꿀절임
영주저택의 보존식 호두를 가볍게 삶아 정향과 생강을 넣어 벌꿀에 조린다.

식초절임
영주저택의 보존식. 순무, 당근, 배, 복숭아, 참외, 파슬리나 회향의 뿌리 등.

말린 소혀
가볍게 삶아 8~9일간 소금에 절인다. 굴뚝 속에 놔두고 다음에는 건조한 곳에 보관한다. 3년간 보존 가능하다.

용어해설
●수요일과 금요일→고기와 유제품을 먹으면 안 된다.
●민박→평일에도 선술집으로서 마을사람들의 휴식의 장이 된다.

단식으로 신에게 가까워지려 했던 수도승

수도자는 식욕을 이성으로 억눌러 신에게 가까워지고 성자가 된다고 믿었다. 그걸 위해 중세시대에는 식사를 거부하여 아사하는 사람들도 나왔다.

●식사를 거부해 사망한 성녀들

기독교의 교양이 유럽을 지배한 13세기부터 15세기에 걸쳐 각지에서 거식증에 걸린 성직자가 보고된다. 물론 성직자 중에서도 일부분이었다.

원래부터 성직자는 청빈한 생활을 좋게 여겼다. 검소한 생활을 보내면 사후의 재산이 쌓여 행복이 보장된다고 생각했다.

이 시대에 고위 성직자나 수도원은 사복을 채워 부유해지는데 그들에 대한 반발이나 항의가 담겨 있을지도 모른다.

철저하게 금욕을 지켰던 것은 수녀들이 많았다. 그들이 먹었던 것은 의식에서 축복받은 성체빵 정도로 다른 음식은 몸을 더럽힌다고 생각했다.

희생자의 대표로는 시에나의 성녀 카타리나가 있다. 16세에 빵과 물과 생야채만을 먹고, 23세에는 빵도 먹지 않고 이후에는 성체빵과 차가운 물만을 먹었다. 정말로 아무것도 먹지 않았으나 식사를 하지 않으면 주변 사람들이 이상하게 생각하기 때문에 사람들이 보고 있을 때에는 식사를 했다. 그러다 나중에 쓴 풀을 뭉친 경단을 씹어 먹은 것을 토해냈다. 그리고 33세 때 물조차도 먹을 수 없게 돼 괴로워하면서 죽었다.

또한 코레트 드 코르비는 신앙심이 깊어 유년기부터 고기를 먹지 않았으며, 40일간은 먹지도 마시지도 자지도 않고 보냈다고 한다. 자신의 식사는 성직자 동료들이나 가난한 자들에게 전부 주었다. 프란체스카 부사 라는 여성은 하루에 한 번 양념을 하지 않은 쓴 풀을 먹었다.

과도한 신앙으로 기록에 이름을 남긴 건 수녀들만이 아니다. 코르트나의 마르게리타라는 주부는 하루 종일 예배를 하기 위해 식사 준비를 거부했다고 한다.

단식을 했던 수도승

13~15세기, 페스트나 이상기온, 기근 등이 계속되던 시대.
교회세력이 절정에 달해 신앙이 사람들의 마음을 사로잡았던 시대.

> 각지에는 거식증에 걸린 성직자가 보고된다.
> 철저하게 금식을 한 것은 수녀들이 많았다.

의식에서 축복받은 성체빵 의외의 음식은 몸을 더럽힌다고 생각했다.

코레트 드 코르비

신앙심이 싶어 유년기부터 고기를 먹지 않았으며, 40일간은 먹지도 마시지도 자지도 않고 보냈다. 자신의 식사는 성직자 동료들이나 가난한 자들에게 전부 주었다.

시에나의 성녀 카타리나

16세에 빵과 물과 생야채만을 먹고, 23세에는 빵도 먹지 않았다. 이후에는 성체빵과 차가운 물만을 먹었다. 식사를 하지 않으면 주변 사람들이 이상하게 생각하기 때문에 먹는 척만 하고 나중에 토해냈다. 이러한 생활을 하다가 33세 때 물조차도 먹을 수 없게 돼 괴로워하면서 죽었다.

프란체스카 부사

하루에 한 번 양념을 하지 않은 쓴 풀로 식사를 했다.

코르트나의 마르게리타

주부로, 하루 종일 예배를 하기 위해 식사 준비를 거부했다.

✤ 궁핍했던 지역의 식량사정

중세의 식량사정을 통해 보면 제일 환경이 좋았던 것은 프랑스로, 나빴던 것은 독일 등의 중부유럽이었다. 독일은 특히 고기가 부족해서 한 가정의 가장이 일주일에 한 번 소시지 한 개를 먹을까 말까 하는 수준이었다. 또한 스페인은 토지가 메말라 의외로 식량사정이 나빴다.

향신료에 열광한 중세인들은 무엇을 얻었는가

중세인들이 향신료에 열광했던 것은 확실하다. 그들은 향신료를 얻기 위해 세계로 나아갔고, 그 덕분에 나중에는 국제사회의 정점에 서게 되었다.

●노리는 건 권력인가 건강인가 낙원인가

유럽에서는 여러 가지 향신료가 사용되었으나 구분은 크게 두 종류로 나누어진다. 열대나 아열대의 외국산으로 강한 향과 매운맛이 있는 건조품인 『**스파이스**』, 지역산으로 향이 있는 식물이 『**허브**』. 『**시즈**』는 허브 중에서도 종자를 건조시킨 것이다.

스파이스는 로마시대부터 사용되었지만 중세에는 구하기가 힘들어져 **약국**에서 취급하였다. 풍요로운 궁정에서는 연간 1인 1kg의 스파이스가 소비되어 조리에 꼭 필요한 것으로 여겨졌지만 해양교역을 지배하고 있던 이슬람 상인에게서 살 수밖에 없었다. 그리하여 자력으로 스파이스를 구하려는 열망이 대항해시대를 열게 되었다.

유럽인들이 스파이스에 열광적이었던 이유는 **에덴** 전설과도 관련이 있다. 당시 오리엔트와 인도에는 낙원이 있다고 여겨져 그곳의 특산물인 스파이스는 천국의 식재료라고 생각되었다. 그 영향으로 스파이스를 귀중하게 생각한 왕후귀족도 있었다. 네덜란드의 시에담에 있던 류디비느는 설탕, 계피, 대추야자, 넛맥 등을 몸에 뿌리며 천국에 있는 기분을 맛보았다고 한다. 미이라를 만들 때도 스파이스가 쓰였다. 또한 유럽을 황폐하게 했던 페스트에 사프란이 효과가 있다고 하는 미신도 있었다.

중세의 연회에는 스파이스를 과도하게 사용했다. 요리사들에게 요구된 것은 맛있는 음식이 아니라 고귀한 맛=강렬한 맛이었다. 소재의 맛을 스파이스로 덮는 것이 좋다고 여겨졌던 것이다. 정성들여 빻은 스파이스를 요리 마지막에 넣어 향을 최대한으로 내게 하는 것이 연구되었다.

또한 스파이스를 날것으로 입에 넣어 사탕처럼 먹는 사람도 있었다.

11~14세기의 부유층은 후추를 대량으로 사용했지만, 14~15세기에는 유행이 지나 17세기 말에는 미식가들이 스파이스를 거부하기 시작했다.

스파이스에 열광한 유럽인

스파이스는

강한 향과 매운맛이 있는 건조품(향신료).
열대나 아열대가 산지.
유럽 이외의 지역이 산지.

허브/시즈는

향이 있는 식물(향초).
유럽이 산지.
시즈는 종자를 건조시킨 것이다.

중세 유럽에서는 최대 연간 1인 1kg의 스파이스가 소비되었다.

조리에 꼭 필요했지만 해양교역을 지배하고 있던 이슬람 상인에게서 살 수밖에 없었다.

자력으로 스파이스를 구하려는 열망이 대항해시대를 열게 되었다.

스파이스와 허브의 원산지

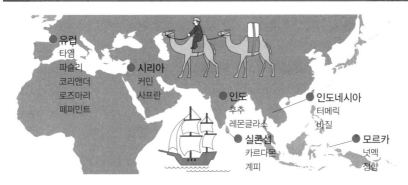

유럽
타임
파슬리
코리앤더
로즈마리
페퍼민트

시리아
커민
사프란

인도
후추
레몬글라스

실론섬
카르다몬
계피

인도네시아
터메릭
바질

모르카
넛멕
정향

❖ 서민의 향신료

스파이스는 고가여서 옛날의 서민은 허브를 사용했다. 양파, 마늘, 파, 산파, 당근 등의 향이 강한 야채를 먹는 사람도 있었다.

13~15세기에는 후추의 가격이 점점 내려간다. 16세기에는 생강과 계피가 더해졌고 그것들보다 저렴한 머스터드도 인기가 있었다. 또한 설탕도 구할 수 있었다.

유럽에 뿌리내린 스파이스도 많다. 사프란은 14세기부터 스페인과 이탈리아 영국 등에서 재배가 시작되었다. 하지만 사프란은 1kg를 얻는 데 10만 송이의 꽃이 필요하기 때문에 지금도 고가이다.

용어해설
● 약국→실제로 스파이스는 약으로서 요리에 첨가되었다. 마늘이나 건과류, 설탕, 쌀 등의 진귀한 식재료도 스파이스의 일종으로 분류돼 약국에서 취급했다.
● 에덴→성서에 등장하는 동방의 낙원. 에덴에는 장수하는 사람들과 진귀한 생물이 있다고 여겨졌다.

대항해시대, 배 위에서의 식사

뱃길에는 오래가는 식품을 실어두는 게 좋다. 하지만 장기간의 항해라면 대부분의 식재료는 돌처럼 굳어버리거나 썩어버렸다.

●보존식을 계속 먹고, 불의 사용도 제한되었다.

유럽인들이 본격적으로 배를 타게 된 것은 15세기의 대항해시대이다. 그때의 식량 사정을 살펴보자.

대략적으로 말하자면 당시의 선원들이 바다 위에서 일상적으로 먹을 수 있었던 것은 콩류, 비스켓(건빵), 거기에 소금에 절인 고기와 생선 정도였다. 소금에 절인 고기는 보존식이라 하더라도 그렇게 오래 가지 않는다. 또한 물은 금방 썩기 때문에 맥주나 와인을 마셨다.

카리브해의 해적들은 가능한 한 고기를 먹으려고 했던 것 같다. 배의 창고에 있는 식료 외에도 해안의 마을을 습격하거나 흥정을 해 고기를 손에 넣기도 하였다. 무인도에서는 사냥도 했고 바다거북을 잡아 식용으로 사용했다.

배 위에서의 조리를 뱃머리의 화덕에서 할 수 있었다. 화덕으로 콩이나 쌀, 거기에 소금에 절인 고기나 생선을 같이 끓인 요리를 만들었다. 맛있다고는 할 수 없지만 파도가 칠 때에는 화재가 나는 걸 우려해 불의 사용이 금지되었기 때문에, 따뜻한 음식을 먹을 수 있다는 것만으로도 고마워해야 했다.

장기보존을 할 수 있는 **비스켓**은 굉장히 딱딱하고 맛이 없었다. 다른 식료가 없을 때에 어쩔 수 없이 먹었지만 항해 도중에 쥐가 파먹거나 쥐똥투성이가 되거나 구더기가 나오는 경우도 있었다.

참고로 쥐의 피해는 상상 이상의 것으로, 쥐를 전문으로 잡는 선원이 있을 정도였다.

1519년 세계일주를 한 **마젤란**선단은 비스켓, 콩류, 곡류, 소금에 절인 고기, 말린 생선, 치즈, 무화과, 마늘 등의 다채로운 식재료 외에 소나 돼지 등의 가축을 살아 있는 채로 배의 창고에 실었다. 선단이나 선체가 크고 후원자도 있었기 때문에 그런 것들이 가능했을 것이다.

대항해시대의 해상식량사정

선원이 일상적으로 먹을 수 있는 것은 제한되어 있었다.

소금에 절인 고기
소금에 절인 생선
말린 생선

허허~

콩류
소맥분
건조마늘
기름, 식초, 소금

콩이나 고기를 끓인 요리.
신선하지는 않기 때문에
맛이 없지만 따뜻하다.

불 사용제한! 바다가 잠잠
할 때만 조리가능.

비스켓

맥주
와인

최후에 의지하는 식량. 단단하다.
거기에 쥐나 구더기에게 먹히거
나 쥐똥투성이.
참고 먹는 수밖에 없다.

장기간 항해에서는 썩어버린다.

대형선에만 실을 수 있는 진수성찬.

생수

생야채
과일
그 외의 날 것

살아 있는 가축
닭 돼지 소 염소

용어해설

● 마젤란→페르디난도 마젤란(1480-1521), 포루투갈의 항해사, 모험가. 남미대륙 남단의 마젤란해협을 발견하여 세
계일주를 달성했다. 자신은 그 도중, 필리핀에서 전사한다.

원양항해와 괴혈병

항해 중이 아니더라도 인간은 야채와 과일을 섭취하지 않으면 무서운 병에 걸리게 된다. 이 괴혈병의 극복도 선원들의 중요한 과제였다.

●비타민 부족이 불러온 거대한 재앙

괴혈병은 비타민C 결핍이 원인이 되는 병이다. 권태감과 혈색의 변화에서 시작되어 잇몸과 구강점막에서의 출혈, 피부 내 출혈, 손발의 부종이 일어나 마지막에는 쇠약해져 죽는다.

서구에서는 당시 수수께끼의 병이라고 여겼으며, 특히 많은 선원들이 목숨을 잃었다. 예를 들어 인도 항로를 발견한 **바스코 다 가마** 선단의 승무원은 10개월간의 항해에서 60%이상이 괴혈병으로 사망했다고 한다.

육지에 있으면 무엇이든 비타민이 포함된 음식을 먹을 수 있었고, 작물이 자라지 않는 한냉지의 민족은 생고기를 먹는 습관에 의해 비타민을 보충하는 경우가 많다.

하지만 식량사정이 나쁜 원양항해 중에는 어쩔 수가 없었다. 야채나 과일 등의 신선한 식품은 출항 시에 비축해도 여행 초반에 바닥을 보인다. 야채를 적극적으로 먹지 않던 당시의 생활습관도 재앙이 되었다.

괴혈병에 대한 대책을 처음으로 고안한 것은 18세기의 탐험가인 **캡틴 쿡**이었다. **사우어크라우트**(양배추절임)를 실어 이것을 의무적으로 먹도록 했다. 그 외에 맥아즙, 야채를 끓인 고형 수프 등도 가지고 가서 시험했다고 한다.

그 후 18세기 말이 되어 영국의 군함에는 라임과 레몬과즙이 실리게 되었다. 감귤류는 고가로 보존도 어려웠기 때문에 그때까지는 거의 싣지 않았다.

한편 북유럽의 바다에서 활동했던 바이킹은 장기보존을 할 수 있는 원정용의 **빵**을 만들었다. 소나무 껍질이 섞인 이 빵에는 비타민이 함유돼 있어 괴혈병에 걸릴 일이 없었다. 대항해시대 이전 8세기에 살았던 그들이 바다 위에서의 생존술에 더욱 뛰어났던 것이다.

선원의 적, 괴혈병

괴혈병

【원인】 비타민C 부족
【증상】 권태감, 출혈, 부종

당시에는 원인을 알지 못하는 수수께끼의 병이라고 여겨져 두려움의 대상이었다.

쇠약사

예를 들어 인도 항로를 발견한 바스코 다 가마(1469?-1524) 선단은 10개월간의 항해에서 선원의 60% 이상이 괴혈병으로 사망했다.

아무래도 야채를 먹으면 되는 것 같다.

1753년, 영국해군성의 제임스 린드는 신선한 야채와 과일을 먹으면 괴혈병이 방지된다는 것을 발견했다.

1768~71년의 제1회 항해에 사우어크라우트를 실어 승무원들에게 먹였다. 덕분에 항해는 성공했다.

캡틴 쿡이라고도 하는 제임스 쿡은(1728-79) 많은 공적을 남긴 영국의 탐험가. 사상 최초로 괴혈병 사망자를 내지 않고 세계일주를 성공시켰다.

사우어크라우트

16~18세기에 유럽 전역에 퍼진 절임의 일종. 채썬 양배추와 소금 등을 병에 넣어 발효시킨다. 일상적으로 먹었던 음식으로 선단에도 채용되었던 이유는 가격이 저렴하고 간단하게 만들 수 있었기 때문이다.

괴혈병은 비타민 부족으로 일어난다

라고 증명된 것은 20세기가 되면서부터다.

콜럼버스 교환에 의한 대변혁

십자군 전쟁이나 대항해시대 등의 역사적 이벤트에는 새로운 식재료와의 만남이 함께 했다. 먼 이국에는 새로운 식재료가 넘쳐흘렀다.

●이슬람과 신대륙에서 온 식재료들

11세기에 십자군전쟁이 시작되자 이슬람세계의 식재료가 유럽에 전달되었다. 설탕과 커피, 사프란과 계피 등의 향료, 가지와 시금치, 수박과 레몬 등의 농산품은 십자군시대나 이슬람의 지배하에 있던 시칠리아를 경유로 해 순차적으로 들어왔다.

14세기에서 16세기에 걸쳐 유럽을 열광시켰던 식재료는 스파이스였다. 특히나 후추는 대항해시대를 지탱하는 원동력의 하나였다. 권력의 과시를 위해, 고기의 보존과 소비를 위해, 그리고 당시의 의학적, 영양학적 견지에서도 후추는 꼭 필요한 식재료였다.

15세기에 신대륙 항로가 발견되고 『**콜럼버스 교환**』이라고 불리는 대변혁이 일어나게 된다. 이 시대에 유럽에서는 과거에 다시 없을 정도의 엄청난 식재료가 유입되고, 식재료에 따라서는 아시아나 아프리카까지 확대되었다.

신대륙에서 주식이었던 옥수수는 남부유럽, 아프리카와 인도의 열대지방에서 주요한 곡물로서의 지위를 차지했다. **감자**와 고구마는 가난한 자의 **빵**이 되어 북유럽과 아시아의 인구증가를 지탱해 주었다.

고추는 유럽에서는 일부 지방에만 퍼졌지만 중동이나 인도, 아시아나 아프리카의 식문화를 변화시켰다. 그 외 식탁을 장식하는 아보카도와 토마토, 강낭콩과 땅콩 등의 야채와 콩류, 새로운 기호품이 된 카카오도 **빼놓을** 수 없다.

동시에 신대륙에도 유럽과 그 주변지역으로부터 많은 것들이 들어왔다. 광대한 토지에서 곡물과 가축이 자라고 열대의 제도에서는 설탕과 커피, 바나나가 생산되었다.

그리고 병원균으로 인해 면역력이 없었던 신대륙 인구 수가 급격히 감소하여, 인력을 보충하기 위해 1000만명의 아프리카 원주민들이 노예로서 끌려가 현지에 정착했다.

새로운 식재료

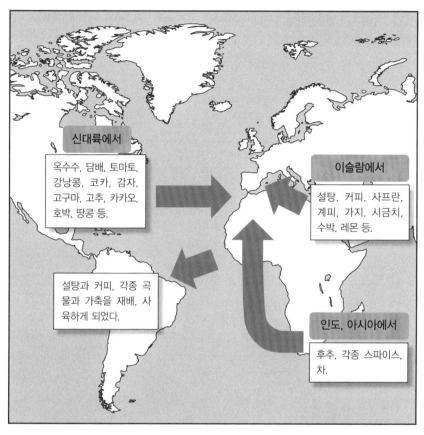

신대륙에서

옥수수, 담배, 토마토, 강낭콩, 코카, 감자, 고구마, 고추, 카카오, 호박, 땅콩 등.

이슬람에서

설탕, 커피, 사프란, 계피, 가지. 시금치, 수박, 레몬 등.

설탕과 커피, 각종 곡물과 가축을 재배, 사육하게 되었다.

인도, 아시아에서

후추, 각종 스파이스, 차.

아프리카에서는 열대에 적합한 옥수수가 중요한 곡물이 되었다.

고추는 새로운 향신료로 인도와 아시아에 진출.

감자, 고구마, 호박은 전 세계에서 먹게 되었다.

용어해설

- 콜럼버스 교환→신대륙과 유럽이라고 하는 것보다는 동반구와 서반구의 사이에서 일어난 여러 가지 물산의 교환. 이에 의해서 세계 각국의 생태계, 식물, 동물, 식재료, 인구, 병원균, 철기, 총, 사상 등이 교환되었다.
- 감자→굳이 이야기하자면 이것도 30년전쟁 등의 역사적 사건을 계기로 퍼지게 되었다. 광범위하게 휘말린 전쟁에 의해 사람들은 식재료를 구할 수 없게 되었다.

설탕은 언제부터 유럽에서 사용되었는가

유럽의 설탕은 문명의 발전에 크게 기여했다. 만일 설탕이 없었다면 나중에 들어온 커피나 차도 보급되지 않았을 것이다.

●일찍부터 출하제한이 되었던 설탕

그 옛날 『꿀이 나오는 풀』이라고 불렸던 **사탕수수**는 인도가 원산으로, 기원전 500년부터 설탕제조가 시작되고 이후 동서양에 퍼지게 되었다. 알렉산더 대왕의 원정 전후에는 서양에 설탕이 전달되었기 때문에 고대 로마에서는 이미 설탕을 알고 있었다. 하지만 중세에는 공급이 정체된다.

설탕의 생산이 이루어졌던 곳은 아랍인이 있었던 시칠리아와 스페인, 그리고 오리엔트(근동) 지역으로 사탕수수가 자라지 않는 중부와 북부 유럽에서는 수입을 할 수밖에 없었다. 설탕은 베네치아로 들어와 일단 녹인 후에 다시 정제하여 각국에 유통되었다.

12~13세기에는 십자군이 중동의 사탕수수밭을 **빼앗**았지만 오스만 제국에 격퇴당한다. 1453년의 콘스탄티노플 함락 후에는 거래가 줄어 15세기 말에는 전혀 들어오지 않았다.

하지만 다행히도 1419년에 대서양의 마데이라섬이 발견되어 기술자를 보내 설탕을 생산시켰다. 열대지역에 영토가 있으면 설탕을 생산할 수 있었다. 1480년에는 카나리아 제도에서도 생산을 시작하지만 공급과잉으로 인한 가치하락을 막기 위해 매매가 제한되었다. 16세기 영국에서는 1파운드(0.45kg)의 설탕으로 레몬 240개를 살 수 있었다고 하니, 상당히 비싼 가격이었다는 것을 알 수 있다.

이후 설탕을 사용한 요리나 과자가 만들어져 식문화는 크게 변화했다. 부유층은 설탕을 많이 먹어 **충치**에 걸리는 사람이 늘고 그걸 쑤시는 이쑤시개가 발명되었으며, **치과의사**도 등장했다. 이를 쑤시는 것은 당시의 신분을 나타내는 것으로 이쑤시개는 금속제 브로치처럼 조각이나 보석이 박혀 있었다.

대항해시대에는 설탕을 재배할 수 있는 장소를 찾기도 하였다. 대량생산지가 되는 카리브해와 맥시코에도 압착기와 인원이 보내졌다.

설탕을 원했던 유럽인

중세초기

설탕공급이 정체

스페인, 시칠리아, 오리엔트 등의 생산지는 아랍인이 독점. 유럽에서는 굉장히 비쌌다.

설탕을 위해 세계 진출

12~13세기

십자군이 오리엔트를 빼앗아 사탕수수밭을 입수.
오스만 제국에 격퇴당해 15세기 말에 설탕공급 중단.

설탕공급 중단. 하지만!

1419년
1480년

대서양의 마데이라섬 발견. 설탕생산을 개시.
카나리아 제도에서도 생산개시.

이후 계속해서 생산 가능한 땅이 발견된다.
공급과잉으로 인한 가치하락을 막기 위해 매매가 제한.

설탕을 사용한 요리나 과자가 많이 만들어진다.
요리에도 사용되어 식문화가 크게 변화된다.

단맛을 맛보게 된
부유층

설탕을 많이 먹어 충치가 증가

치과의사의 등장
이쑤시개의 발명

이쑤시개

설탕의 원료인 사탕수수

인도가 원산.
기원전 500년부터 설탕제조가 개시. 꿀이 나오는 풀이라고 불려 세계에 퍼진다. 고대 로마에서도 설탕을 알고 있었다.

♦ 충치와 치과의사

고대에서 중세까지 충치는 왕후귀족의 사치스러운 병이었다. 이집트의 고대 왕의 미이라에도 충치가 있었다고 하고 16세기의 엘리자베스 여왕은 이빨이 충치로 새까맸다고 전해진다.

중세에는 충치를 치료하려고 해도 좋은 치료법이 없었다. 의사가 할 수 있는 건 충치를 뽑거나 주술을 걸어주는 것 정도였다. 까맣게 된 이는 재나 석고가루로 갈거나 초산으로 표백하는 경우도 있었다. 이가 완전히 상해버려 하인에게 음식을 씹게 하는 부자도 있었다.

용어해설

● 치과의사→당시에는 의사가 이발사도 겸하고 치과도 운영했다.

구운 과자에서 설탕을 입힌 과자·초콜렛 과자로

유럽에서 과자 붐이 일어난 건 16세기이다. 당시에는 설탕을 약이라고 생각했기 때문에 설탕과자도 약효가 있다고 믿었다.

●설탕과 아몬드와 초콜렛

중세 초기의 과자는 타르트와 비스켓, **프레첼** 같은 구운 과자로 빵과 과자는 비슷한 음식이었다. 실제로 1440년에 과자 길드가 만들어지기 전까지는 빵 직인이 과자도 만들었다.

과자 직인은 처음에는 생선이나 고기파이를 만들었고 이윽고 그 파이에 과일과 크림, 아몬드 등을 얹게 되었다. 과자점에서는 와인이나 튀김을 팔았고, 수도원에서도 과자나 프리터(튀김의 일종)를 만들었다.

14세기에서 18세기까지 과자는 특히 프랑스에서 발전하였고, 파리에는 과자점이 늘어선 거리가 생길 정도였다. 18세기에는 똑같이 파리에서 유행하고 있었던 카페보다 기품이 있다고 큰 인기를 끌었으며, 과자점에서는 코코아도 팔았다.

과자의 혁명은 16세기에 일어났다. 설탕이 넉넉하게 유통되고 초콜렛이 유입되자 과자의 종류가 풍부해졌다.

최전성기의 베네치아나 제노바의 부호의 저택에는 설탕과 향신료를 섞은 과자인『**도라제**』가 제공되었다. 소화를 촉진하는 효과가 있다고 하여 초대 손님들은 침실까지 가져가 자기 전에 먹었다.

설탕과자나 설탕옷을 입힌 과자는 당시 종류가 많았고 다른 지역에서도 베리나 생강의 설탕조림에 향신료를 뿌리거나 아몬드버터에 설탕과 장미나 향수를 섞은 덩어리가 만들어졌다. 이것들은 사순절에 내놓는 과자가 되었다. 사순절은 생선만 먹을 수 있는 단식일이었지만 단 것을 먹는 즐거움도 있었다.

국왕 **앙리 3세**는 베네치아를 방문했을 때, 단단한 설탕(스판 슈가)으로 만든 접시와 빵, 나이프와 포크, 테이블보와 냅킨으로 환영받았다. 이렇게 설탕이 식탁을 장식하는 것은 16세기 이탈리아에서 유행하여 나중에 오스트리아의 궁정에도 전해졌다.

유럽의 과자의 역사

중세초기의 과자

구운 과자 중심으로, 빵과 과자는 비슷한 음식이었다.
과자 직인이 15세기에 나타나기까지는 빵 직인이 과자도 만들었다.
과자점에서는 과자 외에 와인이나 튀김도 팔았다.

과자혁명

16세기
설탕의 유통에 의해 설탕과자가 출시되기 시작했다.
설탕과 향신료와 아몬드를 섞은 덩어리가 일반적.
과자는 사순절의 즐거움이었다.

도라제

베네치아나 제노바의 부호의 저택에서 대접했던 설탕과자. 소화를 촉진하는 효과가 있다고 하여 초대 손님들은 침실까지 가져가 자기 전에 먹었다.

오늘날의 도라제.
아몬드가 들어간다.

과자문화의 발전

16~18세기
특히 프랑스에서 과자가 발전. 파리에는 과자점이 늘어선 거리가 생겼다.
초콜렛이 전해지고 코코아나 초콜렛 과자가 등장.
18세기에는 오스트리아에도 과자문화가 발전한다.

제사에 사용했던 과자

과자는 옛날부터 신에게 바치는 의식이나 제사에 사용되었다. 특히 갈레트(원시적인 구운 과자)는 마력이 있다고 하여 신에게 바치거나 가난한 사람들에게 나눠주거나 아이들에게 주었다.

프랑스에서는 연인에게 과자를 보내는 것이 청혼의 방법으로 처음 하는 키스는 산처럼 쌓인 와플 앞에서 했다. 결혼식에서는 딱딱한 과자를 준비해 신랑 들러리가 주먹으로 두들겨 깬다. 또한 장례식에서도 과자를 나눠주었다.

16세기 전후부터 프랑스 부유층의 결혼식에서는 『에피스 드 샹플』을 나눠주었다. 생강과 정향, 아니스를 설탕에 조려 아몬드에 입혀 만드는데, 향수를 섞는 경우도 있었다. 이 샹플은 장의 가스를 빼주고 정액을 많게 한다고 여겨졌다.

용어해설

- 프레첼→매듭 같은 모양의 구운 과자.
- 앙리 3세→재위 1574-1589. 발루아 왕조 최후의 프랑스 왕이며, 폴란드 최초로 선거로 당선된 왕이기도 하다. 많은 미식가를 배출한 명문 메디치가를 이어받은 인물로, 카트린느 드 메디치의 아들.

유럽의 식량사정은 제트코스터

중세의 모든 시대가 제대로 된 식재료도 없고 기아에 시달렸던 건 아니다. 날씨가 좋고 인구의 균형도 맞아 떨어져 맛있는 것들을 먹고살던 시대도 있었다.

●좋은 시대와 나쁜 시대가 교대로 몇 번이나 찾아왔다

사실 유럽의 식량사정은 중세부터 20세기에 이르기까지 몇 번이고 격변했다. 기후 변동과 전염병, 급격한 인구증가와 전쟁 등이 원인으로 수차례의 파멸이 찾아왔다. 주식의 종류가 2~3회 변할 정도로 격렬했다. 같은 중세라고 하더라도 10세기와 15세기는 먹는 음식도 다르고, 같은 유럽이라도 지역에 따라 기후와 작물의 차이가 컸다.

1270년, 개척을 통해 재배면적이 최대가 된다. 그리고 인구가 단계적으로 줄어들었기 때문에 여유가 생겼다. 이 시대에는 농산물은 풍족했고 누구나 고기를 배불리 먹었다.

하지만 14세기가 되자 기후변동이 일어나 1320년부터 1450년대 사이에 수확량이 반으로 뚝 떨어진다. 추워진 북쪽에서는 포도를 기를 수 없게 되었다. 거기다가 이 시기에 페스트의 폭풍이 불어 닥친다. 영국과 프랑스 사이에는 백년전쟁이 벌어지고 군대와 해적들의 약탈이 횡행하였다. 세금을 낼 수 없는 농민들은 반란을 일으키거나 도망가 농지는 황폐해지고 식량위기가 닥쳤다. 유럽 전체가 지옥과도 같은 광경이 된 것이다.

또한 스페인은 8세기부터 15세기까지 침략자(이슬람교도)와의 **기나긴 싸움**으로 사람들의 마음은 피폐해졌다.

겹치는 재난으로 인해 문명이 후퇴할 정도로 인구가 줄었지만 그 후에 식육의 생산과 소비가 늘어났다. 이리하여 도시와 농촌의 **격차가 생겼다.**

14세기에서 17세기까지 르네상스, 종교개혁, 대항해시대 등 밝고 희망찬 일들이 생기면서 유럽은 변하게 된다.

18~19세기, 다시 인구가 급격히 늘어나 **식량위기**가 닥친다. 이때 귀족은 농민의 토지를 접수하거나 농노화했다.

또한 유럽을 무대로 일어난 전쟁의 영향도 적지만은 않다.

중세의 사회와 식량사정(시대의 대비)

근대보다 중세가 비참한 이미지가 있지만 그렇지도 않다.
식량사정은 몇 번이고 변화하여, 좋은 시대가 있는가 하면 나쁜 시대도 있었다.

  르네상스·종교개혁· 대항해시대

중세 ➡ 르네상스·종교개혁· 대항해시대 ➡ 근대

- 4세기 이후 농림자원이 많고 인구는 적었던 시기, 사람들은 집락으로 흩어져 살았다.
- 1270년, 개척을 통해 재배면적이 최대가 된다.
- 인구가 단계적으로 줄어들었기 때문에 여유가 생겼다.
- 식량은 풍부했고 누구나 배불리 먹었다.
- 14세기, 기후변동이 일어나 수확량이 급감. 북쪽에서는 포도를 기를 수 없게 되었다.
- 페스트의 폭풍. 백년전쟁. 군대와 해적들의 약탈이 횡행.
- 농민의 반란이나 도망으로 농지는 황폐. 식량위기.

- 문명이 후퇴할 정도로 인구격감. 한편으로는 그 후에 식육의 생산과 소비가 늘어남.
- 도시와 농촌의 격차가 생김.
- 새로운 작물로 식문화가 변화.
- 18~19세기, 7년 전쟁, 나폴레옹전쟁 등으로 혼란.
- 국제교류와 기술혁명으로 풍요로워짐. 인구가 증가. 식량생산이 따라가지 못해 식량위기.
- 궁핍했던 귀족은 농민의 토지를 접수하거나 농노화했다.

중세의 사회와 식량사정(지역의 대비)

남방 이탈리아·남프랑스 VS. 북방 영국·독일

- 카톨릭 지역.
- 식문화가 풍부하고 섬세함.
- 채식 중심으로 세련됨.
- 제례를 소중하게 여기고 산업화가 늦음.
- 식사를 하며 와인을 마신다.
- 손님이 있으면 같이 식탁에 둘러앉는 게 당연하다.
- 라틴계 사람들은 전통적으로 적극적으로 음식을 즐겼다.
- 토지가 풍부한 지역에서는 18세기 이후에 화려한 식문화가 개화했다.

- 개신교지역.
- 식문화에 관심이 적다.
- 고기 중심이고 거칠다.
- 합리주의적이고 공업화가 빨랐다.
- 맥주나 위스키를 식전에 마신다.
- 게르만인들은 음식에 관한 이야기를 남에게 이야기하지 않는다.
- 기독교의 영향으로 식도락에는 죄의식이 있다.
- 외식문화가 발전하기 어렵고, 음식점도 적다.

용어해설

- 기나긴 싸움→오랫동안 머리를 맞대고 살았던 만큼 두 문화의 유익한 교류도 이루어졌다.
- 격차가 생겼다→식재료가 활발히 유통되면서, 도시에서는 소맥으로 만든 빵, 농촌에서는 잡곡이 들어간 검은 빵이나 죽을 먹게 되었다. 또한 도시사람들은 돼지보다는 양고기를 좋아하게 되었다.
- 식량위기→사람들의 체격이 이전 세대보다 작아질 정도였다. 하지만 영국에서는 농업개혁이 빨리 이루어져 다른 곳보다 사정이 좋았다.

173

이렇게 해서 근대 프랑스요리가 태어났다

중세의 궁정요리는 맛보다 색이 우선으로 향신료 범벅인 조리는 도가 지나칠 정도였다. 이것이 개혁되어 서양요리는 오늘날의 것에 가까워진다.

●탐욕으로 맛을 추구해 갔던 프랑스 요리

중세의 조리법과 맛은 천천히 변화해 간다. 커다란 변화에 기여한 것은 음식의 선진국이었던 이탈리아, 그리고 거기에 영향을 받은 프랑스였다. 향신료 범벅인 요리를 멀리하고 소재의 맛을 중요시하게 된다.

1533년 **카트리느 드 메디치**가 앙리 2세에게 시집을 가면서부터 이탈리아 요리가 유입되어 극적으로 기술이 진화하였다. 잼, 설탕과자, 케이크, 얼음과자, 트뤼플과 요리에 뿌리는 소스도 이 시대에 태어났다. 왕비가 개최한 매일 밤의 만찬에서 프랑스인들은 미식에 눈을 뜨고 그 후, 앙리4세, 루이 14세 같은 미식왕이 등장한다.

하지만 17세기에 『**오뜨 퀴진**』(궁정요리)을 완성으로 이끈 것은 절대 왕정하의 귀족들이었다. 이 시대의 귀족은 왕에게서 권력을 얻었기 때문에 미식을 취미로 삼게 되어 열풍을 일으켰다.

지금까지 함께였던 단맛과 짠맛을 나누고 신맛을 억제했다. 이국의 향신료를 대량으로 사용하는 걸 그만두고 마늘, 양파, 파슬리를 조금씩 이용했다. 고깃덩어리를 내오는 걸 그만두고 후라이팬에서 조금씩 굽고 육즙을 조려 소스를 만들었다. 고기는 줄이고 야채는 늘렸다. 그렇다고는 해도 농원에서 기르는 고급스럽고 진귀한 야채이다. 아티쵸크, 아스파라거스, 허브, 버섯 등이 선호되었다. 요리를 먹는 순서는 가벼운 것에서 묵직한 순으로 하여 위의 부담을 줄였다.

혁명을 거쳐 18세기가 되면 이번에는 **부르주아**가 미식의 탐구를 이어받아 지방의 전통요리를 포함한 프랑스요리 문화를 확립했다.

프랑스 사람들은 옆나라의 맛있는 것들도 자국에 채용해 이름을 프랑스식으로 바꾸었다. 그리하여 최종적으로 『프렌치』의 브랜드가 힘을 얻어 프랑스산의 와인과 식품에 프리미엄이 붙게 된다.

중세궁정요리에서 근대 프랑스 요리로

1533년	카트리느 드 메디치가 프랑스의 앙리 2세에게 시집을 감. 이탈리아 요리가 유입되어 조리기술이 극적으로 진화하였다. 잼, 설탕과자, 케이크, 얼음과자, 트뤼플, 소스의 탄생.
17세기	오뜨 퀴진(궁정요리)의 완성. 절대왕정하의 귀족들이 미식을 취미로 삼게 되어 붐을 일으켰다. ・매운맛, 신맛 등 맛의 정리. ・먹는 순서를 고안해 냄. ・향신료의 과다한 사용을 억제. ・육즙의 이용. ・고급스럽고 진귀한 야채를 식탁에.
18세기	귀족의 뒤를 이어 선두에 선 부르주아가 근대 프랑스요리 문화 를 확립. 지방의 전통요리를 통합. 옆나라의 맛있는 식재료나 요리도 채용해 자국에 맞게 조정함.

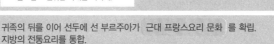
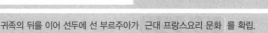

미식을 진흥시킨 명가

근대에 태어난 미식개념은, 각국의 명가가 친척들에게 전하여 발전시켰다.

풍부한 식문화

를 가진 이탈리아.
대부호 메디치가에서

 출발

➡

풍부한 식재

를 자랑하던 프랑스.
앙리 4세, 루이14세와
마리 앙투아네트가

 번성 시킨다.

➡

유럽 제일의 제국

오스트리아.
합스부르크가에서

완성 했다.

❖ 어째서 영국요리는 맛이 없다고 여겨지는 걸까?

　중세시기, 영국도 다른 나라와 비슷한 요리를 먹었다.
　하지만 그 후 프랑스가 일으킨 미식열풍에 영국인들은 「동참하지 않았던」것 같다.
독일처럼 뒤늦게 열풍이 분 나라에서는 그 나름의 맛있는 요리가 태어났다.
　영국요리의 발달은 대륙과 다른 노선을 걸었다. 요리를 만드는 것이 요리사가 아
닌 주부였던 것이다 궁정요리에 대한 반발도 있어서, 요리책에 쓰여 있는 것은 시골
풍의 요리나 보존식을 만드는 법이었다. 이것들은 고급요리가 아니었기 때문에 조
리도 맛도 섬세하지 않았다. 그리하여 영국요리는 소박하고 심플한 방향으로 나아
갔다.

용어해설

●부르주아→유복한 시민층. 프랑스에서는 혁명에 의하여 왕후귀족이 쇠퇴하고 부르주아가 사회의 중심이 되었다.

레스토랑은 보양스프

프랑스 혁명이 거리의 『레스토랑』을 탄생시키고 궁정의 것이었던 풀코스 요리를 널리 퍼뜨렸다. 이 『레스토랑』의 어원은 보양수프이다.

●풀코스 요리와 레스토랑의 등장

16~18세기는 유럽의 서빙방식이 확정된 시대이다

서유럽에서는 식사가 시작되면 큰 접시가 계속 나왔다. 상석에는 고급요리가, 말석에는 그 나름의 요리가 나온다. 이것들을 먹으려면 참석자가 큰 접시에서 먹고 싶은 만큼 집던가, 시종이 자리를 돌면서 덜어주었다. 이렇게 하면 순번을 기다려야 했고 식사 시간이 길어져 요리가 식는다. 시종이 없을 때에는 자신에게서 **떨어진 곳에 있는 요리**를 먹을 수 없었다. 이러한 낡은 방식을 **『프랑스식 서빙』**라고 불렀다.

한편 러시아 같은 추운 나라에서는 요리가 금방 식기 때문에 현대의 코스요리 같이 한 접시씩 먹을 때마다 나온다. 이 방식은 19세기 프랑스에서 각국으로 퍼져 **『러시아식 서빙』**이라고 불렸다.

코스요리를 제공하는 『레스토랑』이 등장한 것은 프랑스 혁명 후의 프랑스이다. 그때까지는 호화로운 요리가 왕후귀족들의 전유물이었으나 혁명으로 귀족이 줄고 그들이 고용했던 많은 요리사들은 일자리를 잃었다. 이러한 요리사들이 이윽고 거리에서 가게를 차리게 되어 가게와 요리가 시민들에게 퍼졌다. 그리고 이 시대에 신분제도가 폐지되어 예의를 갖춘 사람이라면 누구나 같은 식탁에서 식사를 할 수 있게 되었다.

레스토랑의 어원은 『체력을 회복시키는 영양식』 다시 말해 보양 수프이다. 소고기, 닭고기, 뿌리채소, 양파, 허브, 향신료, 얼음설탕, 빵이나 대맥, 버터, 말린 장미꽃 등 여러 가지 향료를 재료로 만들었다. 이 보양수프를 내오는 가게에서 코스 요리도 제공하게 되어 시간이 흘러 고급요리점을 레스토랑이라고 부르게 되었다.

또한 18세기 영국의 『타반』도 요리점의 기원 중 하나이다. 그때까지 유럽에는 노점이나 경식당만이 있었고 전문요리점은 없었다.

서빙의 변화

프랑스식 서빙(옛날식)

18세기까지 서구의 식사.

요리는 큰 접시에 제공.
참석자가 직접 집던가, 시종이 덜어주었다.

단점은
· 순번을 기다려야 한다.
· 식사시간이 길어져 요리가 식는다.
· 시종이 없을 때에는 자신에게서 떨어진 곳에 있는 요리를 먹을 수 없었다.

러시아식 서빙

프랑스인이 발안해 19세기에 퍼진다.

요리는 한 접시씩 먹을 때마다 나온다.

장점은
· 추운 나라에서는 요리가 식지 않는다.
· 1인분씩이라 불공평하지 않다.

레스토랑의 탄생

프랑스 혁명 이후, 귀족이 줄어 그들이 고용했던 많은 요리사들은 일자리를 잃음.
요리사들이 거리에서 가게를 차리게 되면서 대중화.
프랑스의 레스토랑과 영국의 터번이 음식점의 기원.
그때까지 유럽에는 (경식당뿐으로) 전문요리점은 없었다.

♣ 궁정요리의 하사품

　오스트리아의 여제 마리아 테레지아는 미식가에 대식가였다.
　그녀의 시대부터 궁전에서 나온 남은 요리를 근처의 레스토랑에 하사하게 되었다. 그 권리를 얻은 것은 바바라 로만이라고 하는 여인의 『골든쉽』이라는 가게였다. 가게에는 궁정요리를 한번만이라도 먹어보고 싶다는 미식가들이 몰려들어 성황을 이루었다.
　궁정에서 나온 남은 음식은 하인들이 먹거나 몰래 파는 것이 보통이었기 때문에 이것은 드문 일이었다. 바바라는 『궁정요리를 훔쳐먹는 고양이』라고 불렸지만 이 자손이 경영하는 레스토랑은 현재에도 빈에 남아 있다.

용어해설

● 떨어진 곳에 있는 요리→영국에서는 떨어진 곳에 있는 접시에서 요리를 집는 것을 금지했다. 싫어하는 요리라고 해도 가까이에 있는 걸 먹는 수밖에 없다.
● 프랑스식 서빙 →오래된 방식의 서빙을 영국식이라고 부르기도 한다.
● 러시아식 서빙→고안자는 율반 뒤보아. 프랑스인이다. 혼동하기 쉽지만 현재의 프렌치는 프랑스인이 고안한 러시아식 서빙으로 나온다.

개혁을 일으킨 위대한 요리인들

요리사들은 결코 자신의 가치를 높이려고 하지 않아도, 여러 장소에서 필요하였던 전문가였다. 그런 움직임이 세간에 인정받는 경우도 있었다.

●지금도 옛날에도 실력으로 지위가 높아지는 요리사의 세계

중세 요리사는 일종의 하인의 지위로, 피와 기름을 다뤘기 때문에 사회적 신분이 낮았다. 그들은 중세에서 근대로 이르는 식문화의 성숙과 함께 출세했다. 요리장 정도 되면 저택 저장고의 관리책임자를 겸하는 경우도 있었다.

삼대에 걸친 프랑스 왕을 모셨던 **따이유방**은 요리체계를 정비하고, 요리 분업화를 시행하였다. 그와 같은 시대의 요리사 시칼 같은 천재들이 요리사의 지위를 높였다.

요리사들은 **귀족의 여행**이나 시집을 간 곳에도 동행했다. 지방이나 외국에는 어떤 요리가 나올지 몰랐기 때문에 안전을 위한 조치였다. 출장요리나, 항해에 참가하는 경우도 있었다.

제대로 된 요리가 가능한 요리사들은 귀족들을 위해서만 존재했으나(중세 포장마차나 식당에는 요리사가 없었다) 나중에 레스토랑이 생기고, 그곳을 찾는 손님들에게 음식을 내놓는 요리사가 출현하였다. 그들은 운영면허를 소지하였다.

식문화가 쇄신된 18세기, **합스부르크가**의 궁정 요리감사장이나 궁정전속요리장의 지위는 평민인 요리사가 가질 수 있는 최고의 직업이 되었고, 연수입은 현대의 가치로 1억원을 넘었다고 한다.

이 시대의 요리사 **안토난 카렘**은 국제적으로 유명했다. 신형냄비와 프랑스 요리의 기본이 되는 4종 소스를 고안했다. 요리사 모자를 발명하고, 러시아 궁정 요리에 영향을 끼쳤으며 훗날에는 과자 명인으로도 실력을 떨쳤다.

그 외에 요리에 관련된 사람들로는, 주부나 수도사들이 있다. 수도원에서는 수도사들이 교대로 요리를 했다. 그러나 요리가 복잡해지면서 책임자가 요리를 하게 되었다. 또 취미로 요리를 하는 미식가들이 있었으나, 중세에 미식은 검소한 음식 문화와 절제라는 기독교의 교의와 맞지 않았기 때문에, 미식 관련해서는 조용히 이야기되었다.

역사에 이름을 남긴 요리사들

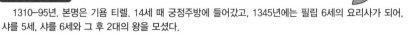

따이유방

1310-95년. 본명은 기욤 티렐. 14세 때 궁정주방에 들어갔고, 1345년에는 필립 6세의 요리사가 되어, 샤를 5세, 샤를 6세와 그 후 2대의 왕을 모셨다.

요리체계를 정비하고 조리의 분업화를 시행한 인물. 필립 6세 시대에는 레드와인의 평가를 실시하여, 사회에 영향을 끼쳤다.

안토난 카렘

1784-1833년. 프랑스 요리 발전에 크게 기여하여 『왕국의 셰프인 동시에 셰프의 제왕』이라고 불렸다. 외교관이자 미식가 탈레란의 곁에서 수행하며, 1814년 빈의 의회 때 요리실력을 펼쳐 유명인이 되었다. 신형 냄비나 프랑스 요리의 기본이 되는 4종의 소스, 요리사 모자의 발명가. 말년에는 과자 명장으로도 실력을 뽐냈다.

요리사의 지위

 원래 사회적 신분이 낮은 하인이었다.

식문화가 성숙됨에 따라 같이 지위가 올라갔다.

 왕후왕족에 봉사하며 성의 창고 관리를 맡기도 했다.

 18세기에는 노력여하에 따라 높은 급료를 받기도 했다.

 레스토랑이 생기고, 면허를 가진 요리사도 출현했다.

궁정의 요리조직

18세기의 일이다. 중부 유럽의 명문가인 합스부르크가는 식문화를 중요하게 여겨, 수많은 요리사들을 거느렸다. 궁중 내에는 엄격한 위계도 존재하고 있었다. 여왕의 취미로 용모단정한 사람만 채용되었으며, 상위 스탭들은 만찬회에도 참석하였다.

당시의 정장은 붉은 상의, 붉은 바지, 하얀 조끼였다.

● 시칼→자세한 건 알려지지 않았으나, 따이유방보다 40년 정도 늦게 태어나, 부루고뉴공 필립 2세, 1403년부터는 사보이아공 아메데오 8세 등 유명인을 모셨다.
● 귀족의 여행→요리사를 동행하지 않더라도, 요리 재료는 직접 준비하여 레스토랑에 조리를 부탁하는 사람도 있었다.
● 합스부르크가→독일계 유럽 제일의 왕가라고 불린다. 빈의회에서 호화로운 식사를 제공한 것을 계기로 미식분야에서도 주목을 받았다.

요리책과 음식의 에세이와 가이드

음식의 세계에 자신의 사상을 펼친 사람은 많다. 요리사는 물론이고, 맛있는 것을 찾아다니기를 좋아하는 미식가들도 명저를 통해 역사에 이름을 남겼다.

●실재 존재했던 미식 클럽

왕후귀족에게 고용된 각국의 요리사들은, 주군의 명령으로 **요리책을 남겼다**. 그것은 왕의 권위를 향상시키는 데 도움이 되었다.

따이유방의 요리서『르 비앙디에(음식도감)』(1390년대)은 중세 프랑스 요리를 알기 위한 실마리가 되었다. **안토난 카렘**의『19세기 프랑스 요리기술』(1833년~34년)은 5권에 달하는 프랑스 요리 레시피의 백과사전이다.

요리사가 몸소 요리책을 쓰는 것은 유럽만의 관습으로, 다른 지역에서는 학자나 의사, 관리 등의 미식가가 요리책을 쓰는 일이 많았다. 요리사가 쓰는 요리책은 애매한 설명을 하고 있으나, 미식가의 요리책에는 재료의 정확한 분량이 실려 있었다.

요리책을 보고 요리를 하려는 사람이 있는가 하면, 현실에서는 먹을 수 없는 고급요리나 식재료를 상상하며 만족하는 사람들도 있었다. 또한, 음식 에세이나 음식점 가이드라고 할 수 있는 책들도 다수 출판되어 종종 베스트셀러로 기록되었다.

르네상스시대의 관리인 **바르톨로메오 사키**의『바른 식사가 가져오는 기쁨과 건강』(1475)은 여러 가지 미식의 전승을 모은 책으로 베스트셀러가 되었다. 프랑스 혁명에서 살아남은 **브리아 사바랭**의『미각예찬』(1825)은 세계적으로 높은 평가를 받는 에세이로, 당시의 여러 가지 문화를 통하여 음식에 대해 이야기하고 있다.

알렉산드로 그리모 두 라 레니에르는 미각감정위원회라는 미식 클럽을 통솔하며,『미식연감』을 발표했다. 이 책은 레스토랑과 식재료 생산자를 소개하는 가이드북이었다.

『미슐랭 가이드』와 비슷한 것으로는, 프랑스의『고&미요』, 독일의『미식가를 위한 아틀라스』등이 있었다.

요리관계서

요리서

유럽의 요리사들이 쓴 요리서는 주군의 권위를 향상시켰다.
다른 지역에서는 학자나 의사, 관리 등의 미식가들이 요리책을 쓰는 경우가 많았다.

요리책의 경향 요리사가 쓰는 요리책은 애매한 해설.
미식가들의 요리책은 요리의 정확한 분량이 실렸다.

『르 비앙디에』(음식도감)
전설적인 요리사인 따이유방의 요리서.
중세 프랑스 요리을 알 수 있는 실마리.

『19세기 프랑스 요리기술』
근대요리의 천재 앙투안 카렘의 저작. 프
랑스 요리 레시피의 백과사전.

음식 에세이 · 레스토랑 가이드

유럽에서는 종종 베스트셀러를 기록하였다.
근대일본에서도 음식 에세이나 가이드는 안정된 인기를 얻었다.

『바른 식사가 가져오는 기쁨과 건강』
르네상스 시대의 미식가 바르톨로메오
사키 저. 미식의 전승을 모은 책. 당시, 미
식가나 미식책은 교회의 비판을 받기 쉬
웠으나, 이 책은 건강하고 의학적인 내용
으로 비판을 면했다.

『미식연감』
알렉산도로 그리모 두 라 레니에르가 이
끈 미식감정위원회가 발행한 음식 가이
드북.

『미각예찬』
18세기 프랑스의 미식가 브리아 사바랭
저, 세계적으로 높은 평가를 받는 에세이
로 여러 가지 문화를 통해 표현.

요리책이나 에세이 등의 독자
· 실재 요리를 하는 사람.
· 먹을 수 없는 고급요리나 식재료를 상
  상하며 만족하는 사람.

● 요리책을 남겼다→문맹율이 높은 시대에는 대필로 요리서를 남겼다.
● 바르톨로메오 사키→1421-1482. 플라티나라는 필명을 사용했다. 『소중히 해야 할 기쁨』이라고도 변역되는 이 책
  은 사체액설, 고전문학탐구서, 마나, 의학서 등의 여러 측면이 있는 음식 백과사전 같은 책이었다.
● 브리아 사바랭→잔 안테름 브리아 사바랭(1755-1826). 혁명 때 스위스로 망명한 이래 각국을 전전했다. 『미각예찬』
  은 죽기 2개월 전에 출판되었다.

근대인의 든든한 파트너였던 커피

아랍지역에서 마시던 커피는 교회의 공인으로 인해 유럽에 널리 퍼졌다. 그리하여 현대에 이르러서도 당시와 같은 「바람직한」역할을 달성하고 있다.

●근대라는 시대와 어울린 합리적 음료

아랍에서는 이미 인기였던 커피가 유럽에 인쇄물로 소개된 것은 1583년경, 독일의 의사 라볼프에 의해서다. 그 후 각국에 알려진 것은 17세기가 되어서이다.

1669년 터키의 궁정 무관 슐레이만 아가는 프랑스의 루이 14세에게 커피를 진상품으로 보내는 등 적극적으로 세일즈를 펼쳤다. 프랑스에서는 마르세유에서만 팔렸으나, 파리에 운반되었던 것은 향이 날아가지 않게 가죽주머니에 넣은 커피콩을 목관에 다시 넣어 나사로 잘 고정시켰다. 이런 운반방법으로 인해 가격은 더욱 높아졌다.

본격적인 공급은 1616년 네덜란드인이 자바섬에서 수입해온 것이 시초가 되었고, 일반에 보급된 18세기에 이르러서는 아시아나 중남미의 플랜테이션에서 대량으로 생산되어 가격이 내려갔다.

아랍에서 유입된 음료라는 이유로, 몸에 나쁘다거나 악마의 선물이라고 주장하는 사람, 약효가 있다는 사람들도 있었다. 교회가 금지령을 내리려 하기 전에, 베네치아의 커피 상인은 교황 **울바누스 8세**에게 맛보게 했다. 교황은 그 향과 맛에 매료되어 『이런 맛있는 것을 이슬람교도들에게 독점시킬 수 없다』라고 말해, 합법적으로 만들었다고 한다.

당시의 사회 또한 합리주의가 태두되기 시작한 때로, 커피를 받아들일 수 있는 환경이 갖춰져 있었다. 와인이나 맥주를 물 대신 마시고 있던 17세기 이전의 유럽에서는 마시는 것은 곧 취하는 것이었다. 노동자들이 휴식시간에 술을 마셨기 때문에 능률이 낮아질 수밖에 없었다. 그런데 근대에는 커피, 그 뒤에는 차가 대중화되자, 이것들은 『이성적 음료』『바람직한 마실것』 등으로 찬양되었다.

또한 아이스커피는 17세기부터 존재하였으며, 카페오레는 18세기에 와서 서민의 음료가 되었다.

커피가 만들어낸 근대문화

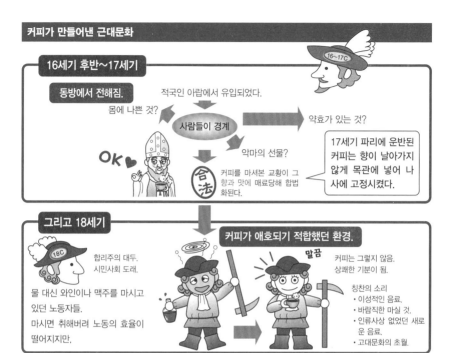

16세기 후반~17세기

동방에서 전해짐.

몸에 나쁜 것?

적국인 아랍에서 유입되었다.

사람들이 경계

약효가 있는 것?

악마의 선물?

OK ❤

커피를 마셔본 교황이 그 향과 맛에 매료당해 합법 화된다.

17세기 파리에 운반된 커피는 향이 날아가지 않게 목관에 넣어 나사에 고정시켰다.

그리고 18세기

합리주의 대두. 시민사회 도래.

물 대신 와인이나 맥주를 마시고 있던 노동자들.

마시면 취해버려 노동의 효율이 떨어지지만,

커피가 애호되기 적합했던 환경.

말끔

커피는 그렇지 않음. 상쾌한 기분이 됨.

칭찬의 소리
· 이성적인 음료.
· 바람직한 마실 것.
· 인류사상 없었던 새로운 음료.
· 고대문화의 초월.

❖ 커피의 기원

에디오피아 남서부의 카파 지방이 커피의 원산지로, 그 지명이 커피의 기원이 되었다. 카파에서는 잎사귀나 열매를 조리거나 볶아서 먹었다. 5~14세기 이웃나라 예멘에도 전해져, 현지의 학자들이 콩을 달여서 마신 것이 음료로서의 시작이었다.

9세기에는 페르시아에서 애호되었고, 후에는 이슬람 문화권에서 철야 의식용의 비약으로 다루어졌다. 당시에는 판춈이라고 하는 환이나 페이스트 형태였다. 처음에는 고위 관리들만이 입에 댈 수 있는 강장제로, 일반화된 후에는 카페에서 마시게 되었다.

이스탄불(콘스탄티노플)에서는 1554년, 최초의 카페가 탄생했다. 음주가 금지된 이슬람권에서는 흥분작용이 있는 커피가 널리 사랑받았다. 그러나 카페에 사람들이 모여 모의 등이 행해질 우려가 있어서 오스만 제국에서는 몇 번이나 금지령을 내렸다. 커피 금지령이 내려진 것은, 아랍이나 후의 유럽 각국이나 마찬가지이다.

용어해설

● 울바누스 8세→재위 1623-1644. 갈릴레오에게 심판을 내리거나 30년전쟁에 개입하는 등 중세적 권력을 행사한 최후의 교황으로 불리운다.

선전공작에 의해 영국에 정착한 홍차

커피도 널리 보급되었으나 그보다 늦게 유럽에 들어온 차는 더욱 전세계에서 사랑을 받았던 음료로, 종류도 많다.

●티타임 문화를 창조해낸 새로운 음료

1606년 포르투갈의 리스본에서 **처음으로 차를 마셨는데** 이것이 일본차일 가능성이 있다. 당시에는 동양풍의 손잡이가 없는 컵에 따라진 뜨거운 차를 받침접시에 조금씩 부어 식힌 다음 후루룩 마시는 것이 유행이었다.

얼마안가 차는 프랑스, 이탈리아, 스페인에서 상류계층의 음료(대중의 커피와 같이)가 되었고, 영국이나 네덜란드에서는 전계층이 마시게 되었다.

유럽인들은 홍차와 차가 같다는 것을 오랫동안 알지 못했고, 제조법 또한 알려지지 않았다. 녹차가 산화발효(반발효)되면 우롱차가 되고, 더 발효되면 홍차가 된다. 도중에 열을 가하면 발효가 멈추게 되는 것이다.

유럽인들은 대항해시대 이후, 중국이나 일본에서 차를 수입해 왔으나, **동인도 회사**는 식민지에서 보다 저렴한 차를 만들려고 획책하였다. 그래서 스리랑카의 실론섬에서 대량생산을 시작하였는데, 차의 판매량은 회사 연수입의 81%에 달했다고 한다. 차는 빠르게 질이 떨어지므로, 쾌속선 『**클리퍼**』로 옮겨졌다. 항해는 경주가 되었고, 승자에게는 고액의 보상금이 수여되었다.

영국인은 평생 10만잔의 차를 마신다고 하는데, 커피보다 차를 좋아하게 된 데는 많은 이유가 있다. 그중에서도 18세기에 동인도 회사의 선전이 성공한 것과, 차의 관세가 내려간 것, 그리고 영국의 수질이 차와 잘 맞았다는 것이 가장 큰 이유이다. 커피보다 만드는데 손이 덜 가고, 연하게 마셔도 문제가 없다는 이점도 있다. 거기다 『커피는 남성을 불능으로 만든다』라는 소문이 돌아 차에 인기가 옮겨가기도 했다.

덧붙여 말하자면 영국 궁정에 차 마시는 습관을 가져온 것은, 포르투갈의 브라간사 집안의 캐서린이었다. 동양의 취미가 유행이었던 1662년, 영국왕 찰스 2세와 결혼한 그녀는 중국차와 설탕을 가져왔다.

영국에 차가 보급되기까지

1606년	포르투갈 리스본에서 처음으로 차를 마셨다. 이후 프랑스, 이탈리아, 스페인에 보급됨. 유럽에서 커피는 서민의 음료, 홍차는 상류계층의 음료가 됨.

1662년	영국에 시집온 포르투갈의 브라간사 집안의 캐서린이 처음으로 중국차와 설탕을 가져옴. 당시에는 중국이나 일본에서 수입됨. 동인도 회사가 실론섬 등 식민지에서 저렴하게 대량생산하였다.

18세기	소비를 촉진시키기 위해 영국에서 대대적인 선전을 하였다. 결과적으로 영국과 네덜란드에서 전계급이 마시게 되었다.

> 영국인은 평생 10만잔의 차를 마신다고 한다.

영국에서는 왜
커피보다 차가 보급되었을까

연하게 마셔도 맛있었다.

차의 관세가 내려갔다.
영국의 수질이 차와 맞았다.

커피보다 만드는데 손이 덜 갔다.
「커피는 남성을 불능으로 만든다」라는 소문이 돌았다.

실제로 차와 홍차는 같은 것.

수확된 차	→	녹차
산화발효	→	반발효되면 우롱차
완전발효	→	홍차

차를 운반한 쾌속선 클리퍼.
영국으로 운반하는 항해는 서로 경주했으며,
보상금도 있었다.

- ●처음으로 차를 마셨다→그밖에 1609년에 네덜란드 동인도 회사의 배가 일본에서 차를 싣고 돌아오거나, 1637년에 차를 마신 사람의 기록이 남겨져 있음. 최초의 배편은 마카오에서 네덜란드의 배 혹은 포르투갈의 배가 싣고 갔다는 이야기도 있음.
- ●동인도회사→아시아 지역의 무역 독점권을 가진 일종의 국책기업. 영국, 네덜란드의 회사가 유명하며, 해당국에 막대한 이익을 가져왔다. 다른 나라에도 존재했다.

어디에 있어도 고귀했던 초콜렛

초콜렛은, 유럽 각국에서 즐기던 커피나 홍차와 같이 스페인, 이탈리아에서 즐겨 마셨던 음료였다.

●초콜렛은 처음에는 음료였다.

신대륙에서 가져온 진귀한 농작물 중 하나는 카카오였다. 스페인 사람들은 이것을 원산지에서와 같은 방법으로 **음료**로 만들어 마셨다.

초콜렛은 커피나 홍차보다 카페인이 적으나, 영양이 풍부하여 『생명의 음료』로 불리었다. 카카오는 스페인 지배하의 식민지에서만 자랐기 때문에, 16세기부터 100년간은 스페인이 **독점**하여, 양가의 규수가 시집갈 때 지참금으로 가져간 경우도 있었다. 1693년 당시의 프랑스에서는 1잔의 초콜렛이 차나 커피의 2, 3배의 가격이었다고 한다.

당초에는 맛이 썼기 때문에 인기가 없었으나, 식민지에서 이주한 수녀들이 바닐라나 설탕, 크림 등을 더해 맛있게 만들었다. 1585년 유럽에 처음으로 상륙한 고가의 카카오는 날개돋힌 듯이 팔려나갔다고 한다.

초콜렛은 후추, 우유, 계란, 와인이나 장미꽃을 넣어 먹기도 했으나, 특히 계피를 넣은 것이 여성들에게 큰 인기가 있었다.

얼마 후 초콜렛은 귀족이나 문화인의 음료로 취급받게 되었고, 특히 아침식사 전에 침대에서 느긋하게 마셨다. 커피와 대조적으로 우아하고, 호화스럽고, 권태로운 분위기에서 마시는 기호품, 특권계급의 상징이었다. 커피하우스와는 대조적으로 초콜렛하우스도 있었고, 그곳에서는 귀족이나 예술가들이 출입하였다. 1847년 이후에는, 초콜렛이 **고형의 과자**로 만들어지자, 오페라 극장의 분장실 입구에 과자가게가 개점되어 팔기 시작했다고 한다.

루이 13세의 부인인 안느 도트리슈가 초콜렛을 좋아했고, 귀족취미로 알려진 문호 괴테는 커피를 싫어하고 초콜렛을 좋아했다. 루이 15세의 애첩, 뒤 바리 부인은 애인에게 초콜렛을 선물했으며, 카사노바는 샴페인 대신에 초콜렛을 마셨다. 당시에는 상당한 최음효과가 있는 것으로 생각되었던 모양이다.

셀레브리티가 좋아했던 초콜렛

중남미

16세기에 스페인인이 신대륙에서 카카오를 가져왔어.

카카오

카카오 음료

그대로 마시면 쓰다.

스페인

16~17C

바닐라, 설탕, 크림을 넣어서 맛을 내기 시작하며 인기를 끌었다.

후추나 와인을 넣어도 괜찮네. 계피를 넣은 것은 여성에게 인기가 많지.

100년 동안 독점해서 부자가 됐다.

초콜렛은 음료로 유행함.

차나 커피보다 비쌌으니까.

18세기 처음으로 스페인에서 제조된 쇼콜라톨(초콜렛용 찻주전자)

초콜렛은 우아, 호화, 권태, 특권계급의 상징이었다.

♣ 초콜렛의 기원

　카카오는 중남미가 원산지이며, 현지에서는 신의 음식이라고 불리었다. 진상품이나 왕후귀족의 음료일 뿐만 아니라 화폐로도 사용되었다. 마야인들은 카카오 조각 10개에 토끼 한 마리, 카카오 알 4개에 호박 하나, 8~10개면 여자와의 하룻밤, 100개에 노예를 살 수 있었다.

　카카오콩(콩이 아니라 그 안의 씨)을 볶은 뒤 빻아 뜨거운 물을 더해 잘 휘저으면 거품이 생긴다. 이 음료를 마야어로 『차카우아』, 아즈텍어로는 『초코아톨』이라고 한다. 초콜렛의 어원이다. 거기에 벌꿀, 과일, 향신료, 옥수수가루, 고추, 사향, 붉은 착색료, 환각버섯을 넣어 마시기도 했다.

용어해설

● 음료→오늘날의 코코아 또는 핫 초콜렛과는 약간 다르다. 코코아는 카카오콩 성분에서 지방을 반 정도 줄이고 가루로 만들어서 마시기 편하게 한다.
● 독점→17세기에는 다른 나라도 신대륙에 카카오플랜테이션을 만들어, 아프리카나 아시아에도 이식되었다.
● 고형의 과자→19세기에는 고형 초콜렛이 네덜란드나 오스트리아, 벨기에의 특산품이 된다.

증류주는 현세의 괴로움을 잊게 해주는 특효약

와인이나 맥주보다 독한 술을 원한다면 증류하여 만드는 방법밖에 없다. 증류주가 탄생된 것은 의외로 후세의 일이다. 식초도 증류기술로 만들어졌다.

●증류주는 연금술에서 생겨났다.

증류기술 자체는 기원전 4000~3000년경 메소포타미아에 있었고, 당시에는 꽃에서 향유를 모으기 위해 이용했다. 그리스에서도 아리스토텔레스가 바닷물에서 담수를 얻는 방법을 알고 있었다고 한다.

증류주를 만들게 된 기술은, 8세기 코르도바의 연금술사 자빌 이븐 하이얀이 우연히 고안해냈다. 이것이 후에 유럽에 전해져, 먼저 이탈리아의 수도원이 11~13세기에 포도에서 **리큐르**를 제조했다. 처음에는 『생명의 물』이라는 약품으로 알려졌다. 열병, 배탈, 중풍에 효과가 있었고, 정신적 고통도 줄여주었다.

아일랜드에서 만들어진 보리 증류주도 『**생명의 물**』이라고 불리었다. 상품화된 것은 11세기경이었으나, 그 전부터 제조되었다고 한다. 같은 시기 스코틀랜드에서도 증류주가 생겨나, 이러한 아이리쉬 위스키나 스카치를 참고하여 러시아의 안바크에서 보드카를 만들었다.

15세기의 의사는 『반스푼의 증류주를 매일 아침 마시면 질병예방이 되고, 기분 좋게 일을 할 수 있으며, 죽음을 맞이한 병자도 마지막 유언을 할 수 있는 힘을 준다』고 주장하며 증류주를 추천했다. 특히 추운 지방에서는 독한 술이 빨리 취해 몸이 따뜻해졌기 때문에 인기가 많았다. 증류주는 16~17세기에 일반화되었고, 농민은 아침에 1잔을 마시고 일을 나가기도 했다.

부패하지 않고 부피가 크지 않았기 때문에 대항해시대에는 고가의 상품으로서 유통되었다. 해외의 거래처에서는 증류주가 큰 인기를 끌었고, 식민지에서 나는 재료로 럼 등의 술을 만들어 가져오면 이익이 되기도 했다.

한편 동양에서는 서양보다 빠른 시기에 증류기술이 널리 퍼져, 소홍주나 소주 등의 증류주를 많이 마셨다. 일본의 사츠마소주(큐슈 지방의 고구마소주)는 16세기 전반부터 제조되었다.

서양의 증류주

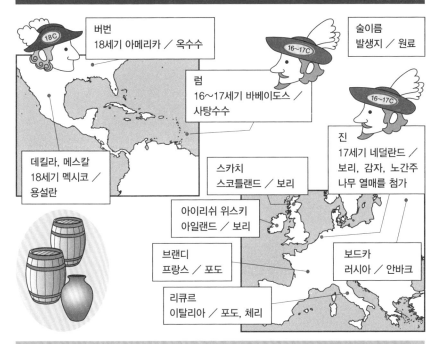

술이름
발생지 / 원료

버번
18세기 아메리카 / 옥수수

럼
16～17세기 바베이도스 /
사탕수수

진
17세기 네덜란드 /
보리, 감자, 노간주
나무 열매를 첨가

데킬라, 메스칼
18세기 멕시코 /
용설란

스카치
스코틀랜드 / 보리

아이리쉬 위스키
아일랜드 / 보리

브랜디
프랑스 / 포도

보드카
러시아 / 안바크

리큐르
이탈리아 / 포도, 체리

❖ 밀주로 횡행한 위스키

　서민들 사이에 자가생산했던 위스키는 1505년에는 제조자가 제한되었고, 1644년 부터는 세금이 물려졌다. 이에 반발하는 사람들이 많아, 이후로 계속 농민에 의한 밀 주가 횡행하게 되었다. 일설에는 정규 증류소 8개에 대비 4000개의 증류소가 있었 다고 한다. 감시의 눈을 피하기 위해 위스키를 관에 넣어 운반하는 일도 있었다.

　그 옛날, 위스키는 스트레이트로 마시는 것이 당연시되었으나, 물에 타 설탕을 넣 어 먹는 방법도 있었다.

　19세기 후반, 유럽이 빈곤으로 허덕이며, 가난한 자의 알콜 의존증이 늘어났으나 사회적으로 그것이 허용되었다. 물대용이었던 와인이나 맥주와는 달리 증류주는 취 하기 위한 음료로, 노동자들의 부식이 되었다.

용어해설

●리큐르→오늘날의 리큐르는 포도에서 만들지 않기 때문에 같은 이름이라도 다른 술이다.
●생명의 물→불로불사의 물, 불타는 물이라고도 불렸다. 라틴어로 「아쿠아 바이티」, 프랑스어로는 「오드뷔」, 아일랜 드의 게일어 발음인 「위스게 퍼」는 위스키의 어원이 되었다.

먹지 않는 빵접시 트랑쇼와르

르네상스 시대까지 부유층은 그릇을 사용하지 않고, 일부러 빵을 딱딱하게 해서 그릇대용으로 사용했다. 국물에 꼭 필요한 스푼의 존재를 알면서도 사용하지 않았다.

●종교상의 이유로 자유롭지 못했나?

15~16세기 접시가 보급되기 전에, 중세인들은 먹을 수 있는 그릇, 『**트랑쇼와르**』(영어로는 **트랜쳐**)에 음식을 담아 손으로 음식을 먹었다. 더구나 스푼, 나이프, 국물그릇이나 유리그릇이 한 사람당 하나씩 사용하게 된 것도 접시의 등장과 시기를 같이 한다.

중세 이전의 로마시대에도 숟가락이나 접시가 사용되었으나 중세인들이 사용하지 않은 이유는 종교적으로 **그릇은 더럽다고** 단정했기 때문이다.

트랑쇼와르는 일주일간 보관해 딱딱해진 평평한 빵이다. 고기요리를 담으면 고기의 육즙이 빵을 적셔 부드럽게 되어 맛있게 먹을 수 있다. 그러나 부유층에서는 이 빵을 먹는 것을 천박하게 여겼다. 먹는 빵은 따로 있고, 트랑쇼와르는 하인이나 빈민, 그리고 개에게나 주는 것이었다. 그리하여 트랑쇼와르는 『베푸는 그릇』이라는 별칭도 생겼다.

트랑쇼와르는 직접 테이블 위에 놓지 않고, 장방형이나 정방형의 목판, 주석 원반을 밑에 놓는 경우도 있었다. 그 방법이 훨씬 위생적이었다.

서민의 가정에서 트랑쇼와르는 식사의 일부분으로 가장 마지막에 먹었다. 트랑쇼와르를 준비할 수 없는 빈민들은 앞서 말한 나무판에 음식을 담아 먹었지만, 그것도 없으면 국물밖에 먹을 것이 없었다.

북유럽 신화의 신 로키는 먹기 싸움에서 그릇까지 먹었다고 하는데 이 그릇이 트랑쇼와르로 추정된다.

유럽인들이 고기요리를 많이 먹었기 때문에 고기를 자르기 위한 커다란 나이프만은 일찍부터 사용되었다. 당초에 고기를 자르는 일은 식사 인원 중 최고 권력자가 하는 일이었다. 평등하게 잘라 나누는 것이 통치 능력과 동일시됐다. 또한 중세 후기에는 『플레잔트왈』이라고 불리는, 고기를 담아 식사자리까지 옮기기 편하게 넓적한 나이프도 등장했다.

그릇 대용의 평평한 빵

트랑쇼와르(불어) = 트랜쳐(영어)

일주일간 보관해 딱딱해진 평평한 빵.

15~16세기 접시가 보급되기 전에
중세시대 내내 식탁에서 고급 요리를 담는 그릇의 용도로 쓰였다.

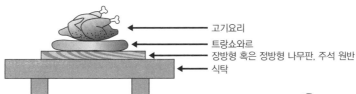

고기요리
트랑쇼와르
장방형 혹은 정방형 나무판, 주석 원반
식탁

트랑쇼와르에 고기요리를 담으면, 육즙이 스며들어
부드럽게 된다.
맛있었지만 먹는 빵은 별도로 있어 트랑쇼와르를
먹는 것은 천박하게 여겼다.

하인, 빈민, 개나 가축에게 베푸는 것이었다.

별칭 「베푸는 그릇」

그랬지만…

서민 가정에서는 트랑쇼와르는 식사의 일부로 마지막
에 먹었다.

트랑쇼와르를 준비할 수 없는 빈민은 일상적으로 국물
요리만 먹을 수 있었다.

접시가 트랑쇼와르를 대체한 동시대에 숟가락, 나이프,
국물그릇, 와인잔이 한 사람당 하나씩 사용되었다.
그전까지는 전부 손으로 먹었고, 공용식기로 식사를
하였다.

용어해설
● 그릇는 더럽다→중세의 그림이나 판화 등의 기록에는 숟가락이 등장하지 않는데 의도적으로 그리지 않았다는 걸
알 수 있다. 어쩌면 15세기 전에 사용했던 적이 있을지도 모른다.

스푼은 사랑의 증거, 나이프는 신뢰의 증거

르네상스시대에 들어서, 겨우 숟가락이 사용되었다. 또 이 시대에 사용된 식기에는 먹는 도구 의외의 의미도 있었다.

●르네상스와 종교개혁으로 보인 식탁의 희망

숟가락은 2만년 전 서아시아에서 발명되어, 이후 세계에서 널리 사용되었다. 그러나 종교적인 이유 때문에, 중세 유럽에서 숟가락이 사용되게 된 것은 르네상스 이후의 일이었다.

숟가락의 재질은 동물의 뼈, 금속재, 목재 순으로 고가였다. 뼈로 만든 숟가락은 금속보다 가볍고, 부드러웠으며 목재보다 까칠하지 않았다. 거기다 손에 잡기도 편해 큰 인기가 있었다.

그리고 숟가락을, 길조를 부르는 물건으로도 여겼다.

신생아에게는 숟가락을 선물하였는데, 부잣집에서 태어난 아이에게는 은숟가락을 선물했다. 이것을 『은수저를 물고 태어났다』라고 표현했다. 사랑의 상징으로도 여겨져, 연인사이에 숟가락을 서로 선물하는 관습도 있었다.

그런데, 영국에서는 숟가락이나 이쑤시개를 모자에 꽂아 다니는 관습이 있었다. 식당에 준비되어 있지 않은 경우가 대부분이었기 때문이다. 오히려 숟가락을 지참하고 식사모임에 참여하는 것이 에티켓이었다.

숟가락뿐만 아니라 **나이프**, 냅킨, 양초 등 당시 비싼 도구들을 손님이 직접 가져가는 것이 흔했다. 식기는 귀중품이었고, 엄중하게 관리될 정도였다.

그중 나이프는 다른 사람에게 빌리는 경우도 있었는데 위험한 도구를 빌리고 빌려주는 사이라는 것으로 신뢰의 증거가 되기도 했다.

나이프는 음식을 자르는 것뿐만 아니라 (포크가 아직 없었던 시대에는) 고기를 찍어 먹는 용도로도 쓰였다. 나이프가 없을 경우, 손가락을 사용해서는 안됐기 때문에 빵 끝으로 고기를 자르기도 했다. 또한 나이프는 빵에 버터를 바를 때도 필요했다.

사용이 금지됐던 숟가락

숟가락은 2만년 전 서아시아에서 발명되었다.

> 중세 유럽에서는 처음에 종교적 이유로 사용하지 않았다.

중세 성직자의 의견

> 음식은 신의 은혜. 그것을 만져도 되는 것은 신이 만든 인간의 손. 도구를 사용하는 것은 신에 대한 모독!!

그리하여(지역에 따라 다르지만) 사람들은 가능한 한 식기를 사용하지 않았다.

국물요리는 그릇에 넣을 수밖에 없었지만 숟가락을 사용하지 않고 그릇에 입을 대고 직접 마셨다.

손으로 집어 식사함.

그릇으로
트랑쇼와르가 사용되었다.

숟가락이나 이쑤시개를 모자에 꽂고 다녔다.

〈영국의 관습〉
당시 여러 가지 식사 도구가 귀중했고, 식당에서 따로 빌려주지 않았기 때문에 에티켓으로 소지하고 다녔다.

길조를 부르는 물건, 숟가락
• 신생아에 선물
  (행운기원).
• 연인 사이에 선물
  (사랑의 맹세).
  켈트족의 습관이 시초.

용어해설

● 나이프→고기를 자르는 데 필요했고, 그 옛날에는 큰 접시와 같이 세트로 있었기 때문에 각자 가지고 다니지는 않았다.

포크가 상용화되기까지의 우여곡절

나이프와 포크를 양손에 들고 먹는 스타일이 정착된 것은 18세기의 일이다. 그전까지 유럽에서는 손으로 음식을 먹었다.

●유럽에서 혐오의 대상이였던 포크

포크는 다른 도구보다 늦게 보급되었다. 유럽에 소개된 것은 11세기경의 일로, 이탈리아로 시집온 비잔틴 제국의 공주가 가져온 금으로 만든 포크가 처음이었다. 실제로는 그 수십 년 전 이탈리아의 백과사전에도 포크로 식사를 하는 수도승의 그림이 실려 있었다.

멋부리기 좋아하는 일부를 제외하고는, 포크는 사람들에게 잘 사용되지 않았다. 오히려 포크를 사용하면 바보취급을 받을 정도였다.

처음으로 포크가 일반화된 것은 15~16세기의 이탈리아에서였다. 막 삶은 파스타나 마카로니, 뜨거운 라자냐를 맨손으로 먹는 것은 불편하고 위험했기 때문이다. **면은 이탈리아 이외의 지역에서는 보급되지 않았기 때문에** 포크의 보급도 여기서 잠시 멈추었다. 당초에 포크는 『휴스키나』(작은 갈퀴)라고 불리었으며, 이단으로 되어 사용하기 편리하지는 않았다. 또한 이탈리아에서는 14세기에 큰 그릇용으로 『셸비토』라는 같은 형태의 기구도 사용하였다.

포크가 왜 사용되지 않았는가 하면, 흉기의 이미지가 강해 식탁에 어울리지 않았기 때문이다. 특히 여성은 사용하지 않았다. 또한 교회도 사용하는 것을 반대했다.

그러나 손으로 집어먹는 것이 불결하게 여겨지기 시작하면서, 16세기 후반부터 서서히 정착이 되었다. 재질은 철, 동, 은이 주로 사용되었는데 영국에서는 고기를 나이프에 올려 입으로 옮겼다. 2단으로는 집는 힘이 부족했기 때문이다.

프랑스에서는 혁명 후 급속도로 보급되었는데, 혁명 후 살아남은 귀족들이 평민과 자신들의 차이를 어필하고 싶어 솔선하여 사용하였다. 그러자 평민들도 곧바로 따라해 널리 퍼지게 되었다.

그 후 실용성을 더해 3단 또는 4단으로 만들어졌고 18세기가 되어서는 숟가락과 포크의 세트라는 현재의 형태가 정착되었다.

포크의 보급사

 11세기　이탈리아로 시집온 비잔틴 제국의 공주가 금으로 된 포크를 가져온다(기원은 비잔틴 제국?).

종처럼 보급되지 않았다. 사용하는 사람은 바보취급을 당하는 경우도 있었다.

15~16세기　이탈리아에서 파스타를 먹는 도구로서 보급되기 시작.

그러나 면과 포크 모두 이탈리아 이외 지역에는 보급되지 않았다.

끝부분이 뾰족하여 흉기의 이미지가 강해, 식탁에 어울리지 않았다. 특히 여성들은 사용하려고 하지 않았다.

16세기 후반　손으로 음식을 먹지 않게 되면서 서서히 정착.

처음에 포크는 이탈리아에서 휴스키나(작은 갈퀴)라고 불리며, 2단이었다.

결국은 실용성을 더한 3단, 혹은 4단으로 발전.

프랑스혁명 이후　프랑스에 급속도로 보급.
평민과 다르다는 것을 어필하기 위해 살아남은 귀족들이 사용했다.
그러자 귀족을 동경하는 평민들이 바로 흉내를 내 널리 퍼지게 된다.

음식의 선진국인 프랑스에서 사용되자 다른 나라에도 바로 널리 보급된다.

용어해설

●면은 이탈리아 이외의 지역에서는 보급되지 않았다→이상한 이야기지만, 동양에서는 각국에서 사랑받았는데 반해 서양에서는 퍼지지 않았다.

귀중하게 여겨진 은그릇과 기업비밀이었던 도자기

중세에서 근대에 걸친 시대, 유럽에서는 왕후귀족들이 사용하던 호화로운 식기들은 부와 권력의 상징이었다.

●좋은 식기를 사용하면 요리도 빛난다

옛날에는 소금그릇, 사발, 항아리, 물통, 와인병, 그리고 테이블보도 고가였다. 냅킨은 테이블보를 더럽히지 않도록 발명된 것이기도 하다.

개인용 식기에는 와인을 담는 잔이 있었다. 재질은 나무나 도자기였으며 유리나 주석으로 만들어진 컵도 귀중하게 여겨졌다.

나이프나 숟가락, 포크는 연회에 사용되면 도둑을 맞는 경우도 있었기 때문에 엄중하게 감시하였고 손님에게는 빌려주지 않는 시대도 있었다.

식기 중에서도 **은제식기**는 특히 더 사랑받았다. 은제는 깨끗이 오랫동안 사용할 수 있었을 뿐만 아니라 보온성도 탁월하였기 때문에 식기로서 실용성이 높았다.

독성에 반응하는 성질도 있었기 때문에 독살예방 차원에서도 자주 사용되었다.

루이 1세는 3000장의 접시를 소유하였고, 그중 10%가 금, 나머지는 백은과 금을 도금한 은제접시였다.

시대가 흘러, 요리 그릇에 뚜껑이 달리기 시작했으나, 그것도 은으로 만든 경우가 대부분이었다. 이것은 보온을 위해서였지만, 가루가 음식에 떨어지는 것을 방지하기 위한 것이기도 했다. 당시의 귀족들은 멋을 부리기 위해 흰 가발을 썼는데 거기에는 흰 가루가 뿌려져 있었던 것이다.

도자기는 양질의 흙이 있는 중국에서 600년 무렵부터 생산되었다. 이것을 마르코 폴로가 유럽에 가지고와 13세기부터 사용되었다.

도자기 브랜드 『마이센』은, **작센주의 제후 아우구스트 2세**가 연금술사 요한 프레드리히 베드가에게 명령하여 만들게 했다. 베드가는 비밀이 새어나가는 것을 방지하기 위해 유배되어 술에 찌들어가며 고통스럽게 죽었다.

후에 오스트리아 빈의 궁정무관 두 바키에가 마이센의 기술자를 데려와 오스트리아에서도 도자기가 생산되었다. 그 후 이 공방은 여제 마리아 테레지아에 의해 국유화되었고, 명품을 세상에 내놓았다.

테이블 위의 식기류

공들여 만든 장식이
있는 소금그릇

오목한 접시

잔(컵)은 목재나 도자기가
일반적. 때로는 유리나 주
석, 오래전에는 뼈를 깎아
만든 잔도 있었다.

냅킨은 테이블보를
더럽히지 않기 위해
발명되었다.

물병

그 외에도 사발, 항아리, 와인병 등이 있었다.

은식기와 도자기

은식기는 특히 사랑받았다.

그 이유는

- 깨끗하게 보이고 오랫동안 사용할 수 있다.
- 보온성이 뛰어나다.
- 독성에 반응하는 성질이 있다(독살예방을
  위해 사용).

도자기는 마이센이 유명.

중국의 도자기를 기본으로 연금술사가 고생 끝
에 제조법을 알아냈다. 후에 오스트리아에서도
국유화.

식기의 은뚜껑
보온용이지만, 귀족의 가발의 흰
가루가 떨어지는 것을 방지하기 위
한 것이기도 했다.

용어해설

● 작센주의 제후 아우구스트 2세→1670-1733. 폴란드 • 리투아니아 공화국의 왕도 겸했다. 경이적인 괴력의 소유자
로 맨손으로 말편자를 구부러뜨릴 수 있었다. 『강건왕』, 『작센의 헤라클레스』, 『철완왕』 등의 별명을 가졌다.

197

중세 유대인의 축제일의 식사

유럽에 살았던 유대인은 기독교도와는 다른 축제를 벌이며 색다른 식문화를 가지고 있었다. 그들의 요리는 중세의 기준으로는 담백했다.

●평일과 각각의 축제용 메뉴의 커다란 차이

14~15세기의 유대인 가정의 일상적인 식사는 빵, 양배추, 샐러드, 기름, 와인 등이었다. 그들은 대부분 대식가였고, 고기는 양고기를 좋아했다. 물고기는 먹어도 되었지만 선호하지 않는 식재료로 경시되었다.

식사횟수는 독특하여, 아침에 일어나서 곧바로 먹고 그 다음이 하루의 **일이 끝난 후였다.** 즉 1일 2회의 식사였다. 그 외에 경식을 한 번 먹는다.

전채와 메인, 디저트 같은 구분은 없었고 먹는 순번도 정해져 있지 않지만 식전의 손 씻기와 기도는 엄격하게 지켜졌다.

일요일은 안식일로, 요리는 금지되었기 때문에 전날에 음식을 준비해 두었다. 또한 축제일에는 자신이 직접 구운 무발효빵을 먹어야 했다. 대부분의 경우, 공동으로 빵을 굽는 곳에서 보통의 빵과 같이 굽고 유대인이 장작이나 나뭇가지를 지펴 자신이 구운 것으로 여겼다.

경사가 있으면 각각의 예법에 맞는 요리를 먹었다.

결혼식에는 악마를 쫓는 효과가 있는 『**코르판**』을 먹었고 조금 여유가 있으면 『**타라레스**』가 나왔다. 신부는 결혼 1주일 후에 매듭을 짓겠다는 의미로 생선을 몇 마리 사서 마루에 놓고 세 번 그 위를 넘었다. 이것은 『생선처럼 아이를 많이 낳도록』이란 뜻의 주문이다.

『하다스』의식은 신생아를 위한 축하로, 손님은 모친의 방에 모여 가레트, 도라제 등의 과자, 벌꿀을 바른 얇은 빵 등을 먹는다. 또한 남자아이라면 수탉요리, 벌꿀과 기름으로 조리한 쌀, 튀김과자인『페뇨』가 나왔다. 아이와 관련된 축하연에서는 단 것이 많았다.

장례식에는 단단하게 삶은 계란과 녹책채소를 먹고, 음료는 물만 마실 수 있었다. 이 물은 공동 우물이거나 7km 이상 떨어진 집에서 길어온 물이어야 했다.

중세 유대인의 축제일의 식사

14~15세기 │유대인의 일반적인 식재료│

> 빵, 양배추, 샐러드, 기름, 와인, 양고기

일요일은 안식일 조리 등의 노동은 금지.
전날에 음식을 준비.

│축제일의 규범│

자신이 직접 구운 무발효빵을 먹어야 한다.

하지만 빵가마를 빌릴 수 없다.

▼

나뭇가지를 지펴 자신이 구운 것으로 여겼다.

뭐야, 이 사람?!

결혼식 후의 신부의 예의
아이를 많이 낳을 수 있도록 생선을 마루에 놓고 3번 그 위를 넘었다.

3번

풀짝

하다스(신생아 탄생기념)의 음식
가레트, 도라제 등의 과자. 벌꿀을 바른 얇은 빵. 남자아이라면 수탉요리, 벌꿀과 기름으로 조리한 쌀, 튀김과자인 페뇨가 나왔다.

장례식의 음식
단단하게 삶은 계란과 녹책채소를 먹고, 음료는 물뿐. 공동 우물이거나 먼 곳에 있는 집에서 길어온 물이어야 했다.

유대인의 특징적인 요리

하민	단단하게 삶은 계란과 고기와 콩이 들어간 포타쥬 수프. 향신료나 허브, 시금치나 양파 같은 야채가 들어가는 경우도 있다.
프리카세	화이트소스의 고기야채볶음.
크로켓	향신료가 들어간 소고기경단을 기름에 볶아, 스프와 끓이거나 소스를 뿌린 요리.
엔파나디쟈	작은 미트파이. 메인이나 디저트로 나온다.
샐러드	샐러리와 샐러드채소에 식초를 뿌린 것.
야채튀김	가지와 시금치, 호박, 양파 등.
단단하게 삶은 계란	유대인들은 관혼상제 때 자주 삶은 계란을 먹었다.
캇사하트	치즈로 만든 유대인의 아이스크림.

용어해설
- ●일이 끝난 후→스페인의 유대교도는 두 번째 식사를 정오에 했다.
- ●코르판→깨가 들어간 작은 빵.
- ●타라레스→소맥분과 설탕과 기름으로 만든 팔찌 모양의 과자.

유대인의 음식의 터부

유대교는 여러 가지 계율이 존재한다. 식재료나 조리법도 금기가 있어 오늘날에도 엄격한 신자는 모든 계율을 지킨다고 한다.

●사고나 경험에서 생겨난 여러 가지 계율

유대인의 식습관은, 유대인의 사상에 그리스 문화나 북방민족의 관습이 섞여서 생겼다. 생활 전반에 규정이 있는데, 식사에 관련된 계율은『**카슈루트**』라고 한다.

제일 유명한 것이『굽이 갈라져 있고 되새김질을 하는 것』은 먹어도 된다는 구약성서의 말이다. 소, 양, 염소, 사슴 등이 이에 해당하는데, 이러한 조건에 부합하는 생물은 유대에서는 정결하게 여겨 식재료가 된다. 만일 조건이 두 개 겹치면 두 배로 청결하다고 생각했다.

바다나 강에 있는 생물은『지느러미와 비늘이 있는 것』은 먹어도 된다. 생선류 전반은 괜찮지만 장어나 메기, 돌고래 등의 비늘이 없는 생선은 먹으면 안 된다. 오징어나 문어, 조개도 안 된다. 하지만 대하는 괜찮다고 여겼다.

『날개로 나는 것』은 먹어도 되지만『육식을 하는 것』은 먹으면 안 되기 때문에 먹어도 되는 것은 오리, 비둘기, 닭 등이다. 그 외에『신의 구상에 맞지 않는 것』, 다시 말해 부정한 생물로는 걸어 다니는 생선(게), 뛰어다니는 새(타조) 등이 있다.『육구(肉球)가 있는 것』도 금지되기 때문에 여우나 고양이도 먹을 수 없다.

식물로는 심고난 뒤 3년 이내의 나무열매는 먹으면 안 된다.

와인은 자가제여야 하고 이교도의 손이 타지 않도록 관리해야 하지만, 유럽에 살고 있는 유대인들에게는 어려운 이야기였다. 또한 카슈루트로 금지되어 있는 식품을 이교도에게 파는 것은 허가되었다.

구약성서에는『어린 염소를 그 어미의 젖에 삶지 마라』라는 말이 나온다. 여기에서 조리의 계율이 생겨, 고기와 유제품을 같이 조리하면 안 되게 되었다. 그렇기 때문에 유제품과 고기는 6시간 이상의 사이를 두고 먹어야만 한다.

유대인의 음식에 대한 계율

카슈루트(음식의 계율)

유대교에서는 아래와 같은 조건에 부합하는 생물만을 정결하게 여겨 식재료로 사용했다.

굽이 갈라져 있고 되새김질을 하는 것은 먹어도 된다.

소, 양, 염소, 사슴은 OK. 돼지, 토끼, 말, 낙타, 개과, 고양이과 는 NG.

바다나 강에 있는 생물 중 지느러미와 비늘이 있는 것은 먹어도 된다.

생선류 전반은 OK. 장어, 메기, 돌고래는 비늘이 없어 NG. 오징어나 문어 조개도 NG. 하지만 대하는 괜찮다고 여겼다.

날개로 날아다니고, 육식을 하지 않는 것은 먹어도 된다.

오리, 비둘기, 닭은 OK. 맹금류나 잡식성의 새, 타조는 NG.

『배를 끌고 걷는 것』은 먹으면 안 된다.

파충류나 양서류 전반, 두더쥐나 쥐 등의 작은 동물이 들어간다. 또한 벌레는 메뚜기만이 OK.

❖ 유대 계율의 이념

유대인들은 경계가 애매한 생물에는 악이 개입하였고, 그것을 먹은 사람도 악에 감염된다고 생각하였다.

생활전반의 이야기를 하자면, 순결한 것이나 자연스러운 형태가 좋고, 혼재되어 있거나 잡종은 용서받지 못한다. 말과 당나귀의 교배는 해서는 안됐고, 밭에서는 소맥이나 대맥 중 하나를 심어야 하며, 소와 당나귀로 같이 밭을 가는 것도 금지. 아마로 만든 옷과 털옷은 입어도 상관없으나 두 개가 섞인 천으로 만든 옷을 입으면 안된다. 그리고 이성의 옷을 입는 것도 금지된다. 동성애나 근친상간을 행한 자는 사형이라고 주장하는 사람도 있다.

용어해설

● 유대인의 식습관→원래 유대인이 살았던 중동의 풍토에 맞는 식습관의 규범이다. 식용 이외의 용도로 쓸 수 있는 동물이나, 썩기 쉬운 식재료를 먹는 것을 금지한 것이다.

평판이 좋았던 유대인의 식육

잡균투성이고 피도 뽑지 않은 맛없는 고기가 유통되던 시대. 유대인들이 해체한 고기는 꽤 평판이 좋았다.

●자비심을 가지고 한 번에 죽인 가축

유대교도는 유럽에 퍼져 기독교인과 공존해 있었고 밀접하게 연관이 돼 있었다. 가끔씩 식습관의 차이로 알력도 생겼지만 기독교인들의 필요에 부합하는 것도 있었다. 그것은 식육을 처리하는 방법이다.

중세시기, 유대인들은 고기를 즐겨 먹었는데 제공된 것은 공동체에서 고용한 전문 도축업자『쇼헤트』가 지정된 수순으로 처리한 동물이어야 했다. 동물은 식육으로 처리되기 전에 건강이 어떤지 검사를 마치고 둔기로 기절시킨 뒤 식도와 목을 한 번에 자른다. 피가 흐르면『메리하』(소금물)에 절여 피를 완전히 뺀다. 13세기 이후에는 **랍비**가 작업을 감시하게 되었다. 도살장에는 그 외에 내장을 검사하는『보데크』라는 직원도 있었다. 유대교에서는 피는 생명의 원천이기 때문에 고기만을 먹는 게 허락되었다.

좌골신경이나 정강이 근육은『신이 야곱의 허벅지 관절에 충격을 주었다』라는 고사가 있었기 때문에 먹지 않는다. 지방도 신에게 바쳐졌던 고사가 있어 먹지 않는다.

유대인의 도살장에는 고기가 많이 남았다. 피를 뽑는데 실패한 가축이나 위에서 이야기한 계율로 먹지 않는 부위가 있었기 때문이다. 이것들은 기독교인에게 싸게 내놓았다. 유대인들이 잡은 고기는 깨끗하고 종류가 많았으며 처리도 잘 돼 있어서 맛있었다. 게다가 저렴했기 때문에 인기도 높았다.

하지만 기독교인들의 입장에서는 실패해 남거나 필요가 없는 고기를 사는 게 굴욕적이었다. 중세의 교회는 몇 번인가 금지령을 내려 벌칙을 만들고 벌금도 물렸다. 경쟁 상대인 정육점에서도 미움을 받았고 시판의 고기보다 비싸게 팔도록 강요받기도 했다.

그리고 페스트가 유행했을 때, 청결한 고기를 먹은 유대교도의 사망률이 낮았다. 그 때문에 기독교인들에게『전염병이 도는 건 유대인들이 우물에 독을 탔기 때문이다』라는 모함을 받았다.

중세사회의 유대인의 고기

유대인의 식육처리수순

①동물이 건강한지 검사한다.

⬇

②둔기로 기절시켜 목을 자른다.

⬇

③피가 흐르면 소금물에 절여 피를 완전히 뺀다.

13세기의
도살 스탭

쇼헤트
식육처리의
전문가

보데크
내장을 검사하는
사람

랍비
작업을 감시하는
유대교의 사제

유대인이 먹지 않는 고기의 부위와 조건

신에게 바치기 위해 먹지 않는 고기와 부정(不淨)해서 먹지 않는 부위가 있다.

⬇

신에게 바치는 것

동물의 좌골신경이나 정강이 근육, 지방, 유대인의 전승에 관련된 부위 또는 옛날부터 바쳐진 부위.

부정하게 여겨지는 고기
(유대인은 먹지 않는다)

목이 졸려 죽은 동물.
병이 들거나 거세된 동물.
다른 동물에게 살해당한 동물(손톱이나 이빨자국이 있는 시체)은 유대인들은 먹지 않는다.

⬇

계율로 부적합하다고 여겨진 고기

⬇

버리지 않고 기독교인들에게 싸게 팔았다.
유대인들이 잡은 고기는 인기가 있었다.

• 깨끗하고 종류가 많다.
• 처리가 잘 돼 있어 맛있다.
• 게다가 저렴하다.

찌꺼기고기를 얻어먹는 입장의 기독교인들은 굴욕적.

교회나 정육점은 자주 제재나 벌금을 부과하는 등, 온갖 방해를 하였다.

그리고 페스트가 유행했을 때, 유대교도의 사망률이 낮았기 때문에 「유대인들이 우물에 독을 탔다」라는 모함을 했다.

중세의 돼지 이야기

돼지는 소에서 얻을 수 있는 노동력, 양털과 같은 자원, 유제품 등은 얻을 수 없다. 하지만 흉작에도 강하고 숲에 방목하면 뭐든지 잘 먹고, 다산을 하여 금방 늘어나 성장도 빠르다. 고기를 얻기 위한 최적의 가축이라 말할 수 있다. 그런 돼지이지만 옛날에는 세계 각국에서 다양한 취급을 받았다. 인도에서는 돼지고기를 더럽게 여겼다. 돼지가 오물을 먹기 때문이었다(참고로 고양이, 물고기도 더럽게 여겨졌다. 고양이는 더러운 쥐를, 물고기는 오물이나 시체를 먹기 때문이다).

돼지를 터부로 여길 정도로 싫어한 것은 유대인, 이슬람 등이다. 반대로 크레타 섬에서는 다산을 하기 때문에 여성의 상징으로 신성시되었다. 중국인은 돼지고기를 매우 좋아하여 그 이유로 돼지를 싫어하는 이슬람교가 중국에서는 널리 퍼지지 못했다는 설이 있을 정도이다. 또한 인도, 이집트, 그리스에서, 고대의 일정시기에는 상서로운 동물로 여겼다.

유럽에서의 대접 또한 다른 문화권과 같이 「(유용하지만) 천한 동물」이었다.

중세 프랑스의 시골에서는 돼지라는 단어를 꺼내기 전 「죄송합니다만」이라고 말하지 않으면 안 됐다. 「돼지 목에 진주」는 성서에도 나온 말이며 「돼지 같이 우적우적 먹는다」는 표현도 있다. 유럽에서 차별당한 유대인은 「더럽고, 탐욕스럽다」라고 돼지와 비교당했는데, 유대인의 율법에 금기시되는 돼지에 비교를 당했다니 재미있는 역설이다. 많이 먹으면 병에 걸린다는 소문도 돌았다.

돼지에 대한 이미지는 대식, 색욕, 무지, 이기주의, 불결, 탐욕 등으로 확실히 1년 내내 발정하고 아무것이나 먹기도 한다. 그렇지만 돼지는 인류가 가장 많이 먹은 육류로, 서민의 식재료로서 오랫동안 사랑받아왔다.

서부 유럽의 기후가 좋은 지역에서는 아무리 가난한 농가라도 돼지 한 마리 정도는 키우는 것이 가능했다. 숲속에 방목되어 키워진 돼지는 현대 돼지의 3분의 1이나 4분의 1 정도의 크기로, 50키로 정도의 고기를 얻을 수 있었다. 검붉은 강한 털로 뒤덮혀 귀가 뾰족하고 흉폭했다. 숲속에 같이 살던 멧돼지와 교배하기도 하여, 돼지와 멧돼지의 경계는 불분명하다. 고기는 붉으며 숲속을 돌아다녀 체격이 단단하였다. 당시에 돼지는 생후 1~2년이 되면 식용으로 삼았다.

돼지는 거리를 당당하게 걸어 다니며 쓰레기를 먹었다. 13세기에서 16세기까지 몇 번이고 돼지의 배회를 금지시키는 법률이 나왔지만 효과는 없었다. 가옥에 침입하여 어린 아기를 무는 사건도 발생했다. 그러나 돼지 주인을 찾을 수 없었기 때문에 돼지 자신이(고기로서) 손해배상을 하였다. 사형집행인은 거리에서 돼지를 발견하면 잡아도 괜찮았다. 주인이 벌금을 지불하지 않는 한 죽을 운명이었다. 각지를 순회하는 처리인도 있었고, 날이 지기 전에 배회하는 돼지를 영지 밖으로 쫓아내는 도시도 있었다.

배회하는 돼지는 한적한 마을의 풍물시였으나 12세기 프랑스의 필립 왕자가 돼지 때문에 낙마하여 숨지는 사고가 발생하자 도시 내에 가축 금지령이 내려졌다. 그 당시 파리시민의 절반 정도가 돼지를 기르고 있었다고 한다. 이후에는 농촌의 돼지를 도시까지 걸어오게 해 식용고기로 썼지만 돼지가 피로하고 공복이었기 때문에 고기가 질기고 맛이 없었다. 또한 돼지의 부족으로 상한 고기가 이전보다 많이 나돌게 되어 가공육과 향신료의 수요가 높아졌다고 한다.

제4장

일본의 음식 · 세계의 음식

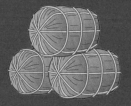

일본의 식문화는 나라시대부터

대략적으로 말하면 나라시대에 기본이 세워지고, 무로마치시대에는 귀족들을 위한 요리문화가 있었다. 그 후 에도시대에 와서 서민의 식문화가 꽃피웠다.

●독자적인 미학의 궁정요리와 풍요로운 서민의 요리

일본식의 식사는 나라시대에 확립되었다. 하지만 가마쿠라시대까지 작법다운 작법이 없었고, 헤이안시대의 귀족들은 **그릇을 밥상에 두고** 먹었다고 한다. 뒤이은 무로마치시대에는 1인용의 밥상에서 밥을 먹게 되었다. 혼젠 요리(한상요리)의 시작이다. 사발에 들어간 밥과 국, 생선과 야채가 한 접시씩 있는 구성이 기본이었다.

조리인은 에보시(두건)를 쓰고 일본도와 같은 강철로 된 식칼을 사용했다. 식재료를 아름답게 담고, 접시 위에 소우주를 만드는 것이 일본요리의 독특한 미학이다. 열을 가하는 등의 조리는 가급적이면 하지 않는 것을 중요시했으며 **조미료**나 향신료도 피했다. 이것은 상류사회의 식문화로서는 세계적으로 드문 일이다.

참고로 낫토나 닭튀김은 헤이안시대부터 있었고, 튀김은 아스카시대 때 중국에서 전해진 것으로 알려져 있다.

식사횟수는 에도시대에 들어설 때까지는 아침저녁 두 번이었지만 농민이나 병사처럼 힘을 쓰는 사람들은 점심의 휴식 때에도 밥을 먹었다고 한다.

전국시대의 일상적인 식사는 신분이 높은 장군이라 해도 소박했다. 매일 잡탕죽을 먹고 가끔씩 나물밥이 나왔다. 전국시대에는 다도문화에서 가이세키 요리(회석요리)의 기본이 구축되었다. 이 시대까지는 짐승고기를 즐겨 먹어 사람들의 체격도 큰 편이었다.

평화로운 에도시대가 되자, 서민들은 번영하여 풍부한 대중요리를 발전시켰다. 지배계층인 무사는 오히려 빈곤해졌지만, 자존심을 지키기 위해 서민과는 다른 소박한 식문화를 계승하게 되었다.

17세기 중반에 메밀국수집이 탄생한 이후 외식산업이 활성화되었다. **튀김**이나 장어를 파는 노점, 걸어 다니면서 파는 행상이 출현했다.

처음에는 절 근처에 있었던 찻집이 도로변에도 생기게 된다. 보통은 차나 가벼운 음식을 팔지만, 극장 근처의 찻집에서는 술을 팔았고, 유곽 근처의 찻집에서는 회가 나오거나 휴게소가 같이 있었다.

일본 식문화의 역사

일본요리의 미학

- 조리인은 에보시(두건)를 쓰고 식칼은 일본도와 같은 강철제.
- 식재료를 작게 자르는 등 세공을 하거나, 아름답게 접시에 담는다.
- 열을 가하는 등의 조리를 가급적이면 피한다.
- 조미료나 향신료도 피하고 재료의 풍미를 살린다.

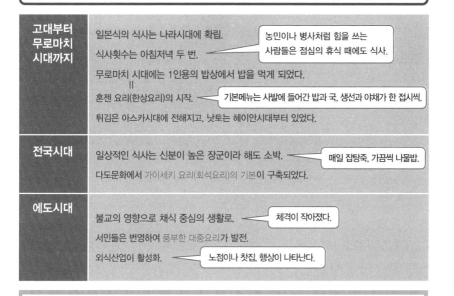

고대부터 무로마치 시대까지	일본식의 식사는 나라시대에 확립.
	식사횟수는 아침저녁 두 번. [농민이나 병사처럼 힘을 쓰는 사람들은 점심의 휴식 때에도 식사.]
	무로마치 시대에는 1인용의 밥상에서 밥을 먹게 되었다. ‖ 혼젠 요리(한상요리)의 시작. [기본메뉴는 사발에 들어간 밥과 국, 생선과 야채가 한 접시씩.]
	튀김은 아스카시대에 전해지고, 낫토는 헤이안시대부터 있었다.
전국시대	일상적인 식사는 신분이 높은 장군이라 해도 소박. [매일 잡탕죽, 가끔씩 나물밥.]
	다도문화에서 가이세키 요리(회석요리)의 기본이 구축되었다.
에도시대	불교의 영향으로 채식 중심의 생활로. [체격이 작아졌다.]
	서민들은 번영하여 풍부한 대중요리가 발전.
	외식산업이 활성화. [노점이나 찻집, 행상이 나타난다.]

❖ 찻집의 메뉴

찻집과 비슷한 시기에 선술집도 등장한다. 일본에서 찻집과 선술집의 구별은 애매했다. 찻집에서 술이 나오고, 선술집에서는 식사도 가능했다.

1862년의 『오오츠에오치하카고(大津絵落葉籠)』외의 사서에 의하면 야채와 고기조림, 구운 경단, 튀김, 군고구마, 고물을 묻힌 떡, 볶은 콩, 초밥, 보리차, 장어, 유자계란, 단과자, 찹쌀떡, 보리밥, 청주, 오차즈케(찻물에 만 밥), 두붓국, 조린 콩, 흰밥, 나라즈케(무절임의 일종), 생대두, 매실장아찌, 우동, 메밀국수 등 많은 음식을 팔았던 것으로 알려진다.

용어해설

- 그릇을 밥상에 두고→세계적으로는 이게 일반적이며, 밥그릇을 손에 들고 먹는 건 일본의 독특한 작법이다.
- 조미료→일본의 주요한 조미료인 간장은 에도시대 전기까지 술과 비슷한 가격이었다. 수요가 적어서 비쌌을 것으로 추측된다.
- 튀김→1772년에 처음으로 기록에 등장한다. 튀김 자체의 역사는 오래됐으며, 처음에는 사치스러운 요리였다.

소면이 일본 면의 기원이었다

사실 일본인들은 세계에서도 『면을 좋아하는』 민족으로 유명하며, 현대에도 많은 종류의 면을 소비하고 있다. 그 기원은 소면이었다.

●나라시대에 전해진 사쿠베이(素餅)

많은 일본문화는 중국에서 전해졌는데, 면도 그중 하나이다.

한나라나 당나라시대의 문서에는 『**사쿠베이(素餅)**』라는 음식이었는데 일본에서는 당시에 『무기나와(麥繩)』라고 불렀다. 그 이름대로 소맥분과 쌀가루를 더해서 만든 반죽을 손으로 밀어 밧줄처럼 꼬아놓은 것이다. 무기나와의 기록은 750년경의 공문서에 처음으로 등장하고, 일본에서 제일 오래된 사전에도 『**무기나와(牟義繩)**』라는 문자로 기록되어 있다.

무기나와는 우동보다 두껍고 날것을 뜯어서 먹었다고 전해진다. 면의 이미지와는 거리가 멀지만 927년의 법령집 『연희식』에서는 삶아서 식힌 뒤, 식초나 고대간장, 소금이나 당분에 무쳐 양념을 곁들여 먹었다. 황족이나 귀족들이 먹는 음식으로 가끔씩 스님들에게 제공되는 경우도 있었다. 헤이안시대에는 7월 7일에 먹는 길한 음식으로 신에게 바쳐 무병장수를 기원했다.

가마쿠라시대 말기에는 『무기나와』를 그대로 읽었으며, 한자를 『索餅』로 변경했다. 이후의 문헌에서는 『索麵(색면)』 『素麵(소면)』 등으로 혼용되다가, 에도시대에는 『**素麵(소면)**』이라고 부르게 되었다. 이러한 흐름에서 일본의 면의 기원은 소면이라고 여겨지게 되었다.

소면은 속어로는 『조로』 『소조로』 『조로조로』 등으로 불렸는데, 먹을 때의 소리를 표시하는 것과 동시에 『가느다란 것』을 암시하는 별명이기도 하다. 당시에는 두꺼웠던 소면은 시대와 함께 가늘어져 후룩거리며 먹을 수 있을 정도가 되었다.

밀가루 떡이 소면으로 변화해가는 사이에 무로마치시대에는 면문화가 꽃피었다. 냉국수, 우동, 따뜻한 소면 등이 이 시대에 등장하게 된다. 이 무렵 중국에서 새로운 제분기술과 납작하게 늘인 반죽을 잘라서 면으로 만드는 방법이 전해졌기 때문이기도 하다.

면

면을 먹는 습관이 있는 지역

옛날부터는 ——— **동아시아** **이탈리아** **중동**

약 200년 전부터는 ——— **동남아시아** **북아프리카**

일본의 면의 시초

750년 무렵	면이 당나라에서 전래된다.(우동보다 두꺼웠다)
헤이안시대	황족이나 귀족, 고위 승려에게 바치는 음식이 된다. 대륙에서 『사쿠베이(索餠)』라고 불리는 면 ➡ 일본의 『무기나와(麥縄)』『무기나와(牟義縄)』 소맥분과 쌀가루를 더해서 만든 반죽을 손으로 밀어 밧줄처럼 꼬아놓은 것이다. 사쿠베이는 중국과자인 마화(麻花)와 만드는 법이나 모양이 비슷하다. 이것을 국물에 담가서 먹는 면으로 진화시켰다. 처음에는 날것을 뜯어서 먹었다.
927년 경	삶아서 식힌 뒤, 식초나 고대간장, 소금이나 당분에 무쳐 양념을 곁들여 먹었다. 7월 7일에 먹는 길한 음식으로 신에게 바쳐 무병장수를 기원했다.
가마쿠라시대	『索餠』『索麵(색면)』『素麵(소면)』 등으로 이름이 변한다.
무로마치시대	반죽을 잘라서 면으로 만드는 기술에서 냉국수, 우동, 따뜻한 소면이 등장.
에도시대	『索餠』는 『素麵(소면)』이 되어 정착. 이때부터 ⬇ 일본의 면의 기원은 소면이라고 여겨지게 되었다. **소면의 속어** 『조로, 소조로, 조로조로』라고 한다. 먹을 때의 소리를 표현하는 것과 동시에 가느다란 것을 암시하는 별명이기도 하다.

메밀국수와 우동의 역사

지금은 메밀국수와 우동을 라이벌이라고 말하기도 하지만, 원래는 칸토, 칸사이 문화권을 대표하는 식재료는 아니었다.

●메밀국수는 서민에서, 우동은 귀족에서

많은 면류의 원료가 되는 소맥은 조몬시대 말기부터 야요이시대에 일본에 전해졌다. 그러던 것이 나라시대에서 헤이안시대에 걸쳐 조정에서 서일본에서의 **재배를 장려**하게 되었고 이어서 무로마치시대에는 전국에 퍼졌다.

쌀이 주식인 일본에 있어, 밀과 소맥은 벼의 수확이 끝난 뒤에 심어 가루를 내지 않고 밥에 섞어 먹거나 죽으로 만드는 경우가 많았다.

그 후, 나라시대에 사치품인 『사쿠베이(索餅)』라는 면이 탄생하고, 무로마치시대에는 여러 가지 조리방법이 고안된다. 이때 『아쯔무기』라고 불린 게 우동의 원형으로, 일본의 식문화가 꽃을 피운 시기라고 볼 수 있다. 참고로 오늘날에도 흔히 보이는 납작한 우동이 등장한 것은 에도시대가 되면서부터이다.

한편, 메밀은 기르는 게 밀보다 훨씬 편해서 일본에서는 조몬시대부터 재배되었던 것으로 전해진다. 처음에는 가루를 만들어 물로 반죽해 흔히 말하는 『**메밀수제비**』를 만들어 끓이거나 구워먹었다.

기록을 보면 메밀은 오래전부터 식용으로 이용되었으나 귀족이나 승려 같은 상류계급에게 인정받지 못하고, 농민들조차 기근 시 비상식량으로 생각했다는 설이 있다. 식재료라서 평가를 받아 문화로 인정받은 것은 에도시대 이후이다.

면이 된 메밀은 수제비와 구별하기 위해 『**자른 메밀**』이라고 불렸는데, 이것이 생산지인 나가노 현이나 야마나시 현에서 외식문화가 발달한 에도로 전해져 서민에게 사랑받게 되었다.

메밀은 가루로 만들지 않으면 먹기 어렵고, 밀가루를 같이 사용하지 않으면 길고 가늘게 늘리기가 어렵기 때문에 근세까지 면으로 만들 수 없었다. 사실 메밀은 서양에서도 크레이프로 만들어 먹지만, 면으로 가공한 것은 일본과 중국뿐이다.

메밀국수 vs 우동

우동

메밀국수

칸자이 대표

칸토 대표

에이잇
애도사람이라면
메밀국수지!

이 몸은 우동이
좋다오

VS.

소재는 소맥.

조몬시대 부터 재배. 무로마치시대에는 전국에 퍼졌다. 일본은 쌀이 주식이기 때문에 부식으로 존재했다. 밀죽을 먹거나 밥에 섞어서 먹었다.

나라시대 에 『사쿠베이(索餠)』가 탄생하고, 그 변형 중 하나인 『아쯔무기』가 우동의 원형. 얼마 동안은 황족, 귀족, 고승들이 먹었던 고급품.

에도시대 에 오늘날에도 흔히 보이는 납작한 우동이 등장.

재료는 메밀

조몬 시대 부터 재배되어 역사가 깊다. 기르기 쉬워 기근 시의 비상식량으로 생각했다.

메밀수제비
가루를 물로 반죽해 끓이거나 구워 먹었다.

옛날에는 먹기에 걸맞지 않다고 생각해 상류 계급에게 인정받지 못한 식재료였다.

에도시대 이후, 서민들로부터 식재료로서 평가를 받게 되었다.

❖ 자른 메밀

메밀을 면으로 만든 건 자른 메밀이라고 불려 메밀수제비와 구별했다.

나가노 현이나 야마나시 현에서 즐겨 먹었으나, 에도로 전해져 외식문화를 통해 서민에게 사랑받게 되었다.

메밀은 가루로 만들지 않으면 먹기 어렵고, 밀가루를 같이 사용하지 않으면 길고 가늘게 늘리기가 어렵기 때문에 근세까지 면으로 만들 수 없었다. 사실 메밀은 서양에서도 크레이프로 만들어 먹지만, 면으로 가공한 것은 일본과 중국뿐이다.

용어해설

● 재배를 장려→나라, 헤이안 시대에는 오곡의 하나로서 중요시되었다. 하지만 식용으로 하기엔 손이 많이 가 가축의 사료로 쓰기도 했다.

일본의 휴대용 식량

오랫동안 계속된 일본의 전국시대는 오늘날에도 쓰이는 실용품에서부터 닌자가 몰래 가지고 다닐 법한 물건까지, 많은 휴대식량이 만들어졌다.

●가다랑어포도 훌륭한 휴대식량이었다

도시락의 메뉴로 일반적인 주먹밥(오무스비)은 전국시대에 휴대식량으로 사용되었다고 알려져 있지만 더 오래된 기원이 있다. 일본에서『무스비』라는 단어는 만물을 태어나게 한 신령과 그 힘을 말한다. 또한 고대인에게 있어서 산은 신이 사는 성역이었다. 신통력을 얻기 위해 쌀을 산 모양으로 만들어 먹은 게 주먹밥의 시작인 것이다.

지금은 조미료로 사용되고 있는 가다랑어포는 훈제의 일종으로, 전국시대에는 병량으로서 휴대식량이었다. 당시에는 조린 가다랑어를 불에 살짝 구운 것으로 오늘날처럼 딱딱하지 않았다. 에도 시대가 되어 현재의 형태에 가까운 가다랑어포가 만들어지게 된 것이다. 생선살은 자가소화로 액체화가 되기 쉬우나, 조리면 장기보존이 가능한 식재료가 된다.

이모가라와라(芋幹繩)는 제일 실용적인 휴대식량이다. 고구마 줄거리를 잘라 말린 후, 노끈을 엮어 된장으로 조리는 요리이며, 허리에 감거나 노끈으로도 사용했다. 전장에서는 끓이면 그대로 국과 건더기가 된다.

된장환은 대두를 삶아 으깬 후, 누룩을 더해 둥근 구슬을 만든다. 이동하는 사이에 발효되어 된장으로 변해, 국의 양념이 된다.

효로간(兵糧丸)이나 키카츠간(飢渇丸)은 더욱더 본격적인 전투식량이다. 곡물과 지방성 재료를 물이나 술로 반죽하고 4~5cm 크기로 둥글게 빚어 찌거나 건조시킨다. 세 개를 먹으면 하루 정도 활동할 수 있다고 하였지만, 사실은 한숨 돌리게 하는 정도의 효과밖에 없다.

스이카츠간(水渇丸)은 매실장아찌, 맥아, 고려인삼을 섞어 둥글게 빚어 건조시킨 것으로 갈증을 해소시켜 준다는 휴대식량이다. 하지만 실제로는 둥근 돌을 입안에 넣는 게 효과적이라고 전해지고 있다. 이것과 비슷한 것으로 중국에『천리를 걷게 하는』천리차가 있다. 설탕, **백복령**, 박하, 감초, 벌꿀을 반죽해 둥글게 빚은 것이라고 하는데, 효과는 대강 짐작하는 수준 정도이다.

효로간(兵糧丸)

재료

메밀가루, 밀가루, 물에 불려 빻은 쌀가루. 고려인삼이나 남천촉 등의 약효가 있는 식물,
마의 열매나 깨 등의 지방분이 많은 열매 등.

추가적으로
얼음설탕, 벌꿀, 대추 등의 단 것이나, 계란, 장어의 이리 등을 섞기도 한다.

스이카츠간(水渴丸)

재료

매실장아찌, 얼음사탕, 맥아, 고려인삼

사실은 효로간도 스아카츠간도 그렇게 도움은 안 된다고…

이모가라와라(芋幹繩)

고구마 줄거리를 잘라 말린 후, 노끈을 엮어 된장으로 조린다.
허리에 감거나 노끈으로 사용했으며, 짐이 되지 않는다.
전장에서는 끓이면 그대로 국과 건더기가 된다.

이모가라와라

과연, 편리하군!

이 휴대식량은 도움이 되겠는 걸!

용어해설

● 무스비→『고사기』에는 「타카미무스비노카미」와 「카미무스비노카미」라는, 「무스비」 단어가 들어간 신이 둘이나 등
장한다. 천지창조 때에 처음으로 나타난 신들이다.
● 백복령→소나무 뿌리에서 자라는 복령이라는 버섯의 외피를 제거해 건조시킨 약.

일본의 인상적인 발효 식품

발효 식품은 세계 곳곳에서 활용하고 있지만, 특히 일본과 동남아시아는 고온다습한 좋은 환경이라 여러 가지 발효 식품이 만들어졌다.

●대두의 발효식품과 초밥의 원조

된장과 낫토는 똑같은 대두 발효 식품으로, 차이점은 발효할 때 소금을 넣느냐 넣지 않느냐이다. 소금과 대두가 누룩에 의해 발효되면 된장이 되고, 그 액체를 짠 것이 간장이 된다. 한국에서는 된장이나 간장은 자가제가 많았는데, 대두에 곰팡이를 슬게 해 만든 메주를 더운물로 숙성시켜 된장과 간장을 만든다.

된장의 기원은 중국의『고대간장』으로 일본에 수입된 후 나라시대에는 고대간장에 세금을 매겼고 그 후에도 독자적으로 발전해 왔다.

아프리카의 사바나에는 콩이나 목화의 열매를 소금 없이 발효시킨『슨바라』『다우다우』『카르고』등의 발효 식품이 있어, 으깨서 된장처럼 사용한다.

간장은 무로마치시대부터 만들어져 해외에서 높게 평가되었다. 데지마에서 네덜란드인들이 가져간 간장을 유럽에서는 고기요리의 귀한 조미료로 사용했다. 루이 14세도 간장을 좋아했지만 굉장히 비쌌기 때문에 단일 품목으로는 사용할 수 없었다.

낫토는 찐 대두를 **볏짚**으로 싸거나 덮어서 만든다. 헤이안시대부터 사용되어 왔었지만, 당시 헤이안 귀족들에게는 엽기적인 음식 취급을 당했다.

같은 제조법의 식품을 한국에서는『청국장』이라고 한다. 인도네시아의『템페』, 네팔의『키네마』, 부탄의『스리토데』등도 끓이거나 찐 대두를 잎으로 감싸 발효시킨 것이다. 인도네시아에는『온쫌』이라는 땅콩에 곰팡이를 슬게 한 대두도 있다. 이것들은 튀기거나 굽거나, 삶거나 쪄서 먹는다.

나레즈시는 소금 절임한 생선을 밥에 끼우거나 섞은 것이다. 쌀의 유산이 발효를 촉진해 잡균을 억제하고 생선을 보존한다. 고대에는 사슴이나 멧돼지고기의 나레즈시도 있었다. 일본의 서민들에게 사랑받았으나, 만들어질 때까지 시간이 걸리는 게 문제였다. 에도시대에 식초를 사용해 나레즈시를 표현하려고 하여 초밥이 생겨났다. 초밥은 더 이상 발효 식품이 아니다.

세계 유수의 냄새나는 발효 식품

세계에는 수많은 발효 식품이 있지만, 발효 작용이 잘 이루어지지 않는 지역에서는 경원시하기도 하였다. 특히 냄새가 고약한 발효 식품을 소개한다.

키비약

극한의 땅에 사는 이누이트족이, 깃털이 달려 있는 바닷새 수십 마리를 바다표범의 생가죽에 채워 넣어 2개월에서 수년 동안 묻어둔다. 시베리아의 추크치족이 해마의 고기를 발효시켜 만드는 「코파리긴」과 비견할 수 있는 극한지역에서만 만들 수 있는 발효식품. 강렬한 냄새가 난다.

새고기를 꺼내 항문에 입을 대고, 발효되어 액체가 된 내장을 빨아먹거나, 가죽을 잘라서 고기를 먹는다. 액체가 된 내장은 조미료로 구운 고기에 찍어 먹기도 한다.

홍어회

홍어의 살을 항아리에 넣고 퇴비에 묻어 열로 10일 정도 발효시킨다. 한국의 전통음식으로 세계유수(낫토의 14배, 키비약의 5배)의 냄새가 난다. 현지에서는 고급음식으로 잔치 때에는 빠질 수 없는 진미이다.

홍어가 가진 요산이 분해되어 암모니아가 발생하기 때문에, 입에 오래 넣고 있으면 구내점막이 헐 수도 있다.

수르스트뢰밍

스웨덴의 소금 절임 청어통조림. 세계에서 제일 냄새나는 음식으로 불린다. 참을 수 없는 고약한 냄새가 나기 때문에 야외에서 먹는 경우가 많다. 또한 깡통은 발효 작용으로 빵빵하게 부풀어 오르기 때문에 물속에서 열지 않으면 내용물이 날아가 위험하다. 소금 맛이 강하지만 생선의 식감도 남아 있다. 발효가 더 진행되어 액체가 된 살을 즐기는 사람도 있다.

비슷한 음식으로, 북구에서는 「하칼」이라고 하는 상어를 수개월간 발효시킨 요리도 있는데, 냄새는 수르스트뢰밍 이상이라고 한다.

쿠사야

이즈제도의 특산물로 「쿠사야액」에 8～20시간 정도 절여 말린 생선이다. 옛날에는 보통의 소금에 절인 말린 생선이었으나 당시에는 소금이 고가였기 때문에, 절이는 액체를 계속 사용하는 동안 생선의 성분이나 미생물이 발효된다. 다시 말해 발효되고 있는 건 생선이 아닌 절임액이다.

용어해설

- 된장→대두를 사용하는 경우가 많지만, 보리나 쌀로도 된장을 만들 수 있다.
- 볏짚→낫토균은 벼이삭에 붙어 있다.

아시아에서 사랑받는 어장(魚醬)

가름은 고대 로마의 식문화를 지탱한 위대한 어장이다. 그것과 비슷한 것이 지금도 동아시아를 중심으로 없어서는 안 될 조미료로서 사용되고 있다.

●아시아의 감칠맛 조미료

가름과 비슷한 것은 아시아에도 존재하고 옛날부터 즐겨 먹었다. 재료로는 생선 외에도 크릴새우 등의 작은 새우류를 사용하기도 한다.

중국에는 광동성과 마카오의『유로우』, 복건성의『키에로우』, 산동반도의『샤잔』등이 있다. 한국의『액젓』은 김치나 찌개의 맛내기 용으로 사용된다.

동남아시아에서는 태국의『남프라』, 베트남의『느억맘』이 유명하다. 캄보디아의『투크트리에』, 라오스의『남파』, 미얀마의『응야빠이에』, 필리핀은『파티스』인도네시아의『케찹이칸』, 말레이시아의『부도우』등이 있다.

라오스에서는 남파를 우유에 섞어 유아에게 주고, 말레이시아는 부도우를 야채의 드레싱으로 사용하는 등, 다양한 방법으로 먹기도 한다.

또한 가름에는 아렛크가 있고 간장에는 된장이 있는 것처럼, 어장을 짜고 남은 찌꺼기를 각국에서는 페이스트 형태의 조미료로 이용하고 있다.

고대의 메소포타미아에서도『짓크』라는 일종의 어장을 이용했다. 『짓크』는 조미료, 또는 보존료로 사용되어 메뚜기를 재료로 하는 요리도 있을 정도였다. 일본에서도 조몬시대부터『어장』『육장』이라고 하는 생선이나 고기의 내장을 소금 절임 조미료로 즐겨 먹었다. 하지만 불교의 보급으로 냄새나는 날것들이 기피되면서 식물에서 유래한 간장이 주류가 되었다.

어장에 함유되어 있는 **감칠맛**은 세계 공통의 맛이 아니다. 일본인과 중국인은 4개가 아닌 5개의 맛을 식별한다고 여겨져 제5의 맛이 감칠맛이라고 한다. 감칠맛 성분인 글루타민산을 발견한 것은 일본인 화학자인 **이케다 키쿠나에**이다.

어장

아시아 각국의 어장(魚醬)

① 광둥성과 마카오의 유로우(중국)
② 복건성의 키에로우(중국)
③ 액젓(한국)
④ 남프라(태국)
⑤ 느억맘(베트남)
⑥ 투크트리에(캄보디아)
⑦ 파티스(필리핀)
⑧ 남파(라오스)
⑨ 응야삐(미얀마)

어장 부산물의 페이스트 조미료

① 샤잔(마카오)
② 쁘러혹(캄보디아)
③ 바곤(필리핀)
④ 응가피(미얀마)
⑤ 도라시(인도네시아)
⑥ 벨라찬(말레이시아)

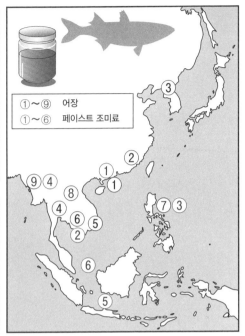

① ~ ⑨ 어장
① ~ ⑥ 페이스트 조미료

일본의 어장(魚醬)

각지에 남은 어장은 고대의 조미료의 후손이다.

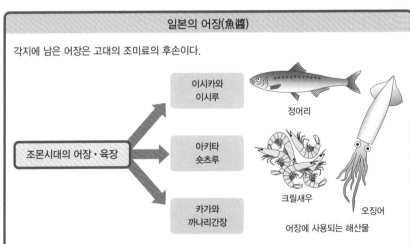

조몬시대의 어장 · 육장

→ 이시카와 이시루

→ 아키타 숏츠루

→ 카가와 까나리간장

정어리

크릴새우

오징어

어장에 사용되는 해산물

용어해설

● 감칠맛→중국에서는 선미(鮮味,센웨이)라고 한다.
● 이케다 키쿠나에→1864-1936. 도쿄제국대학 교수. 1907년 글루타민산을 발견. 그 다음해에 제법을 특허화. 1909년부터 「아지노모토(미원)」가 발매되었다.

동서양을 불문하고 사랑받는 차

차는 서양 진출은 늦었지만, 동양에서는 옛날부터 각국에서 사랑받아왔다. 통화나 약으로도 이용되었고, 특유의 문화도 육성되었다.

●차의 기원과 유래

차는 중국 남부에서 인도북부가 원산지로 수천 년 전부터 알려졌다. 중국에선, 다진 찻잎에 양파와 생강 등을 더해 **엽죽**으로 만들어 먹었으며, 태국 북부에서도 찌거나 삶은 차잎을 경단 형태로 만들어 소금, 기름, 마늘, 유지, 말린 생선과 함께 먹었다. 잎을 씹으면 기운이 나고, 상처에 붙이면 약으로도 효과가 있다는 것이 알려져 있었다. 찻잎에는 살균작용이 있어 차를 달인 물은 썩지 않는다.

전승에 의하면 **기원전 2737년**부터 마시기 시작했으며 불교나 도교의 승려가 제사 때 사용해 집중력을 높이며 피로를 날려주는 흥분제였다. 중국의 문헌에는 기원전 1세기에 등장하였고, 노자는 불사의 명약이라 하였다.

3~4세기에 보급되어 재배가 시작됐지만 대중화된 것은 6세기부터이다. 그때까지는 쌀이나 조로 만든 맥주를 식수 대신으로 사용했으나, 술을 기피하는 불교의 보급으로 인해 차로 바뀌었다.

차 덩어리를 지폐 대용으로 쓰는 경우도 있었다. 특히 지방에서는 차의 가격이 비쌌고(지폐의 가치는 낮았다), 여차하면 마실 수 있었기 때문에 인기였다.

760년 당나라의 육우(陸羽)가 『다경』이라는 차를 달이는 법, 마시는 법, 작법을 기록한 책을 내놓았다. **육우**는 물맛도 알 수 있을 정도의 미각을 가진 사람으로 차를 달이는 법에도 그만의 방식이 있었다고 한다.

당나라시대, 차의 인기가 높아져, 각지에 『차관』이 있었다. 먹으면서 즐기는 『얌차』의 습관이 생긴 건 더 나중의 일로 13세기에 얌차 가게가 등장했다.

7세기에 한국과 몽고, 타타르 등의 주변 국가도 마시게 되면서, 이윽고 전 세계적으로 애용하게 되었다. 일본에서는 헤이안시대 이후 9세기에 사이쵸와 구카이(헤이안 시대의 불교 사상가)에 의해 전해졌다(729년 설도 있음). 처음에는 약이나 각성제로 이용되었는데, 굉장한 인기를 끌어 서민들도 집에서 찻잎을 기르기도 했다.

동양의 차의 역사

수천 년 전	차의 존재가 알려졌다. 원산지는 중국 남부에서 인도 북부.
기원전 2737년	전승에 의하면 마시고 있었다. 승려가 제사 때 사용하는 흥분제였다.
기원전 1세기	문헌에 등장하였으며, 노자는 불사의 명약이라 하였다.
3~4세기	보급, 각지에서 재배개시.
6세기	대중화. 식수 대신으로 마시던 쌀이나 조로 만든 맥주에서 차로 변한다. 술을 기피하는 불교의 보급과 동시에 차도 퍼져나간다.
7세기	한국과 몽고, 타타르 등의 주변 국가에 전래.
760년	당나라의 육우(陸羽)가 『다경』을 저술. 차를 달이는 법, 마시는 법 등의 작법서.
당나라(~907년)시대	차의 인기가 높아져 각지에 차관이 생겼다.
9세기	사이쵸와 구카이(헤이안시대의 불교 사상가)에 의해 전해졌다. 서민들도 집에서 찻잎을 기르기도 함.
13세기	중국에서 암차를 즐기는 암차 가게가 등장.
16~17세기	서양에서 본격적으로 유통을 시작한다.

고대 아시아에서는 먹는 것이었다.

중국에선, 다진 찻잎과 양파와 생강 등을 더해 엽죽으로 만들어 먹었다.
태국 북부에서도 찌거나 삶은 찻잎을 경단 형태로 만들어 소금, 기름, 마늘, 유지, 말린 생선과 함께 먹었다.

❖ 현대 중국에서도 하고 있는 처녀의 찻잎 따기

그 옛날 차나무는 큰 나무 그늘에 심어져, 높이는 1미터 정도로 손질되었다.

왜냐하면 처녀만이 찻잎을 딸 수 있었기 때문이다. 14세 이하의 처녀가 새 옷을 입고 장갑을 매일 갈았고 옷에는 향수를 뿌리며 침묵을 지킨 채로 작업을 하게 되어 있었다.

그 당시 그대로는 아니지만, 오늘날의 중국에서도 봄에 하는 제일 어린 찻잎의 수확은 처녀가 하게 되어 있다. 채용 조건에 이유는 모르겠지만 바스트 C컵 이상이어야 한다는 규정도 있다.

여담이지만 일본에서 어린잎의 수확, 유럽에서 와인의 포도 짜기도 처녀가 하는 것이 좋다고 여기었다.

용어해설

●기원전 2737년→전승상의 기록이며, 실제로는 기원전 1세기로 보고 있다.

한국의 신기한 궁정요리

한국의 식문화는 일본과 친숙하면서도 의외로 자세하게 알려지지 않았다. 역사와 함께 특징적인 부분을 찾아보자.

●불고기와 개고기와 고추

한국의 문화는 중국에서 전해온 것이 많지만, 고유한 전통 요리로는 불고기를 꼽을 수 있다. 중국은 요리에 조미료를 뿌리지만, 불고기는 조미료에 재운 구운 고기다.

고대 한국은 수렵목축사회로 육식을 즐겨 먹었으나, 농경사회로 전향한 고려시대(10세기~)에는 채식 경향이 강해졌다. 이것은 당시에 퍼졌던 **불교의 영향**도 있다.

그 후 대륙을 지배했던 중국의 원나라가 한국을 침공해 몽고와 이슬람 문화가 들어온다. 그때 제주도가 목장이 되면서 다시 육식 경향이 되었으며, 외국인도 많이 들어와 몽고와 한국의 문화가 융합되어갔다. 몽고가 쇠퇴하기까지 중국에서는 돼지고기 요리가, 한국에서는 소고기 요리가 발전했다.

14세기 말에 세워진 조선왕조에 의해 식문화는 크게 바뀐다. 이 왕조는 유교를 시작으로 하는 주나라의 복고를 지향하고 있었다.

이 시기에는 개고기를 즐겨 먹었다. 실은 개고기를 먹는 것은 원래 **중국의 관습**으로 아시아 전체에 퍼져 있다. 공자가 좋아했다고 하여, 조선의 개고기를 먹는 풍습이 장려되었다. 끓이기, 찌기, 굽기 등 다채로운 조리 방법이 있다. 한국에 생고기와 날생선 요리가 있는 것도 주나라의 식문화를 참고했기 때문이다. 중국은 식재료는 익히는 게 상식이지만, 한때는 생으로 요리를 먹기도 했다.

한국의 궁정요리는 테이블 한가득 작은 접시가 있는데 이것도 유교의 영향이다. 경로 정신에서 나온 노인에게 맞는 건강식이다. 깔끔해 보이는 것도 그 때문이며, 장식을 하지 않는 식기에도 철학이 표현되어 있었다. 그리고 식어도 맛이 변하지 않도록 기름은 참기름이 사용되었다. 지금은 즐겨 사용하고 있는 고추는 처음부터 한국에 있었던 건 아니다. 원산지는 남미이며, 한국에 들어온 건 17세기경이다.

한국 음식의 특징과 역사

시대에 좌우된 식문화

10세기	원래는 육식을 즐겨 먹었으나, 10세기부터 채식주의로 변화.
13세기	몽고에 점령당해 다시 육식문화가 번성한다.
14세기 말	조선왕조는 유교와 중국 문화의 복고를 지향하고 있었다. 이것이 현대 한국 식문화의 기반이 된다.
17세기	고추가 전래되어 많은 요리에 사용된다.

주나라의 문화를 복고한 조선왕조
- 개고기 요리
- 생고기와 생선 요리
- 유교사상의 궁정요리

한국의 궁정요리

❖ 마늘과 고추

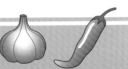

　마늘은 한국의 식재료, 혹은 향신료의 대표격이다. 마늘을 먹은 곰이 건국시조인 단군을 낳았다고 하는 신화가 있을 정도로 친밀하다. 그 외에 산초도 지역 고유의 향신료로서, 후추는 기원전후에 전래됐다.

　고추는 일본에서 들어와서 『왜고추』『왜후추』라고 불렸다.(반대로 일본에서는 고추는 한국에서 들어왔다고 전해진다) 당시에는 독이 들어 있지 않을까 하는 우려에 경원시당했지만 나중에는 널리 보급되어 요리에도 많이 사용되었다.

　일본에서는 자극적인 음식을 원하지 않는 국민성이 있어 퍼지지 않았지만, 고기에는 매운맛이 어울리기 때문에 한국에서는 유행했다. 또한 추위로부터 몸을 따뜻하게 하기도 한다. 더위 먹은 데도 잘 듣는다, 붉은색이 귀신을 쫓는다거나, 매운맛이 병마를 몰아낸다고 하는 등 여러 효과가 있다고 생각했다.

　김치는 17세기의 책을 보면 산초를 사용해 만들었지만, 19세기 초의 책에는 고추와 젓갈을 사용한 제법이 소개되어 있다.

용어해설
- ●불교의 영향→원래는 소를 즐겨 먹었으나, 불교에서 소가 성스러운 동물로 분류되면서 육식문화가 한순간에 쇠퇴했다.
- ●중국의 습관→중국에서는 당나라 이후, 개가 인간에게 충실하다는 이유로 개고기를 먹는 게 폐지됐다.

이슬람권 식사의 매너와 금기

이슬람교는 세계 제2의 신도수를 가졌지만, 일본에서는 그다지 친숙하지 않다. 그들의 정식 식사 습관과 매너를 살펴보자

●엄격한 계율하의 식사 풍경

이슬람교에서는 예언자 마호메트의 행동을 교도의 관습이라고 정해 『하디스』라는 교전으로 담았다. 이 중에서 식사에 초대받았을 때의 예의와 매너를 설명하겠다.

잘 알려져 있는 것 중 하나로 많은 사람이 음식을 **나누어 먹는 것**을 들 수 있다. 『2인분의 음식은 3명이 나누어 먹으면 충분하고, 3인분의 음식은 4명이 나누어 먹으면 충분하다』라고 하여 참석자가 갑자기 늘어나면 환영을 받았다.

큰 접시에 담긴 요리는 반드시 뚜껑을 덮어 나온다. 악마가 요리에 나쁜 짓을 하는 걸 방지하기 위한 것으로 이슬람교에서는 악마를 의식한 행동이 많다. 예를 들어 식사에 오른손을 사용하는 것은 악마가 왼손잡이라고 여겼기 때문이다.

식사의 자리는 원형의 카펫에 큰 쟁반이 놓여지고, 그 주변의 자리에 앉는다. 이때 기대지 않고 한쪽 무릎을 세운다. 이것은 꽉 채워서 앉아, 많은 사람들이 앉을 수 있게 하는 것과 위를 압박해서 과식하지 않기 위해서이다. 과식은 엄격하게 금지되어 있었으며, 벨트도 꽉 조이도록 했다.

식사를 시작할 때는 『**바스마라**』라고 외친다. 「잘 먹겠습니다」라는 인사와 비슷한 것이다.

맨손으로 먹을 때는 한 입에 들어갈 정도로 잘라 입에 넣는다. 잘 씹으며, 대화를 나누면서 시간을 들여 소리를 내지 않고 맛있게, 가까이에 있는 접시의 요리를 중심으로 먹는다. 접시의 위치를 바꾸거나 맛있는 부위를 혼자서 독점하면 안 된다.

다 먹으면 『함다라』라고 외치고 자리를 떠난다. 「잘 먹었다」는 의미이다. 때에 따라서는 이후에 홍차나 커피가 나온다.

잘 알려져 있는 것처럼 이슬람교도는 돼지고기와 술을 금기시하고 있다. 돼지고기 성분이 들어간 조미료, 돼지고기를 담은 적이 있는 식기, 술을 담은 적이 있는 컵조차 금기물이었다. 그 때문에 옛날에는 이교도와의 식사는 사실상 불가능했다. 오늘날에도 엄격한 사람은 이교도의 집에서는 식사를 하지 않는다.

이슬람 교도의 식사의 상식

식사 전의 준비

원형의 카펫에 큰 쟁반이 놓이고 요리는 큰 접시에 담아 나온다.

꽉 채워서 앉는다. 많은 사람들이 앉을 수 있게 하는 것과, 위를 압박해서 과식하지 않기 위해서이다.

벨트는 꽉 조이며 기대지 않고 한쪽 무릎을 세워 앉는다.

회식용의 큰 쟁반 받침대에 놓는다.

청결한 복장으로 손은 씻고, 신발은 벗는다.

식전에 『바스마라』라고 외친다. 『신의 이름을 걸고』라는 의미로 음식이 정화된다.

물주전자와 접시, 식전식후에는 손을 씻는다.

식사 때의 매너

- 잘 씹고 시간을 들여 먹는다.
- 여러 가지 요리를 한 번에 입에 넣지 않는다.
- 소리를 내지 않고, 맛있게, 가까이에 있는 음식을 중심으로 먹는다.
- 싫어하는 음식은 조용히 패스. 불평을 말하지 않는다.
- 접시의 위치를 변경하거나 맛있는 부위를 독점하지 않는다.
- 음식을 권해도 손님들은 사양한다. 남은 음식들로 가족들이 식사를 하기 때문이다
- 엄지, 검지, 중지로 먹는다. 한 입 크기로 잘라 입에 넣는다.

악마에의 경각심

- 옮겨온 요리는 뚜껑을 덮거나 빵으로 덮는다. 수프나 음료는 위에 막대기를 걸어놓는다.
- 모든 행위를 오른손으로 한다. 순번은 오른쪽으로 돌고, 걸을 때는 오른발부터, 오른쪽이 상석. 문자도 오른쪽에서 왼쪽으로 쓴다. 보조로 왼손을 쓰는 건 상관없다.

✤ 식사에서의 금기 사항

엄밀하게는 『하랄』이라고 하는 이슬람법상으로 허가된 식재료만을 먹어야 한다. 돼지고기와 술은 금지.

조리장까지 와서 확인하는 경우가 있고, 일본의 조미료에 돼지효소가 들어있다고 하여 이슬람권의 현지법인사장이 체포되기도 하였다.

용어해설

● 나누어 먹는 것→『이스람 교도는 장의 하나만 채워도 만족한다』라는 이야기가 있다. 초대받으면 받아들이는 것도 예의이다.

엽기적인 식재료와 요리

세계는 넓다. 금기와는 별도로 일반적으로 경원시되는 식재료, 겉보기가 징그러워 사람들이 피하는 식재료를 즐겨먹는 경우도 있다.

●시대와 지역에 따라 엽기적인 음식의 정의는 변한다

여차하면 사람들은 뭐든지 먹는다. 기근 때 먹는 잡초나 도토리, 양치식물, 흙, 가죽 등은 엽기적인 음식의 범위에는 들어가지 않는다. 극히 한정된 지역에서 일부러 찾아 먹는 신기한 식재료나 요리를 꼽아 보자.

일단은 흙 종류. 북미에서는 도토리가루에 붉은 흙을 섞어 구운 빵, 남미에서는 흙을 생선기름으로 튀긴 음식이 있었다. 똥 종류로는 북미의 코만치족은 사슴의 똥을, 중국 남서부의 톤족은 소의 똥에서 나온 즙을 조미료로 한 『비엔치짜이』라는 걸 먹었다. 한국의 『똥술』도 의외로 유명하다.

말미잘은 고대 그리스부터 먹었고, 오늘날에도 프랑스나 이탈리아 등의 지중해연안에서 즐겨 먹는다. 튀기거나 오믈렛으로 만들어 먹는다고 전해진다. 또한 낚시용 먹이인 갯지렁이는 중국 남부에서 젓갈이나 튀김으로 먹었다. 『일본갯지렁이』라는 품종을 최고로 친다.

개는 고대로부터 식용으로 이용되어, 고기를 구하기 어려운 산간지역에서 양식되었다. 차우차우나 치와와의 선조는 원래 고기를 얻기 위해 기르던 개였다. 지금도 스위스, 중국 광동, 한국에서는 개를 먹고 있다.

부화 직전의 **병아리가 든 알**은 동남아시아의 몇몇 나라에서 즐겨먹는다. 『바롯트』『호비론』『비트론』등 이름은 다르지만 노점에서 쉽게 사먹을 수 있다. 중화요리의 전채인 『피탄』(거위알을 발효시킨 것)도 겉보기는 그로테스크하지만 바롯트와 똑같이 맛있다.

『카수 마르주』는 이탈리아의 사르디니아의 치즈로 살아 있는 구더기가 들어 있다. 구더기의 배설물이 치즈의 감칠맛을 끌어올린다고 하지만, 위생상의 이유로 매매는 금지되어 암시장에서만 유통되는 진미 중의 진미이다.

이러한 엽기적인 음식은 시대를 불문하고 등장하여 오랫동안 정착되는 경우도 있다. 최근에는 뉴질랜드의 말의 정액으로 만든 칵테일이 여성들에게 인기라고 한다.

엽기적인 음식

바롯트

부화 직전의 병아리가 든
삶은 계란.

카수 마르주

살아 있는 구더기가 든 치즈.

갯지렁이 수프

중국 남부의 요리.

♣ 인육은 맛있을까?

식인은 극한상태, 다시 말해 기근이나 조난 시에 일어난다. 미개한 땅에서 의식으로 사람을 먹거나, 훗날에는 기호로서 인육을 즐기는 범죄자가 때때로 출현한다.

고대인의 유적에서는 사람을 줄이기 위해 정기적으로 남자아이를 먹었던 흔적을 찾을 수 있다. 역사를 살펴보면 옛날부터 중국에서는 공공연히 인육을 먹고 있었고, 유럽에서는 초기 십자군 원정 때 기독교도가 의식으로서 적인 터키인을 먹었다고 전해진다.

또한 9~10세기까지는 영국에서는 식인습관이 있었고, 보헤미아, 실레지아, 폴란드 등에서는 중세가 끝날 때까지 은밀하게 식인을 했던 것 같다. 이러한 자료에서 『빨간 두건』에 나오는 늑대는 식인을 하는 사람을 나타내는 것이라는 설도 있다.

중세에는 무법자가 여행자를 살해하고 조리해, 시장에서 팔았다는 이야기가 흔히 있다. 그들은 속어로 인육을 『다리가 둘인 양고기』라고 불렀다. 참고로 같은 발상으로 중국에서도 『이각양(二脚羊)』이라고 불렀다.

로마시대의 의사 가레노스는 『돼지는 인간의 맛이 난다』라고 말했다. 또한 오세아니아의 식인종은 『유럽 탐험가의 고기는 야생 돼지보다 맛있다』라고 말했다.

관련된 이야기로 중국에서는 타오냥(桃娘)이라고 하여 복숭아만을 먹여 당뇨병에 걸리게 한 여자아이를 사육하기도 했다. 몸에서 향기가 나며 땀과 오줌은 달콤하고 과일 향기가 난다고 한다. 부자들은 타오냥의 땀과 오줌에 회춘 효과가 있다고 믿어 처녀를 지키게 했지만, 대부분이 성인이 되기 전에 죽었다. 타오냥은 도시전설로 존재여부조차 의심스럽지만 식인 이야기의 희귀한 케이스이다.

용어해설

● 병아리가 든 알→냉동된 것은 일본에서도 구할 수 있다. 닭고기와 알이 섞인 느낌으로 짠맛이 난다.

젓가락은 동양의 신비

과연 우리는 친숙한 도구인 젓가락에 대해 과연 얼마만큼 알고 있을까. 이 섬세한 도구에도 기나긴 역사와 다양한 에피소드가 존재한다.

●각국의 사정에 따라 진화를 거듭한 젓가락

젓가락을 사용하는 나라는 중국, 한국, 베트남, 일본 등이다. 젓가락을 사용하면 손으로 집어먹는 것보다 위생적인 식사가 가능하고 뜨거운 요리도 먹기 쉽다. 다루는 법은 조금 어렵지만 요리를 집거나 자르거나 찌를 수 있는 합리적인 도구이다.

발상지는 기원전의 중국으로 **은나라**의 유적에서 청동 젓가락이 출토되었다. 하지만 당시의 젓가락은 의례용의 도구였으며 일상적으로 사용하게 된 것은 **전국시대**였다. 이것이 일반화된 것이 전한시대로 기원전 1~2세기경으로 추측된다. 처음에는 국의 건더기를 건져내는 데 사용되었고, 그 외에는 손으로 집어서 먹었다. 이윽고 숟가락으로 밥을 먹게 되고, 마지막에는 젓가락으로 모든 요리를 먹게 되었다. 이후에 아시아에 퍼지게 된다.

일본에서는 아스카시대부터 사용하기 시작하여, 나라시대에는 귀족들이 젓가락과 숟가락을 같이 사용하게 되었다.

현재 식사 때 젓가락을 단독으로 사용하는 것은 일본뿐으로, 다른 나라에서는 젓가락과 숟가락(또는 사기로 된 숟가락)을 같이 사용한다. 또한 반찬을 덜어 먹기 위한 젓가락이 있는 것도 일본뿐이다. 중국이나 한국의 젓가락은 길고 끝이 뭉툭하다. 무기로 사용하지 않도록 **뾰족**하게 만들지 않으며, 서양에서 나이프의 끝이 뭉툭한 것과 같은 이유이다. 재질은 중국이 대나무나 상아, 한국은 금속류가 일반적으로 일본은 옻칠을 한 나무, 맨 나무(껍질만 벗기고 칠하지 않은 나무)나 대나무 등이 사용된다.

젓가락을 놓는 법에 대하여 이야기하자면, 옆으로 놓는 것은 일본뿐으로 다른 나라에서는 서양처럼 세로로 놓는다. 한국에서도 한때는 옆으로 놓았으나, 고기 요리의 보급으로 칼을 쓰게 되면서 안전성의 문제로 날을 안쪽으로 한 칼과 같이 놓게 되었다.

일본과 한국은 상을 사용하지만, 중국 등의 나라에서는 의자와 테이블 문화가 정착되면서 상을 쓰지 않게 되었다.

일본의 젓가락

일본의 젓가락에는 여러 종류가 있다.

옻 젓가락

가정에서 사용하는 일상적인 젓가락으로, 와지마누리(와지마지방의 칠기)등의 옻칠로 마무리한다. 정식대로라면 경사가 있을 때와 평상시의 젓가락이 다르다.

버드나무 젓가락

신성한 나무로 여겨져 악한 기운을 몰아내는 버드나무로 만든다. 정월 식사 때 이용되고 양쪽 젓가락, 양쪽이 가느다란 젓가락 이라고 불린다. 둘 중 어느 한쪽만을 사용하는데 여기에는 『신과 함께 젓가락을 사용한다』라는 뜻이 있어, 사용하지 않은 쪽은 신이 사용하고 있다고 여겨졌다. 신과 함께 경사를 축복하고 복을 받는다는 뜻이 있다.

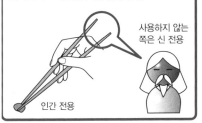

사용하지 않는 쪽은 신 전용

인간 전용

버드나무 젓가락

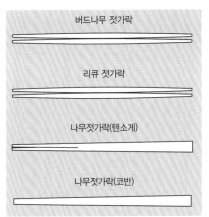

리큐 젓가락

나무젓가락(텐소게)

나무젓가락(코반)

리큐(利久) 젓가락

센리큐(千利休,전국시대의 다도가)가 고안한 양쪽 끝이 가느다랗고 긴 젓가락. 리큐는 손님을 초대하는 날 아침에는 언제나 구해온 삼나무를 작은 칼로 깎아 향이 나는 젓가락을 만들었다. 『리큐(利休)』가 『이익(利)을 쉬게 한다(休)=돈을 벌지 못한다』를 연상시켜, 그것을 싫어한 상인이 『리큐(利久)』라고 글자를 바꾸었다고 한다.

이익을 쉬게 해서야
(벌지 못해서야)
말이 안되지

利休

→

利久

나무젓가락

여러 종류가 있는데 텐소게(天削)젓가락은 머리 부분이 비스듬하게 깎여 있으며, 음식을 집는 부분만 둥글게 가공되어 있다. 나무젓가락 중에서는 고급으로 관혼상제에 사용된다. 겐로쿠(元禄)젓가락은 모퉁이를 쪼개 금을 그은 것으로 표준적인 젓가락, 쵸로쿠(丁六)젓가락이나 코반(小判)젓가락은 장식이 없는 저렴한 젓가락이다.

둥근 젓가락

목제 젓가락. 쪼개지 않아 운수가 좋다고 여겨져 경사에 사용된다.

대나무 젓가락

대나무로 만든 단단한 젓가락. 마디부분을 앞으로 하며 끝부분이 둥글게 가공되어 있다.

젓가락의 소재로는 그 외에도 전나무, 삼나무, 적송이나 자작나무가 사용되었다.

용어해설
● 은나라→기원전 1600-기원전 1000년 까지 번성했던 고대문명
● 전국시대→기원전 403년 기원전 221년까지

하급병사들의 식량사정

일본의 전국시대에 주전력이었던 것이 하급병사(아시가루)들이다. 그들의 식량의 실태는 과연 어땠을까?

●전쟁을 하면서 하루하루를 살아간 하급병사

고우가3년(1846년) 간행된 『잡병(雜兵)이야기』에는 『쌀은 1일에 6홉, 소금은 10인에 1홉, 된장은 10인에 2홉』이라고 적혀 있다. 당시의 병사는 1일에 6홉이나 쌀을 먹었다. 소금과 된장 외에 다른 부식은 거의 없다. 하루에 한 번 밥을 지어 2홉을 먹고, 나머지 4홉은 허리에 동여매고 나중에 먹었던 것이 일반적이라고 한다.

전투가 일어나면 며칠간은 밥을 먹지 못할 각오를 해야 했기 때문에, 먹을 수 있을 때에 먹어두는 것이 중요했다. 보존식으로 미리 만들어 두는 찐쌀이 있었으나 일반적이지는 않았다. 흔히 지급되는 것은 흑미(현미)였지만, 정미된 흰쌀도 옛날부터 있었다.

그 외에 살아가기 위해서는 동물성 단백질도 필요하기 때문에, 싸움터에 나가는 하급병사나 무사들은 종종 야산에서 들짐승이나 생선을 잡았다. 참고로 평상시에도 『몰이사냥』이라고 하는 가마쿠라시대부터 이어진 집단 수렵게임이 있었는데, 일종의 군사연습의 뜻도 있었다고 한다.

에도시대가 되면 종교상의 이유로 육식을 멀리하게 되는데, 전국시대에는 생선과 고기를 많이 먹었기 때문에 전국시대의 무사는 훗날의 무사들보다 체격이 좋았다고 한다.

농민에게서 매년 세금으로 모은 쌀은 영지 내 각지의 성과 탑에 비축되었다. 오래된 쌀이 남으면 시장에 팔아 돈으로 바꿨다.

전쟁이 일어나면 적지의 밭과 마을은 약탈대상이 되기 때문에, 침략받은 쪽은 싸움에 이겨도 경제적, 정치적 데미지를 입게 된다. 우에스기 켄신과 타케다 신겐이 영내에서 명장이라 불린 것은 농한기에 일이 없는 젊은이들을 모아 타국을 침공해 약탈을 시켰기 때문이라는 설도 있다. 적국의 식량을 빼앗아 먹는 것은 훌륭한 군사행동이 되었던 것이다.

하급병사들의 식량사정

1일에 쌀6홉, 소금은 10인에 1홉, 된장은 10인에 2홉이 지급되었다.

산이나 개천에서 수렵이나 채집을 통해 새나 야생동물, 생선, 산채 등을 손에 넣었다.

찐쌀이나 매실장아찌 등의 보존식은 각자가 준비하거나 상인에게서 샀다.

적지라면 마을이나 밭을 약탈해 식량을 빼앗는다.

매년 세금으로 내는 쌀.

오래된 쌀은 먹거나 매매.

성이나 탑에 비축.

전쟁이 되면 말에 실어 운송.

관도전투의 결정타

중국의 삼국시대에는 오랜 전란에 의해 국토가 황폐해지고, 병력을 유지하는 게 어려워졌다. 관도전투는 그런 때에 일어났다.

●영웅호걸들이 별처럼 빛났던 무대의 뒤

3세기 초의 중국은 제국이 패권을 다투고 있었던, 『삼국지』로 잘 알려진 삼국시대이다. 때때로 대병력이 격돌한 기록이 있으며, 식량 사정이 매우 어려운 시대였다. 전란이 후한 말기부터 계속됐기 때문에, 각지의 전답은 피폐해지고 많은 유랑민이 생기게 되었다.

당시의 주식은 쌀이 아닌 밀이었다. 쌀의 생산지인 강남의 수전지대가 개발됐던 것은 송나라시대이기 때문이다. 그렇기 때문에 이 시대의 인구는 양자강 북쪽의 밭이 많은 지대에 집중되어 있다.

200년, 황하를 사이에 두고 대립하는 원소와 조조의 사이에 『관도전투』가 발생한다. 하북의 풍부한 영지를 배경으로 원소는 약 10만의 군대로 황하를 건너 조조를 공격했다. 하남의 조조는 **둔전정책**으로 식량생산의 향상을 노리고 있었지만, 운송력을 포함한 병참의 재건은 아직 진행 중이었으며 전선은 약 2만의 군사로 지키는 것이 고작이었다.

싸움은 장기전이 되어 조조쪽은 식량이 떨어지게 되었다. 조조는 철수할 수밖에 없는 상황이었지만 원소 쪽의 내통자도 있어 오소에 있는 원소군의 병참기지 습격에 성공하게 된다.

비축 식량이 불타고 운송 군대를 잃은 원소군은 추격에 의해 격퇴되어 싸움은 조조의 승리로 끝났다. 중요한 것은 무력이 아니라 병사들의 배를 채워줄 수가 있느냐의 여부였다. 이 싸움은 전투에서 식량의 중요성을 이야기하는 사례이다.

또한 천재군사로서 유명한 제갈공명도 원정을 갔을 때, 식량 부족으로 고배를 마셨던 적이 있다. 다섯 번 이루어진 북벌 중 두 번째와 네 번째는 식량 부족으로 철수하였다. 『배가 고프면 싸움을 할 수 없다』라는 말은 이것을 두고 말하는 것이다.

삼국시대의 둔전병

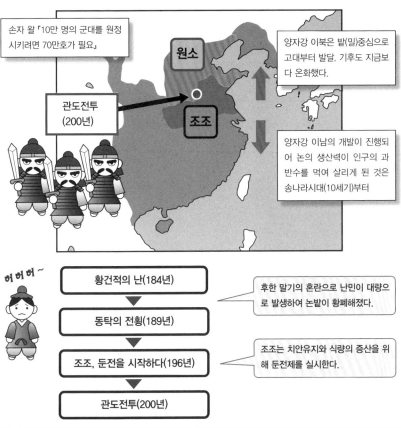

손자 왈 「10만 명의 군대를 원정 시키려면 70만호가 필요」

원소

관도전투
(200년)

조조

양자강 이북은 밭(밀)중심으로 고대부터 발달. 기후도 지금보다 온화했다.

양자강 이남의 개발이 진행되어 논의 생산력이 인구의 과반수를 먹여 살리게 된 것은 송나라시대(10세기)부터

어허허~

황건적의 난(184년)

▼

동탁의 전횡(189년)

▼

조조, 둔전을 시작하다(196년)

▼

관도전투(200년)

후한 말기의 혼란으로 난민이 대량으로 발생하여 논밭이 황폐해졌다.

조조는 치안유지와 식량의 증산을 위해 둔전제를 실시한다.

둔전의 구조(민둔)

소 · 볍씨

※병사와 그 가족들에게 둔전을 시키는 군둔이라는 구조도 있다. 세금이 낮은 대신 병역의 의무를 진다.

유랑민이 된 사람들　　　　황폐해진 논밭　　　　군대에 의한 보호

용어해설

● 둔전정책→병량을 확보하기 위해 병사에게 부임지를 경작시키는 것. 주민에게 토지를 주어 경작시키게 하는 것을 말하기도 한다.

도시를 먹어치우며 진격하는 군대

근대에 거대화한 군대는 자동차라는 운송 수단을 얻기 전에는, 식량을 약탈하고 주민을 휘말리게 하며 진격할 수밖에 없었다.

●재앙이 된 거대 방랑부대

식량이 없으면 군대는 유지될 수 없다. 극단적인 예로 17세기 독일에서 일어난 **30년전쟁**의『유지를 위해 계속 진격할 수밖에 없는』본말전도인 군대를 소개한다.

당시의 군대는 대규모의 용병단으로, 병사의 2배에서 4배 정도의 상인이나 창부가 따라오는 것이 통상적이었다. 병사의 수는 집단의 20~30%밖에 안 되지만, 인원수만큼의 식량을 매일 소비하게 된다. 용병단은 진격한 곳에서 군세를 징수하거나 물자를 약탈했다. 이것이 가열되어 점령지의 지역사회는 붕괴되는 게 보통이었다. 그리하여 살아남은 주민은 피난을 하거나 침략자인 군대에 편입되기도 한다.

이것을 반복하며 진격했기 때문에 군대의 머리수는 수만에서 십만 명 단위로 늘어났다. 이윽고는 도시인구에 필적하는 규모가 된 군대는, 처자를 데리고 유랑을 하게 될 정도였다. 이 집단을 야영사회 또는 약탈공동체라고 부른다.

30년전쟁은 군대에 휘말린 피난민에 의해 국토가 황폐해지게 되어 비참한 결과로 끝났다. 그 후, 18세기의 **계몽전제주의하의 군대**, 19세기의 징병국민군 등으로 규모는 확대되지만 군대의 보급 방식은 거의 진보하지 않았고, 전쟁터의 군대는 약탈을 계속할 수밖에 없었다.

20세기 초의 제1차 세계대전에서는 높은 운송력을 가진 철도망을 이용하게 되었다. 다 합쳐 백만 단위가 되었던 군대도 부양할 수 있었지만 역에서 전선까지는 예전처럼 군마 등으로 운송할 수밖에 없었다. 그리하여 결국 역에 쌓인 식량이 썩어버리는 일도 자주 있었다.

제2차 세계대전에서는 자동차라는 운송 수단이 더해졌다. 이것에 의하여 자동차 생산력이 높은 연합군은 원활한 식량 공급이 가능했다.

30년전쟁의 「약탈공동체」

17세기의 30년전쟁부터 군대의 규모가 수만~수십만으로 늘어나는 게 일반적이 된다.

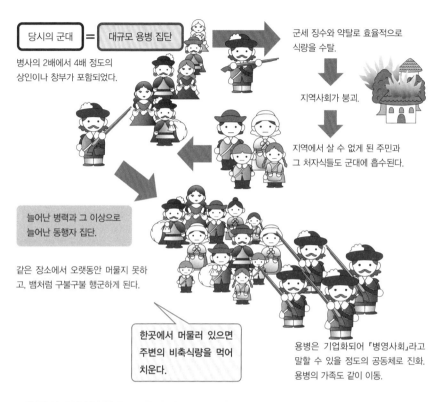

당시의 군대 = 대규모 용병 집단

병사의 2배에서 4배 정도의
상인이나 창부가 포함되었다.

군세 징수와 약탈로 효율적으로
식량을 수탈.

지역사회가 붕괴.

지역에서 살 수 없게 된 주민과
그 처자식들도 군대에 흡수된다.

늘어난 병력과 그 이상으로
늘어난 동행자 집단.

같은 장소에서 오랫동안 머물지 못하
고, 뱀처럼 구불구불 행군하게 된다.

한곳에서 머물러 있으면
주변의 비축식량을 먹어
치운다.

용병은 기업화되어 「병영사회」라고
말할 수 있을 정도의 공동체로 진화.
용병의 가족도 같이 이동.

장애가 없어진 20세기 군대의 물가와 식량보급

20세기 이전

운송 수단이 발달되지 않았기에
물자의 보급이 어렵다.

큰일이네~

제1차 세계대전

철도를 사용할 수 있으나, 전선까지
닿지 않는다.

제2차 세계대전

열차+자동차로 물자가 전선까지
도착했다.

용어해설

● 계몽전제군주하의 군대→18세기 유럽의 군대는 영국이나 프랑스 등의 선진국으로부터 국민군화가 이루어졌지만,
프로이센, 오스트리아 등 아직 용병에 의지하는 나라도 많았다.

병참과 상인

군대에 식량을 보급하는 것은 전쟁을 하는 것과 비슷할 정도로 어렵다. 서양에서는 고대부터 근대까지의 긴 세월 동안 상인들이 그 역할을 담당해왔다.

●군대의 위장을 채운다—상인의 역할

고대 지중해 세계에서 병참업무를 담당한 건 상인이었다. 대부분의 나라들은 유사시에 용병을 활용했고, 상인들이 군대와 상거래를 하여 필요한 식량을 모으고, 나르고, 나누는 방법을 취했다.

예외라면 그리스와 오리엔트 세계를 재패한 로마이다. 그리스는 유산 시민들이 자신들의 장비로 군대를 결성했으며 시민군이 주력이었다. 로마제국은 상비군을 가지며, 국가가 병참을 부담했다.

로마제국이 무너지고 중세가 되자 다시 상인들이 병참을 관리하게 되었다. 십자군의 시대, 각지의 봉건영주들은 여기저기서 긁어모은 군대를 이끌었으나, 지중해를 누비는 이탈리아 상인의 도움이 없이는 원정이 불가능했다.

그 후 근세가 되어도 병참 업무를 상인들이 대행하는 시스템에는 변화가 없었다. 17세기의 독일 30년전쟁시대, 기업화된 용병군단은 전투원의 두 배 가까이 되는 상인들을 데리고 행군했었다.

국가의 중앙집권화가 계속되어 용병이라 하더라도 국가가 관리하게 되면서 흐름은 바뀌었다. 18~19세기경의 유럽 각국은 무기와 탄약 외에 소맥과 빵 굽는 가마를 갖춘 병참 기지를 만들게 되었다. 하지만 이러한 기지는 적국으로 진격할 때까지만 지원하는 것으로, 적지에 침입한 뒤에는 예전처럼 점령지에서 약탈을 하여 식량을 손에 넣었다.

18세기의 프랑스 혁명 이후, 징병형의 상비군으로 정비하게 되자 군대의 식량보급은 상인의 손을 떠나게 된다. 오늘날의 군대는 비축부터 운반, 공급, 조리까지 모든 걸 군대, 나아가서는 국가에서 관리하게 된다.

하지만 최근에는 다시 변화가 일어난다. 분쟁 지역에서 새로운 용병=민간군사회사가 활동하게 된 것이다. 기업용병의 일상생활을 지원하고 식량을 공급하는 것은 군사회사의 위탁을 받은 상인들이다.

병참과 상인

비상설형의 부대와 병참

고대/중세

시민

돈을 지급 → 왕

군대에 필요한 장비, 식량은 각자가 준비하는 게 기본.

용병

임시편성부대

상인

전쟁을 하는 왕이나 귀족, 장군이 돈을 군대에 지불한다.

상인이 매매하여 식량을 공급한다.

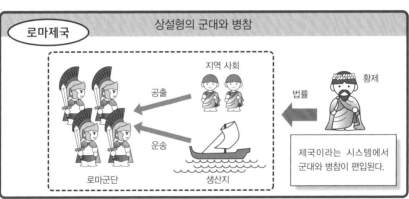

상설형의 군대와 병참

로마제국

지역 사회

공출

운송

로마군단

생산지

황제

법률

제국이라는 시스템에서 군대와 병참이 편입된다.

중앙집권국가의 군대와 병참

근대

지역 사회

공출

운송

상비군(용병→징병)

비축 식량은, 국내를 이동할 때에 군대가 사회에 피해를 주지 않게 하려는 것.

점령지에서는 군세가 붙어 식량이나 재산이 징집된다.

점령지

색인

참고문헌

『図解 北欧神話』 池上良太 著　新紀元社

『図解 メイド』 池上良太 著　新紀元社

『図解 陰陽師』 高平鳴海、土井猛史、若瀬諒、天宮華蓮 著　新紀元社

『図解 ミリタリーアイテム』 大波篤司 著　新紀元社

『大航海時代』 森村宗冬 著　新紀元社

『海賊』 森村宗冬 著　新紀元社

『ファンタジーサバイバルブック』 いするぎりょうこ 著　新紀元社

『コスチューム：中世衣裳カタログ』 田中天、F.E.A.R. 著　新紀元社

『酒とつまみのウンチク』 居酒屋友の会 著　PHP 研究所

『ワーズ・ワード：絵でひく英和大図鑑』 J・C・コルベイユ、A・アーシャンボウ 著　同朋舎出版

『ファラオの食卓：古代エジプト食物語』 吉村作治 著　小学館

『中世ヨーロッパ食の生活史』 ブリュノ・ロリウー 著／吉田春美 訳　原書房

『中世の食卓から』 石井美樹子 著　筑摩書房

『イタリア食文化の起源と流れ』 西村暢夫 著　文流

『日本人は何を食べてきたのか』 永山久夫 監修　青春出版社

『古代ローマの食卓』 パトリック・ファース 著／目羅公和 訳　東洋書林

『古代ギリシア・ローマの料理とレシピ』 アンドリュー・ドルビー、サリー・グレインジャー
著／今川香代子 訳　丸善

『ヨーロッパの舌はどう変わったか：十九世紀食卓革命』 南直人 著　講談社

『最古の料理』 ジャン・ボテロ 著／松島英子 訳　法政大学出版局

『信長のおもてなし：中世食べもの百科』 江後迪子 著　吉川弘文館

『世界食物百科』 マグロンヌ・トゥーサン・サマ 著／玉村豊男 監訳　原書房

『人類の食文化』 石毛直道 監修／吉田集而 編　味の素食の文化センター

『食の歴史Ⅰ〜Ⅲ』 J・L・フランドラン、M・モンタナーリ 編／宮原信、北代美和子 監訳　藤
原書店

『食の 500 年史』 ジェフリー・M・ピルチャー 著／伊藤茂 訳　NTT 出版

『世界地図を食の歴史から読む方法』 辻原康夫 著　河出書房新社

『酒飲みの文化史』 青木英夫 著　源流社

『ハプスブルク家の食卓』 関田淳子 著　集英社

『世界を変えた 6 つの飲み物』 トム・スタンデージ 著／新井崇嗣 訳　インターシフト

『チョコレートの本』 ティータイム・ブックス編集部 編　晶文社

『「ゲテ食」大全』 北寺尾ゲンコツ堂 著　データハウス

『戦国美麗姫図鑑：萌える乱世の女たち』 橋場日月 著／戦国萌姫研究会 編　PHP 研究所

『もの知り超古代食の謎：野性食から文明食へ』 永山久夫 著　大陸書房

『美味礼賛』 ブリア・サヴァラン 著／関根秀雄 訳 白水社

『ティファニーのテーブルマナー』 W. ホービング 著／後藤鎰尾 訳 鹿島出版会

『中世ヨーロッパ入門』 アンドリュー・ラングリー 著／池上俊一 日本語版監修 あすなろ書房

『事典 古代の発明：文化・生活・技術』 ピーター・ジェームズ、ニック・ソープ 著／矢島文夫 監訳／澤元亘、高橋邦彦 訳 東洋書林

『アイザック・アシモフの科学と発見の年表』 アイザック・アシモフ 著／小山慶太、輪湖博 訳 丸善

『西洋事物起原 1 〜 4』 ヨハン・ベックマン 著／特許庁内技術史研究会 訳 岩波書店

『エピソード科学史 3 生物・医学編』 A・サトクリッフ、A・P・D・サトクリッフ 著／市場泰男 訳 社会思想社

『エピソード科学史 4 農業・技術編』 A・サトクリッフ、A・P・D・サトクリッフ 著／市場泰男 訳 社会思想社

『たべもの戦国史』 永山久夫 著 旺文社

『帝国陸軍戦場の衣食住：糧食を軸に解き明かす "知られざる陸軍" の全貌』 学習研究社

『図説 日本戦陣作法事典』 笹間良彦 著 柏書房

『補給戦：何が勝敗を決定するのか』 マーチン・ファン・クレフェルト 著／佐藤佐三郎 訳 中央公論新社

『歴史群像 2001 年 10 月号（No.49）』（戦史検証 日清戦争） 瀬戸利春 著 学習研究社

『激戦場 皇軍うらばなし』 藤田昌雄 著 光人社

『軍医サンよもやま物語：軍医診療アラカルト』 関亮 著 光人社

『図説 中国食の文化誌』 王仁湘 著／鈴木博 訳 原書房

『トラが語る中国史：エコロジカル・ヒストリーの可能性』 上田信 著 山川出版社

『戦略戦術兵器大全 1 中国古代〜近代編』 学研パブリッシング

『歴史群像シリーズ 17 三国志 上巻』 学習研究社

『歴史群像シリーズ 18 三国志 下巻』 学習研究社

『ローマ人の物語』 塩野七生 著 新潮社

『海の都の物語』 塩野七生 著 新潮社

『歴史群像アーカイブ 4 西洋戦史 ギリシア・ローマ編』 学習研究社

『傭兵の二千年史』 菊池良生 著 講談社

『ガリア戦記』 ユリウス・カエサル 著／近山金次 訳 岩波書店

『歴史群像 2009 年 6 月号（No.95）』（解析 上杉家の軍事システム） 河合秀郎 著 学研パブリッシング

『朝日百科 世界の歴史 69』（船乗りの大航海時代） 朝日新聞社

『コーヒーが廻り世界史が廻る：近代市民社会の黒い血液』 臼井隆一郎 著 中央公論社

『ジャガイモの世界史：歴史を動かした「貧者のパン」』 伊藤章治 著 中央公論新社

『歴史群像シリーズ48 ナポレオン』 学習研究社

『三十年戦争における「宿営社会」ー『ある傭兵の手記』を中心に』 渋谷聡 著 島根大学法文学部

『空間と移動の社会史：京都大学人文科学研究所報告』 前川和也 編著 ミネルヴァ書房

『食文化入門』 石毛直道、鄭大聲 編 講談社

『からだのはなし』 カルロ・マリア・マルティーニ 著／松本紘一 訳 女子パウロ会

『食の文化を知る事典』 岡田哲 編 東京堂出版

『ジャガイモとインカ帝国：文明を生んだ植物』 山本紀夫 著 東京大学出版会

『じゃがいもが世界を救った：ポテトの文化史』 ラリー・ザッカーマン 著／関口篤 訳 青土社

『世界の食文化 韓国』 朝倉敏夫 著 農山漁村文化協会

『古代オリエント事典』 日本オリエント学会 編 岩波書店

『シュメル：人類最古の文明』 小林登志子 著 中央公論新社

『メソポタミア文明入門』 中田一郎 著 岩波書店

『ハンムラビ「法典」』 中田一郎 訳 リトン

『ギルガメシュ叙事詩』 月本昭男 訳 岩波書店

『現代人のためのユダヤ教入門』 D・プレガー、J・テルシュキン 著／松宮克昌、松江伊佐子 訳 ミルトス

『ユダヤを知る事典』 滝川義人 著 東京堂出版

『修道院にみるヨーロッパの心』 朝倉文市 著 山川出版社

AK Trivia Book No. 20

도해 식문화의 역사

개정판 1쇄 인쇄 2022년 2월 20일
개정판 1쇄 발행 2022년 2월 25일

저자 : 다카히라 나루미, 아이코 에메타로, 아카가네 다이, 쿠사네 우니, 아마미야 카렌
번역 : 채다인

펴낸이 : 이동섭
편집 : 이민규, 탁승규
디자인 : 조세연, 김현승, 김형주
커버 일러스트 : 김재선
영업·마케팅 : 송정환, 조정훈
e-BOOK : 홍인표, 서찬웅, 최정수, 김은혜, 이홍비, 김영은
관리 : 이윤미

㈜에이케이커뮤니케이션즈
등록 1996년 7월 9일(제302-1996-00026호)
주소 : 04002 서울 마포구 동교로 17안길 28, 2층
TEL : 02-702-7963~5 FAX : 02-702-7988
http://www.amusementkorea.co.kr

ISBN 979-11-274-5151-6 03900

図解 食の歴史
"ZUKAI SYOKU NO REKISI"
written by Narumi Takahira, Emetarou Aikou, Dai Akagane, Uni Kusane, Karen Amamiya
Copyright ⓒ Narumi Takahira, Emetarou Aikou, Dai Akagane, Uni Kusane, Karen Amamiya
2012 All rights reserved. Illustrations by Chizuru Shibuya 2012.
Originally published in Japan by Shinkigensha Co Ltd, Tokyo.

This Korean edition published by arrangement with Shinkigensha Co Ltd, Tokyo
in care of Tuttle-Mori Agency, Inc., Tokyo